D1188730

Clár na Léaráidí

Réamhrá

Insint shimplí, chruinn atá sa leabhar seo ar scéal casta faoi eachtra staire a mhaireann go glé fós i ndaonchuimhne an phobail lenar bhain sé. Fágann macalla na héagóra a tharla ann go bhfuil an cás ina cheist bheo go dtí an lá inniu i measc polaiteoirí áirithe agus daoine ar spéis leo cearta an duine.

Baineann croí an scéil le crochadh éagórach agus príosúnú saoil daoine neamhchiontacha bunaithe ar fhianaise bhréige, ar bhrathadóirí, agus ar mhímhacántacht na n-údarás agus na n-uaisle.

Le dúnmharuithe barbartha a tharla i ndorchadas na hoíche i bpobal iargúlta i nDúiche Sheoighe, ar an teorainn idir Gaillimh agus Maigh Eo, sa bhliain 1882, a thosaigh an scéal; níl críoch fós leis agus ní bheidh fad is a mhaireann daoine a chreideann gur cheart go mbeadh admháil oifigiúil i gcónaí san áit go n-aithnítear gur tharla éagóir dhlíthiúil nó iomrall ceartais.

Réab fiántas an tsléachta trí chiúnas an ghleanna sin faoi scáth Chnoc Mhám Trasna; d'fhág an bealach ar láimhseáil na húdaráis dlí agus cirt an cás a rian féin ar an bpobal in Éirinn agus sa Bhreatain ag an am. Bhí a thoradh le brath in árais na cumhachta i bParlaimint Westminster agus i gCaisleán Bhaile Átha Cliath. Ar na pearsana móra i saol polaitiúil na linne a bhí gafa leis bhí William

Ewart Gladstone, Charles Stewart Parnell, An tIarla John Poyntz Spencer, an Tiarna Randolph Churchill, Sir William Harcourt, John Redmond, Tim Healy agus an Bhanríon Victoria féin fiú. Mhair aird na n-uaisle agus na bunaíochta ar an gcás ar feadh seal blianta; mhair sé mar ábhar fuatha agus feirge ó ghlúin go glúin i measc an phobail féin i Mám Trasna agus sna ceantair máguaird.

Chuir mé féin suim sa scéal ar dtús de bharr na ngnéithe sin den chás a bhain le séanadh ar chearta teanga – cainteoirí dúchais Gaeilge ón nGaeltacht gan acu ach oiread na fríde de theanga na n-údarás, an Béarla; bhí siad gafa sa saol strainséartha sin, idir bás agus beatha, iad ag streachailt le teanga choimhthíoch i dtromluí coiriúlachta nach raibh aon éalú as. Bhí séanadh ar chearta an duine agus ar an gceart chun na beatha féin i gceist ar scála mór.

Tá an t-eolas sa leabhar seo bunaithe ar iliomad foinsí. Tá bailiúchán breá comhad faoin ábhar sa Chartlann Náisiúnta, Baile Átha Cliath. Is ansin atá na taifid oifigiúla ar na cásanna cúirte, na tuairiscí príosúin agus comhfhreagras oifigiúil na n-údarás faoin gcás; is mór agam an cead a tugadh cóipeanna scanta de chuid de na taifid sin a fhoilsiú den chéad uair sa leabhar seo. I seilbh na Leabharlainne Náisiúnta, Baile Átha Cliath, atá na pictiúir de na príosúnaigh; tá cuid acu sin á bhfoilsiú anseo i leabhar den chéad uair freisin le caoinchead na leabharlainne sin.

Tá na díospóireachtaí ar fad a tharla i bParlaimint Westminster faoi chás Mhám Trasna in imeacht na mblianta foilsithe in *Hansard*, taifead oifigiúil, laethúil na parlaiminte. Tá athscríbhinn ansin ar suas le 130,000 focal – dhá oiread an leabhair seo – ar an dá phríomhdhíospóireacht pharlaiminteacha faoin gcás; tá an taifead sin ar fáil go digiteach anois, saor in aisce ar líne.

Tá fáil anois go digiteach freisin ar chuid mhór de nuachtáin na tíre seo, idir áitiúil agus náisiúnta, ón tréimhse sin, ina bhfuil tuairiscí faoi gach cor agus casadh sa scéal. Thug *The Freeman's Journal*, *United Ireland*, *The Irish Times* agus *The Belfast News-Letter* suntas ar leith do shléacht Mhám Trasna. Go háitiúil, bhíodh cuntais rialta ar an scéal ag *The Connaught Telegraph*, *The Galway Vindicator* agus *The Galway Express*.

Sa Bhreatain, bhíodh tuairiscí rialta freisin ag na nuachtáin éagsúla ansin; sa bhreis ar na cuntais sna nuachtáin mhóra ar nós *The Times* (Londain) tá fáil ar suas le 2,600 alt faoi chás Mhám Trasna le linn na tréimhse trí bliana idir 1882 agus 1885 ar shuíomh gréasáin amháin de shean-nuachtáin stairiúla na Breataine, www.findmypast.co.uk. Is cosúil gur trí thuairiscí ón *Press Association (PA)* a dáileadh cuid mhór de na scéalta sin ag an am. Scaipeadh iliomad scéalta faoin ábhar freisin i meáin Mheiriceá agus bhí tuairiscí líonmhara in *The New York Times* agus in *The Boston Daily Globe*, ní áirím na nuachtáin bheaga áitiúla agus réigiúnacha i stáit ina raibh pobail mhóra d'Éireannaigh.

Is mór an cúnamh d'aon duine a bheadh i mbun taighde ar an ábhar chomh héasca agus is féidir cuardach a dhéanamh anois ar líne sa ré dhigiteach seo ar scéalta stairiúla faoi dhúnmharuithe Mhám Trasna; ciallaíonn sin go bhfuil eolas breise agus léargas nua ar ghnéithe den chás sa saothar seo.

Is beag a scríobhadh i nGaeilge go dtí seo faoi chás dhúnmharuithe

Mhám Trasna; tá caibidil ghairid amháin faoin ábhar sa leabhar *Tuar Mhic Éadaigh: Stair agus Seanchas* le Pádraig Standún (Cló Iar-Chonnacht, 2010). Tá aiste foilsithe faoi ghné na teanga den scéal in 'Ag Tiontú an Chultúir: Affaire Dominici agus Maolra Seoighe' le Stiofán Ó Cadhla (*Études Irlandaises*, 2011). Rinne RTÉ clár teilifíse faoin ábhar, *CSI Mám Trasna*, in 2009, agus léiríodh an dráma *Maum* le Síghle Ní Chonaill i dTaibhdhearc na Gaillimhe in 2015.

Sa bhliain 1884 a foilsíodh an chéad saothar faoin gcás, i mBéarla: leabhrán dar teideal *The Maamtrasna Massacre: Impeachment of the Trials* leis an iriseoir agus Feisire i bParlaimint Westminster, Timothy Charles Harrington (Nation Office, 1884).

Breis agus céad bliain ina dhiaidh sin, sa bhliain 1990, a foilsíodh an chéad leabhar iomlán faoin ábhar, *Murderous Justice*, le Noel McAree (Wildshaw Books, 1990), agus dhá bhliain ina dhiaidh sin an saothar is mó agus is iomráití faoin gcás, *Maamtrasna, the Murders and the Mystery* le Jarlath Waldron (Edmund Burke Publisher, 1992). Éacht mór taighde a bhí sa saothar sin ag sagart foighneach a chaith blianta fada i mbun an chúraim sin ag tráth ar bheag iad na foinsí eolais a bhí ar fáil go leictreonach.

Tá caibidil faoi chás Mhám Trasna sa leabhar *Conspiracy: Irish Political Trials*, le Myles Dungan (Royal Irish Academy, 2009), agus tagairtí freisin i mbeathaisnéisí éagsúla, iad seo ina measc: *The Red Earl: The Papers of the Fifth Earl Spencer* le John Poyntz Spencer (Northamptonshire Record Society, 1986), *Letters and Leaders of My Day* le T. M. Healy (Frederick A. Stokes Company, 1929) agus *Fifty*

Years of Irish Journalism le Andrew Dunlop (Hanna & Neale, 1911).

Rinne mé cinneadh coinsiasach agus an leabhar seo á scríobh agam gan mionsonraí na bhfoinsí iomadúla a lua mar thagairtí acadúla sa téacs le cinntiú go mbeadh leanúnachas iomlán sa scéal agus go mbeadh an saothar níos soiléire, inléite don phobal i gcoitinne.

Scéal truamhéalach é scéal dhúnmharuithe Mhám Trasna a tharla i dtréimhse chrua dhearóil i stair ár dtíre; is mithid dúinn foghlaim ó cheacht na staire.

Déanaim an leabhar seo a thiomnú:

- do na mairbh ar fad – go ndéana Dia trócaire orthu, agus
- do gach uile dhuine a thug cabhair agus comhairle dom agus an saothar seo á ullmhú agam – go bhfaighe siad sláinte agus fad saoil.

Seán Ó Cuirreáin,

Conamara

15 Nollaig 2015

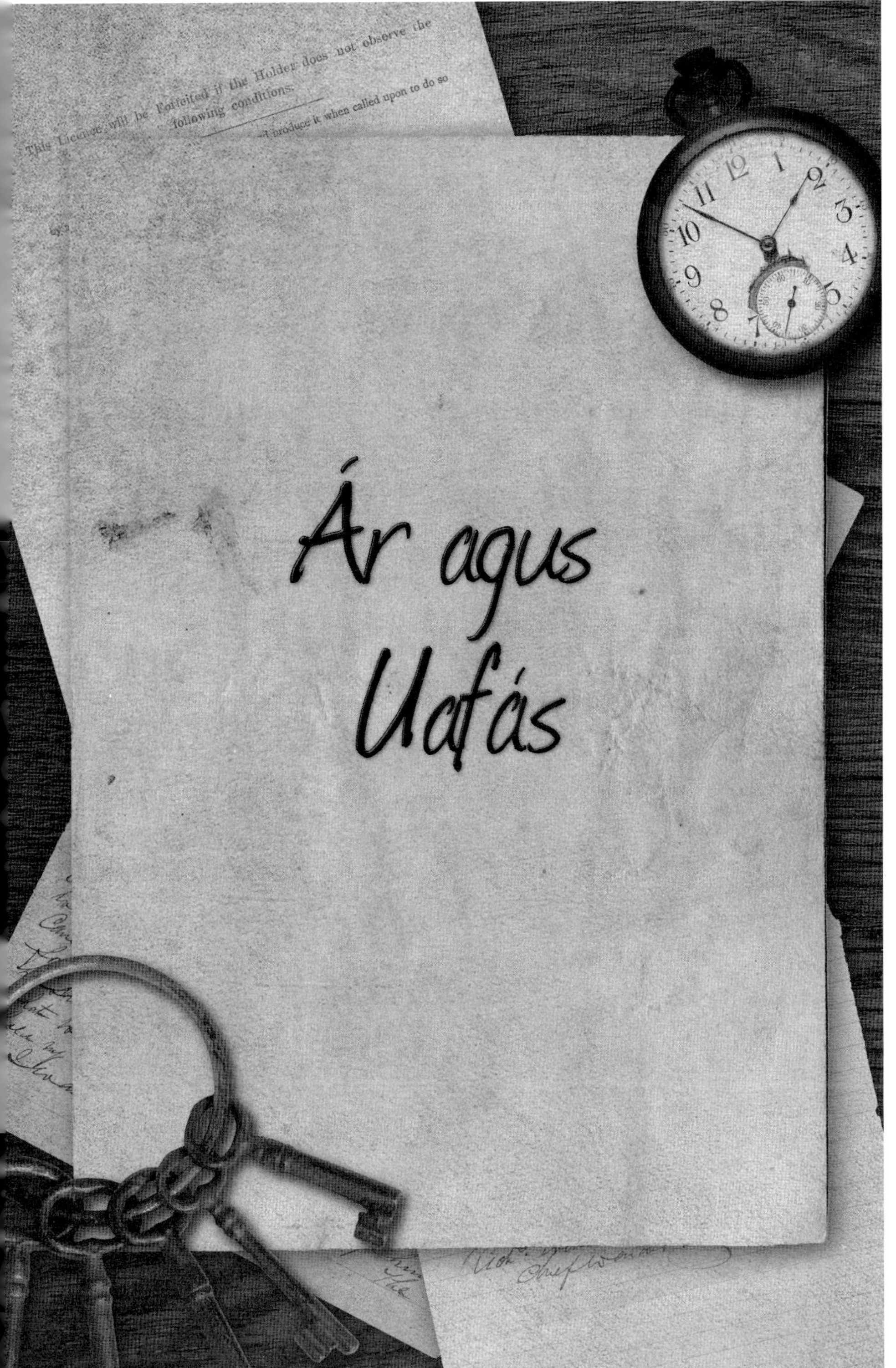
This Licence will be Forfeited if the Holder does not observe the
following conditions.
produce it when called upon to do so
Ár agus
Uafás

1 Idir bás is beatha

Ní raibh mórán le cois tríocha focal sa teileagram a seoladh ó stáisiún na bpóilíní i gConga chuig na húdaráis i gCaisleán Bhaile Átha Cliath i lár an lae ar an Aoine, 18 Lúnasa 1882. Tuairisc shoiléir, ghonta a bhí inti ar eachtra uafáis a tharla an oíche roimhe sin i bpobal bocht tuaithe i ngleann iargúlta ar bhruach Loch Measca ar an teorainn idir Gaillimh agus Maigh Eo.

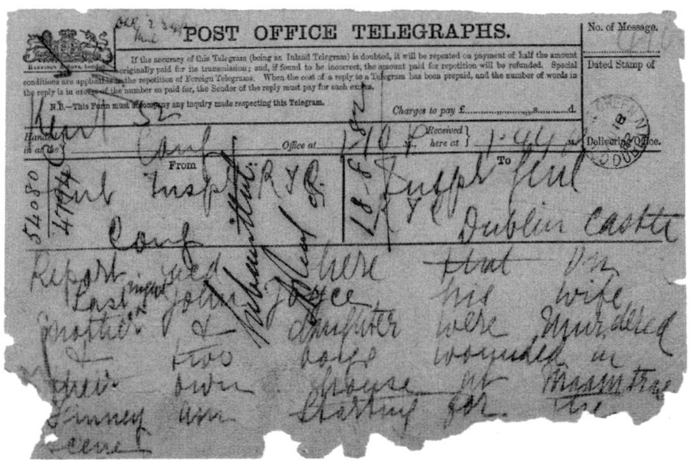

POST OFFICE TELEGRAPHS.

If the accuracy of this Telegram (being an Inland Telegram) is doubted, it will be repeated on payment of half the amount originally paid for its transmission; and, if found to be incorrect, the amount paid for repetition will be refunded. Special conditions are applicable to the repetition of Foreign Telegrams. When the cost of a reply to a Telegram has been prepaid, and the number of words in the reply is in excess of the number so paid for, the Sender of the reply must pay for such excess.

N.B.—This Form must accompany any inquiry made respecting this Telegram.

No. of Message.

Dated Stamp of Delivering Office.

Charges to pay £..........s..........d.

Handed in at the ... Office at ... m. Received here at ... m.

From ... To ...

An chéad teileagram faoi dhúnmharuithe Mhám Trasna, 18 Lúnasa 1882

Mar seo a mhínigh fochigire Chonstáblacht Ríoga an hÉireann (RIC) i stáisiún Chonga a raibh cloiste aige, gan chamóg ná lánstad ann, dá shaoiste, an tArdchigire san ardchathair:

> *Report received here that on last night John Joyce his wife mother & daughter were murdered & two boys wounded in their own house at Maamtrasna Finney Am starting for the scene.*

De réir a chéile tháinig tuilleadh fíricí chun solais agus scaip scéala an áir ina chuaifeach ar fud na tíre agus an domhain mhóir. Ní fada go mbeadh cáil Mhám Trasna imithe i bhfad is i ngearr agus b'annamh a luafaí arís é gan an focal 'dúnmharuithe' a bheith ceangailte go dlúth leis.

Tá baile fearainn Mhám Trasna suite i ngleann álainn faoi scáth an tsléibhe den ainm céanna, 682 m (2,238 troigh) ar airde, ar bhruach thiar theas Loch Measca sa triantán sin idir an Fhairche, an Líonán agus Tuar Mhic Éadaigh.

Tá stair agus seanchas, filíocht fiú, i logainmneacha ársa agus áille an cheantair – Ceapaigh na Creiche, Seanbhaile Chathail, Coill an tSiáin, Páirc an Teampaill, an Cheapaigh Dhuibh agus Páirc an Doire gan ach an beagán a lua. Áitainmneacha iad a mbeadh leaganacha Béarla díobh luaite go minic i dtuairiscí príosúin, i nótaí iriseora agus i gcolúin nuachtáin fad is a bhí cás na ndúnmharuithe i mbéal an phobail.

I gContae na Gaillimhe a bhí ceantar Mhám Trasna an uair sin, go dtí gur leasaíodh teorainn na gcontaetha in 1898; i gContae Mhaigh Eo atá sé ó shin.

Sníonn an bóthar réigiúnach, an R300 trí cheartlár na háite anois ach ba scéal an-difriúil a bhí ann sa bhliain 1882 nuair a ceapadh an áit a bheith ar cheann de na dúichí ab iargúlta sa tír, gan de bhealach isteach nó amach ach de shiúl na gcos, ar dhroim capaill nó ar bhád ar an loch.

I gcábán beag ceann tuí déanta de chloch agus clábar a mhair Seán Seoighe agus a theaghlach, iad beo bocht ag saothrú a mbeatha ar an ngabháltas beag talún, seacht n-acra ar fad, a bhí faoina gcúram, ar cíos ón tiarna talún. Baintreach fir a bhí sa Seoigheach agus ceathrar clainne aige nuair a phós sé athuair, ar bhaintreach áitiúil, Brighid Uí Bhriain. Oíche an tsléachta bhí seisear ina gcodladh sa teachín beag sin: Seán Seoighe é féin agus a bhean, Brighid, a mháthair Mairéad a bhí ina cónaí leo agus triúr den chlann a bhí ar fad sna déaga de bhlianta nó beagáinín faoina bhun – Peigí, Micheál agus Patsy. Bhí mac amháin de chuid an tí, Máirtín, as baile ag an am, ar fostú ag teaghlach ar an bhFairche.

Ní raibh sa chábán ach seomra codlata beag amháin agus cistin mhór, agus bhí spás i dtóin an tí do bheithígh – mar a bhí coitianta go maith ag an am. Bhí tinteán ar thaobh-bhalla amháin agus oscailt sa díon don deatach; urlár créafóige a bhí ann. Ba bheag troscán a bhí san áit agus ní raibh d'fhuinneog ann ach poll sa bhalla le solas lae agus aer úr a scaoileadh isteach. Bhí scioból ceangailte de bhinn an tí.

'The house where the murders took place would not be used for pigs in England', a thuairiscigh Fear Ionaid na Banríona in Éirinn don Phríomh-Aire i litir níos deireanaí.

Thug iriseoir amháin a bhain an láthair amach an tuairisc seo ar an gcábán don nuachtán *The Morning Post*, Londain:

> *Although built with stones, the cabin is a horrible hovel, in which it would seem impossible for human beings to exist. There was nothing in the shape of furniture. A few pieces of wood served every household purpose, from table to bed, being covered with a little straw and old clothes in the latter case.*

Bhí cábáin nó tithe beaga eile na gcomharsan ar leac an dorais ag muintir Sheoighe agus ba dhuine de na comharsana sin – Seán Ó Coileáin – a tháinig ar láthair an uafáis an mhaidin Aoine sin. Bhí beirt chomharsan eile – de mhuintir Bhriain – ina chuideachta, Máire agus Mairéad.

Ballóga tí i gCeapaigh na Creiche faoi scáth Chnoc Mhám Trasna

Tá leaganacha éagsúla ann den scéal faoi chúis na cuairte aige – gur theastaigh uaidh cártaí a fháil ar iasacht le dul ag sníomh snátha nó gur chuala sé gleo agus achrann i dteach na Seoigheach le linn na hoíche. Is mó de sheans gur cirte an dara leagan ó tharla comhluadar a bheith leis agus thuigfí nár mhaith leis dul isteach ina aonar i dteach a raibh amhras air faoina mbeadh roimhe ann.

Bhí ceathrar den teaghlach sínte marbh: Seán Seoighe agus a bhean Brighid sa chistin, a iníon Peigí agus a mháthair Mairéad sa seomra codlata. Bhí an bheirt mhac a bhí i láthair, Micheál agus Patsy, beo ach gortaithe go dona – piléir i gcloigeann agus i mbolg Mhichíl. Ba léir gur úsáideadh gunnaí agus maidí nó uirlisí eile san ionsaí a raibh brúidiúlacht shuntasach ag baint leis. Úsáideadh trí ghunnán éagsúla san ionsaí agus scaoileadh naoi gcinn d'urchair leis an athair agus leis an mac ba shine. Bhain ceithre cinn de na hurchair sin an sprioc amach agus is ar urlár nó i mballaí an chábáin a aimsíodh na piléir eile.

Le piléar ina ucht agus ceann eile ina thaobh a maraíodh Seán Seoighe. Le maidí nó le huirlisí eile a ionsaíodh an triúr ban agus an buachaill ab óige agus bhí an bualadh a fuair na mná chomh dona sin gur dheacair iad a aithint.

Uair éigin le linn dhorchadas suaimhneach na hoíche – gealach bheag a bhí ann ó tharla nach raibh caite ach ceithre lá de ghealach nua – nó uair éigin roimh bhreacadh an lae sin a tharla an t-ár i gciúnas an ghleanna.

Scaipeadh an scéal i measc an phobail agus chuaigh baicle fear chomh fada le bothán na bpóilíní i bhFionnaithe, míle ó bhaile, le tuairisc a thabhairt do na húdaráis faoin sléacht. Thug Seán Ó Coileáin eolas dóibh faoina bhfaca sé agus faoi chomhrá a bhí aige leis an ógánach ba shine, Micheál, a bhí i mbaol báis óna ghortuithe. Dúirt sé gur dhúirt Micheál leis nár aithin sé an bhuíon fear a d'ionsaigh iad mar go raibh dúchan déanta ar a n-aghaidh.

Dhírigh an Constábla Johnston, a bhí i gceannas ar bhothán na bpóilíní ansin, agus an Fochonstábla Lenihan ar Mhám Trasna ar an bpointe, thart ar leathuair tar éis a naoi ar maidin.

Dúirt an Constábla Johnston ina thuairisc go raibh ceathrar den teaghlach marbh agus an bheirt ógánach a bhí gortaithe ina mbeatha fós faoin am a bhain siadsan an láthair amach. Bhí créacht nó stróiceadh ar chorp na seanmháthar – idir a huillinn agus a lámh – a cuireadh síos do dhá ghadhar an teaghlaigh a bhí fiáin agus sáinnithe sa chábán. Nuair a d'éirigh le muintir na háite na gadhair a chur amach, d'iarr siad agus fuair siad cead na bpóilíní iad a mharú ar an toirt.

Le cabhair ón bhfochonstábla eile a raibh Gaeilge aige cheistigh an Constábla Johnston an bheirt ógánach gortaithe faoinar tharla. Thug Micheál le fios dó gur tháinig beirt nó triúr fear isteach sa seomra, gur scaoileadh urchar leis féin, go bhfaca sé a dheirfiúr á bualadh le maide agus gur chuala sé a sheanmháthair ag screadach.

Nuair a fiafraíodh de ar aithin sé na fir dúirt sé nár aithin ach gur éadach 'báinín' a bhí á chaitheamh acu. Thuairiscigh an Constábla Johnston i mBéarla:

> *He said no, that their faces were black and that there were three or four men.*

Ceistíodh an buachaill óg, Patsy, ansin, le cabhair ateangaireachta ón bhfochonstábla agus bhí an scéala céanna aigesean faoi éadach na bhfear agus faoi dhath dubh a bheith ar a n-aghaidh:

> *I asked him did he know them and he said no, that their faces were black.*

Fad is a bhí na póilíní ar a mbealach chuig an láthair agus le linn dóibh a bheith i mbun a gcuid scrúduithe ansin bhailigh slua mór de phobal na háite ar thaobh an chnocáin in aice láthair an áir. Agus d'ainneoin an bheirt ógánach a bheith fós ina mbeatha ach gortaithe go dona agus i mbaol báis níor tháinig an oiread agus duine amháin den phobal i gcabhair orthu. Cé gur deacair sin a thuiscint is cosúil go bhféadfadh cúiseanna maithe a bheith leis – meascán de phiseoga, d'fhuath nó d'fhaitíos, b'fhéidir.

Is cosúil go raibh piseoga forleathan go maith ann ag an am nár cheart drannadh leo siúd a shaothraigh nó a bhí ag saothrú an bháis le foréigean. Creideadh freisin dá dtiocfadh an té a bhí ciontach i ndúnmharú gar do chorp an té a mharaigh sé, go dtiocfadh fuil as créachta an mharbháin. D'fhéadfadh freisin nárbh é an t-ardmheas a bhí ar an Seoigheach féin sa phobal ar chúinsí éagsúla agus go bhféadfadh méid áirithe den fhuath a bheith ag muintir na háite dó. Agus thar aon ní eile, d'fhéadfadh faitíos a bheith ar dhaoine faoin mbaicle fear a bhí freagrach as an ionsaí – an dtiocfaidís ar ais ar thóir díoltais ar dhuine ar bith a chabhródh leo siúd a bhí mar sprioc acu?

Ba mhór an stró a chuir sé ar lucht údaráis agus ar iriseoirí an áit iargúlta seo a bhaint amach. Thug iriseoir amháin ó *The Irish Times* tuairisc ar a thuras thar loch agus sliabh:

> *The locality in which the terrible and appalling crime was committed lies in the wildest and loneliest district of the most remote regions of the Joyce country...Irish is the generally spoken language in the Joyce country...Another circumstance contributing to the strangeness of the scene is the description of the attire forming the costume of the women, the scarlet dresses and loose white homespun flannel jackets presenting quite a picturesque appearance, as their bare-footed and bare-legged wearers were seen wandering through these remote regions.*

Ceantar Mhám Trasna

Faoi ardtráthnóna tháinig an giúistís áitiúil, E. Newton Brady, ar an láthair agus ghlac sé ráitis oifigiúla ón mbeirt ógánach a bhí gortaithe inar dhearbhaigh siad arís an buneolas céanna a bhí tugtha acu do na póilíní níos luaithe. San áireamh san fhaisnéis sin arís bhí an t-eolas go raibh dúchan déanta ar aghaidh na bhfear a rinne an slad.

Go gairid ina dhiaidh sin, thart ar a trí a chlog, bhásaigh Micheál, an té ba shine de na hógánaigh agus an té ba mhó a bhí gonta. Bás mall, pianmhar a fuair sé ó na hionsaithe fíochmhara a bhí déanta air. Bhí cúigear den teaghlach marbh anois, sínte i gcistin an chábáin bhig.

Faoin am céanna tháinig cabhair leighis ar an láthair, an Dr Ingham ó cheantar na Ceapaí Duibhe agus an Dr Hegarty ón bhFairche. Bhí suas le dhá chéad de mhuintir na háite bailithe mórthimpeall faoin tráth seo.

Rinne an giúistís achainí orthu – go háirithe ar na mná a bhí ann – cabhrú le cúram a dhéanamh de Patsy, an t-ógánach a bhí ina bheatha fós ach níor tháinig aon duine chun tosaigh le haire a thabhairt dó. Thairg sé airgead ansin – cibé suim a theastódh – ach cúnamh a fháil, ach fós féin, ní raibh aon mhaith ann. Fágadh an t-ógánach gonta faoi chúram na bpóilíní agus é ar leaba tuí sa scioból.

Tharla go raibh dochtúir eile sa cheantar ag an am freisin – an Dr Robert McDonnell, máinlia aitheanta as Baile Átha Cliath a bhí ar cuairt ar chara leis, duine den uasalaicme, Sir Richard McCausland, i gceann de thithe móra an cheantair i dTuar Mhic Éadaigh.

Chomhairligh an dochtúir sin go raibh dóchas aige nach raibh an cath caillte fós agus cinneadh go mbeadh an t-ógánach in ann don turas go Conga. Dúirt sé i dtuairisc a thug sé an lá dár gcionn:

> *When I arrived yesterday at the house, the Police were preparing the little stretcher with a handful of straw and cloth padding, whereon he was to be taken to a more reputable habitation, and one of the most distressing sights, I think ever witnessed was the child brought out with its blood marked and bandaged head and laid on the impoverished ambulance bed. Placed at first in a sitting posture, he slowly lay down on his side and resting his head down on his chest, he remained perfectly inert as if exhausted with the effort.*

Bhí an tórramh nó faire na marbh faoi lán seoil an tráth sin agus na céadta bailithe ann, cé gur fhan siad ar fad siar ó na corpáin. D'fhan na mná ar thaobh an chnocáin agus na fir i gcóngar an chábáin féin. Bhí píopaí cailce deargtha ann agus mná caointe i mbun a gceirde. Bhí na póilíní go tiubh ann agus cuid acu ag coinneáil súil chosanta ar Mháirtín – mac an tí nach raibh sa bhaile oíche an tsléachta – ach a bhí fillte ón bhFairche anois. Má bhí teoiricí faoi chúis nó faoi chuspóirí an ionsaithe á bplé i measc an phobail, ba chosúil nach raibh sin á roinnt ar fhórsaí an dlí agus an chirt ann.

Bhí an méid seo le rá faoi láthair an áir ag iriseoir amháin ó *The Freeman's Journal:*

> *The house, I should first mention, is a hovel of the worst Connemara description…When I arrived the five dead bodies were with one exception lying where they had met their doom.*

> *The exception, Michael, who having survived some time after the attack, had been removed from the bed in which he has been found to the floor of the kitchen, near the fireplace. The body of the father, a man about 45 years of age, was lying on the floor naked, but partially covered with a coarse blanket… He had two bullet wounds…*

Bhí an cur síos a thug sé ar choirp bhaill eile an teaghlaigh sa chábán chomh truamhéalach, truacánta céanna.

Leanadh den tórramh le linn na hoíche agus an lá dár gcionn, an Satharn. Chaithfí scrúduithe iarbháis a chur ar na coirp agus coiste cróinéara a bheith ann sula gcuirfí na mairbh i gcré na cille. Bhí an trí a chlog ann faoin am ar bhain an cróinéir, George Cottingham as Uachtar Ard, láthair an tsléachta i Mám Trasna amach.

Roghnaíodh giúiré ocht nduine dhéag don choiste cróinéara agus cuireadh faoi mhóid iad ach ó tharla gan Béarla arbh fhiú trácht air a bheith ag baill an phobail agus gur sa teanga sin a bhí an gnó á riar, ní fios cén tuiscint a bhí ag baill an choiste cróinéara ar a raibh ar siúl ann.

Cuireadh cúram na scrúduithe iarbháis ar an mbeirt dochtúirí áitiúla. Ba léir ó thuairisc in *The Freeman's Journal* gur teaghlach beo bocht a bhí ann:

> *It may be added that the bodies presented the appearance of being far from sufficiently nourished.*

Cuireadh an fhianaise a bhí ar fáil i láthair an choiste cróinéara. Deimhníodh cérbh iad na mairbh agus thug an chomharsa Seán

Ó Coileáin tuairisc faoina bhfaca sé féin i dteach an áir an mhaidin roimhe sin. Níor dhearmad sé a thuairisciú gur dhúirt mac an tí, Micheál, leis ar leaba a bháis go raibh dúchan déanta ar aghaidh na bhfear a rinne an marú. Thug an Constábla Johnston a thuairisc féin agus thagair seisean chomh maith d'aghaidh shalach na bhfear mar a bhí luaite ag na hógánaigh, Micheál agus Patsy, leis féin freisin. Tuairiscíodh sa nuachtán céanna:

> *There appear to have been three or perhaps four men in the gang. Their faces according to the evidence were blackened. The Irish speaking persons used a word, which literally translated, means "dirty" but it was probably intended to convey the same meaning – but they do not appear to have been otherwise disguised.*

Tháinig sé chun solais ag an tráth sin nach mbeadh na scrúduithe iarbháis críochnaithe ag na dochtúirí go ceann tamaill agus go dtógfadh sé roinnt uaireanta an chloig orthu a dtuairiscí a ullmhú. Ar an mbunús sin, chinn an cróinéir obair an choiste cróinéara a chur ar athlá go dtí an Chéadaoin dár gcionn agus cheadaigh sé go ndéanfaí na coirp a adhlacadh idir an dá linn.

Le linn an ama seo, bhí baicle fear i mbun oibre in aice láimhe ag ullmhú cúig cinn de chónraí agus an lá dár gcionn iompraíodh na mairbh gan sagart gan searmanas go dtí an taobh eile den chnoc lena gcur ansin: ceathrar Seoigheach – an t-athair, a mhac, a iníon agus a mháthair – in aon uaigh amháin agus an bhean chéile i dteannta an fhir lena raibh sí pósta ar dtús:

> *...the corpses of the Joyce family and the attending mourners,*

who numbered over a hundred men and women, arrived after a long and difficult progress over the mountain and having to carry the coffins on their shoulders for fully two miles...

Cuireadh clocha cinn garbha in airde i Reilig Chnoc an Teampaill leis an áit ina raibh na mairbh curtha a mharcáil.

Thuairiscigh nuachtáin an domhain mhóir scéala an áir gan fiacail a chur ann. Bhí siad ar fad ar aon intinn faoi scála an tsléachta a bhí déanta. Mar a tuairiscíodh in *The Times* i Londain ar an 20 Lúnasa 1882, dhá lá tar éis na ndúnmharuithe:

No ingenuity can exaggerate the brutal ferocity of a crime which spared neither the grey hairs of an aged woman nor the innocent child of 12 years who slept beside her. It is an outburst of unredeemed and inexplicable savagery before which one stands appalled, and oppressed with a painful sense of the failure of our vaunted civilisation.

Bhí aghaidh na meán agus na n-údarás ar Mhám Trasna agus níorbh fhada go mbeadh an ceantar iargúlta seo i gcroílár an domhain mhóir.

2 Scéin agus sceimhle

I dtús na 1880idí bhí cás na hÉireann ina chíor thuathail – cogadh na talún faoi lán seoil, tionóntaí á ndíshealbhú ag tiarnaí talún gan trócaire agus díoltas fíochmhar á bhaint amach ar úinéirí talún agus ar lucht údaráis i gcoitinne. Bhí ionsaithe, baghcait agus dúnmharuithe a chothaigh scéin agus sceimhle ina gcuid rialta den saol.

Bhí cúig bliana is daichead caite ag an mbanríon Victoria i ríchathaoir impireacht na Breataine in 1882 nuair a tharla dúnmharuithe Mhám Trasna. Bhí Rialtas de chuid an Pháirtí Liobrálaigh faoi cheannas an Phríomh-Aire William Ewart Gladstone i gcumhacht – an dara huair aigesean sa phost ba chumhachtaí i bpolaitíocht na Breataine agus na hÉireann. Níorbh aineolaithe ar bith i bhí i gceachtar acu faoi chás casta na hÉireann agus tuiscint mhaith acu beirt ar an gcorraíl faoi athriar cúrsaí talún agus faoi chaolchúis na n-argóintí a bhí á ndéanamh maidir le tionóntaí agus tiarnaí talún, cogadh na talún agus Home Rule. Faoi 1882, ba é an tIarla Spencer fear ionaid na banríona anseo agus é lonnaithe sa Vice-Regal Lodge i bPáirc an Fhionnuisce – Áras an Uachtaráin sa lá inniu.

Bhí Charles Stewart Parnell i gceannas ar Pháirtí Parlaiminteach na hÉireann agus bhí cás na dtionóntaí agus na bhfeirmeoirí beaga agus cás na tíre i gcoitinne á mbrú chun cinn go láidir agus go leanúnach aige féin agus ag Feisirí eile an pháirtí i lárionad na cumhachta ag an am, Parlaimint Westminster. Thug Parnell agus a pháirtí tacaíocht áirithe do Gladstone mar Phríomh-Aire nuair a toghadh é in 1880 ar an tuiscint go mbainfí buntáiste as a bheadh chun leas na hÉireann. In imeacht ama, mhéadaigh ar a míshástacht agus a mífhoighne leis an easpa dul chun cinn a bhí á dhéanamh ar cheist na talún, agus bhog a pháirtí i dtreo an fhreasúra.

Roinnt blianta roimhe sin, in 1879, bhunaigh Michael Davitt as Maigh Eo an ghluaiseacht nua ar ar tugadh Conradh na Talún a raibh ceart na dtionóntaí ar úinéireacht na talún mar chroí-aidhm aici. Parnell a bhí mar chéad Uachtarán ar an ngluaiseacht nua. Forbairt a bhí ina n-iarrachtaí ar an bhfeachtas chun cíos cothrom, ceart díola agus cinnteacht seilbhe a bhaint amach mar bhunchearta dóibh siúd a bhí ag saothrú a mbeatha ar ghabháltais bheaga.

Bhain siad úsáid as modhanna oibre éagsúla chun a gcás a chur chun cinn; bhí baghcait agus stailceanna cíosa mar chleachtais rialta acu. Agus in ainneoin Conradh na Talún a bheith i gcoinne an fhoréigin mar mheán troda, ba mhinic a d'eascair coimhlint agus lámh láidir as a ngníomhartha nuair a d'éiríodh teannas faoi iarrachtaí ar thionóntaí bochta a dhíshealbhú ar threoracha ó thiarnaí talún saibhre a bhí ag caitheamh saol na n-uaisle iad féin taobh thall de Mhuir Éireann.

Ach má bhí riar an dlí agus an chirt i mbaol, ní ag doras Chonradh na Talún a d'fhéad na húdaráis an locht ar fad a leagan. Bhí tionchar na bhFíníní fós i gceist chomh maith le poblachtaigh thréana eile, cumainn rúnda agus Ribínigh a bhí coitianta go maith ó cheann ceann na tíre.

In óráid a thug sé i bParlaimint Westminster in Eanáir 1881 dhírigh William Forster, an té a bhí ina Phríomh-Rúnaí in Éirinn ag an bpointe áirithe sin, a mhéar ar thrí ghrúpa a bhí, dar leis, freagrach as an uafás a bhí i réim. Bhí gníomhaithe na Ribíneach i gceist – iarsmaí de chumainn rúnda a raibh cearta talún na dtionóntaí mar aidhm acu. Bhí baill de na Fíníní freagrach freisin – a bhí ag baint buntáiste as an míriar a bhí ar chúrsaí na tíre, a dúirt sé. Agus bhí an tríú grúpa ann, dar leis – fir láidre a raibh faitíos ar a bpobal féin rompu:

> *So, it not infrequently happens that the most powerful man in a particular district is a contemptible, dissolute ruffian and blackguard, who, his character being known by all his neighbours, is shunned by them all, but who, nevertheless, acts as a powerful and active policeman for the execution of the unwritten law.*

Bhí uaireanta ann freisin, agus níorbh annamh iad, ar dhlúthaigh na trí ghrúpa sin – Fíníní, Ribínigh agus an tíoránach láidir áitiúil – isteach in aon phearsa amháin. Ba shocrú míthaitneamhach é sin ar ndóigh, ar dheacair an ceann is fearr a fháil air.

Ba é freagra an Stáit in imeacht na mblianta le cosaint a dhéanamh ar riail an dlí agus an chirt ná fórsa mór póilíní a chur i mbun dualgais agus tacaíocht mhíleata acu ó shaighdiúirí na ríochta, chomh maith le reachtaíocht láidir a achtú in aghaidh an fhoréigin.

Gabhadh Parnell agus tuilleadh de cheannairí Chonradh na Talún i nDeireadh Fómhair 1881 agus coinníodh gan triail iad i bPríosún Chill Mhaighneann as óráidí gríosaithe, ceannairceacha a thabhairt in aghaidh na n-údarás agus na reachtaíochta talún.

As sin a d'eascair straitéis ar ar tugadh an Fógra Diúltaithe Cíosa – No Rent Manifesto – agus dá thoradh sin tháinig méadú as cuimse ar an bhforéigean – ionsaithe, imeaglú agus dúnmharuithe ó cheann ceann na tíre, go háirithe ar an gcósta thiar; meastar gur tharla os cionn 2,500 eachtra éagsúil in imeacht bliana amháin.

Ba chosúil, áfach, i dtús na Bealtaine 1882, go raibh comhghéilleadh áirithe ar na bacáin le comhaontú neamhoifigiúil idir Gladstone agus Parnell – a bhí fós i bpríosún gan triail – socrú ar ar tugadh Conradh Chill Mhaighneann.

Faoin socrú sin, bheadh cearta breise ag tionóntaí agus shaorfaí Parnell agus a chomhghleacaithe a bhí i bpríosún as a bhfeachtas ar son athriar cúrsaí talún. Os a choinne sin, dhéanfadh Parnell a dhícheall a chinntiú gur trí mhodhanna síochánta a chuirfí a gcuid argóintí chun cinn feasta agus chothódh sé comhoibriú níos fearr leis na húdaráis.

Ach sula raibh aon deis tástáil cheart a dhéanamh ar an gcomhthuiscint nua, cuireadh lasóg sa bharrach gan choinne: ar an 6 Bealtaine 1882 agus gan caite ach ceithre lá ó rinneadh an socrú idir Gladstone agus Parnell, tharla eachtra a mhéadaigh go mór ar an sceon agus ar an sceimhle agus a chothaigh histéire, fiú, i measc lucht ceannais agus uasalaicme na tíre seo agus na Breataine.

Sádh agus dúnmharaíodh beirt den aicme cheannais ba shinsearaí ar fad sa tír: an Tiarna Fredrick Cavendish, Príomh-Rúnaí nua na hÉireann a bhí díreach ceaptha sa phost ag Gladstone, agus Thomas Henry Burke, Fo-Rúnaí Buan na tíre, an státseirbhíseach ba shinsearaí anseo. Mar bharr ar an donas, ní raibh Cavendish ach tar éis an tír a bhaint amach an lá sin nuair a maraíodh é féin agus a chomhghleacaí agus iad ag siúl i dtreo an Vice-Regal Lodge i bPáirc an Fhionnuisce. Istigh san fhoirgneamh féin chuala Fear Ionaid na Banríona, an tIarla Spencer, an gleo agus an screadach. Níorbh fhada go bhfaca sé fear ag rith chuig an áras ag fógairt go raibh Cavendish agus Burke marbh.

Bhain an eachtra croitheadh go croí as an mbunaíocht – ionsaí chomh fíochmhar, fuilteach a bheith déanta ar dhaoine uaisle i ngiorracht d'áit chónaithe ionadaí na banríona in Éirinn – agus ba dheacair an fhearg, an fuath agus an faitíos a chothaigh an gníomh sin i measc na n-uaisle a shamhlú. Bhí an fiántas agus an foréigean ar leac an dorais acu; dá mb'fhéidir daoine chomh tábhachtach agus chomh cumhachtach le Cavendish agus Burke a mharú i bpáirc phoiblí i lár an lae ghil, ní bheadh duine ar bith sábháilte feasta.

Grúpa radacach de phoblachtaigh mhíleatacha – The Invincibles – a rinne an gníomh agus a chothaigh an oiread oilc agus scanraidh i measc na n-údarás go raibh bille nua dréachtaithe agus foilsithe sa pharlaimint laistigh de sheachtain – *The Prevention of Crimes (Ireland) Bill* – a mhéadaigh go mór na cumhachtaí a bhí ann le dul i ngleic leo siúd a measadh a bheith freagrach as eachtraí foréigneacha.

I measc na gcumhachtaí nua a bhí sa reachtaíocht a achtaíodh ar an 12 Iúil 1882, bhí cumhacht le cásanna cúirte a bhogadh ó cheantair tuaithe chuig lárionaid eile – cathair Bhaile Átha Cliath, mar shampla – chun tionchar 'míchuí' an phobail áitiúil a laghdú agus giúiré a bheadh 'neamhchlaonta' a fháil.

Ní dócha go raibh mórán mioneolais ag bunús an phobail ó cheann ceann na tíre faoi na sonraí éagsúla a bhain le forálacha an dlí nua ach níorbh fhada go raibh a thionchar le brath go tréan agus go tubaisteach i bpobal tuaithe amháin in iarthar na tíre: i Mám Trasna ar bhruach Loch Measca.

Agus cé go raibh siad píosa fada ó láithreacha móra cumhachta an ama sin – Londain agus Baile Átha Cliath – is féidir a bheith cinnte nach raibh pobal Mhám Trasna féin agus an cheantair máguaird dall ar an gcorraíl ollmhór a bhí ar bun le tamall roimhe sin faoi cheist na talún agus an doirteadh fola a ghabh leis.

Ba in aice láimhe leo, i gCaisleán an Bharraigh, cúig mhíle is fiche ó bhaile, a bunaíodh Conradh na Talún i nDeireadh Fómhair 1879 agus ba liosta le háireamh iad na hionsaithe agus na heachtraí foréigneacha a tharla i gcontaetha na Gaillimhe agus Mhaigh Eo sna blianta beaga ina dhiaidh sin.

I bpobal Bhaile an Róba, a bhí níos gaire fós dóibh, a cuireadh tús leis an gcoincheap a thug an focal Béarla 'boycott' don teanga sin nuair a dhiúltaigh oibrithe na háite fómhar na bliana 1880 a bhaint don Chaptaen Charles Boycott, fear gan trua gan taise, a bhí ina ghníomhaire ag an Tiarna Erne. Bhí stráice mór de thalamh na háite mar eastát ag an Tiarna Erne ar bhruach Loch Measca.

Dhiúltaigh siopaí agus lucht seirbhíse eile an bhaile mhóir freastal air freisin agus níorbh fhada go raibh tús curtha le cleachtas nua a bhí, tríd is tríd, éifeachtach agus síochánta: an baghcat. I ndeireadh na dála, bhí ar na húdaráis fórsa de mhíle saighdiúir agus póilín a chur chun na háite le cosaint a thabhairt don leathchéad fear as baile isteach a fostaíodh d'obair an fhómhair. Dúradh gur chosain sé £10,000 le fómhar arbh fhiú £500 é a bhaint.

Níos gaire arís fós do phobal Mhám Trasna dúnmharaíodh an Tiarna Montmorres ar an mbóthar agus é ag filleadh abhaile ón bhFairche ar an 25 Meán Fómhair 1880. Bhí cónaí air i dteach mór, Ebor Hall, ar eastát beag go maith a bhí aige gar do Chorr na Móna. Níorbh é ba mheasa de na tiarnaí talún ach an oiread agus mhaítí nár dhíshealbhaigh sé tionónta riamh. Murab ionann is úinéirí talún eile rinne seisean cinneadh cónaí sa cheantar agus measadh mura raibh sé beo bocht, nach raibh aon saibhreas mór aige. Ach ba ghiúistís áitiúil freisin é agus níor mhinic gean an phobail ar a leithéid.

Bhí sé cáinteach ar Chonradh na Talún agus is cosúil gur ag filleadh abhaile ar a charráiste capaill dó ó chruinniú ghiúistísí na dúiche a bhí sé nuair a scaoileadh sé cinn d'urchair leis agus maraíodh é. Go híorónta, bhí glactha ag an gcruinniú ar a raibh sé ag freastal le rún ag moladh gur tuilleadh beartas déine agus nirt a theastaigh le dul i ngleic le hionsaithe agus le foréigean. Tuairiscíodh gur fágadh a chorp ar thaobh an bhóthair san áit ar thit sé ar feadh seal maith ama nuair a dhiúltaigh muintir an cheantair é a thabhairt isteach in aon cheann dá dtithe ar fhaitíos go mbainfí díoltas amach orthu dá bharr. Níor bogadh é go dtí gur tháinig searbhóntaí dá chuid féin ón teach mór á lorg nuair a tháinig a chapall abhaile dá dheoin féin agus an carráiste folamh.

Is cinnte go mbeadh neart cainte sa phobal céanna faoi dhúnmharú eile a tharla dornán blianta roimhe sin, in 1879, i nDún na nGall nuair a maraíodh Tiarna Liatroma. Bhí talamh Mhám Trasna mar chuid dá shealúchas siúd freisin agus é mar thiarna talún ag muintir na háite.

Bheadh eolas freisin sa taobh sin tíre ar ionsaithe agus ar dhúnmharuithe eile a tharla i dtrátha an ama sin níos gaire do bhaile. Ina measc sin, bhí marú Walter Burke, tiarna talún as Clár Chlainne Muiris, Contae Mhaigh Eo. Nuair a dhiúltaigh a chuid gníomhairí fógraí díshealbhaithe a dháileadh ar thionóntaí ar fhaitíos go marófaí iad, thosaigh sé á scaipeadh é féin i dtús an Mheithimh 1882, é ag dul amach ar muin capaill agus gunnán ina láimh aige. Ach níor tháinig sé slán as.

Ba í an chinniúint chéanna a bhí i ndán do John Blake as na Forbacha, Contae na Gaillimhe a bhí ag obair mar ghníomhaire ag duine de na tiarnaí talún ba chruálaí agus ba neamhthrócairí san iarthar, Iarla Chlann Riocaird. I mBaile Locha Riach a maraíodh é féin agus searbhónta darbh ainm Thady Ruane in ionsaí eile i ndeireadh an Mheithimh 1882.

Agus má chothaigh na hionsaithe sin ar fad agus tuilleadh nach iad plé agus argóintí i measc an phobail i gceantar Mhám Trasna i dtús na 1880idí níl amhras ar bith faoin méid cainte agus faoin sioscadh a tharraing eachtra fhuilteach eile ar an 3 Eanáir 1882 ar leac an dorais acu féin.

Maraíodh báille a bhí fostaithe ag an Tiarna Ardilaun agus garmhac leis – John agus Joseph Huddy – agus iad ag seirbheáil barántas ar thionóntaí ar an gCloch Bhreac, idir Mám Trasna agus an Fhairche. Duine de mhuintir Guinness a bhí sa Tiarna Ardilaun a raibh cónaí air i gCaisleán Cheapach Corcóige – Ashford Castle – i gConga.

Bhí dea-cháil air mar thiarna talún, rud ab annamh ag an am. Nuair nár fhill na báillí óna gcuid oibre bhí amhras faoinar tharla dóibh. Thóg sé trí lá is fiche ar na húdaráis na coirp a aimsiú, ach fuarthas ar deireadh iad go domhain i Loch Measca, sáinnithe ansin ar an ngrinneall i málaí a bhí líonta le clocha. Thiocfadh sé chun solais níos deireanaí gur dúnmharaíodh na fir ar an gCloch Bhreac agus gur i gcléibh a iompraíodh na coirp chomh fada leis an loch.

Bhí uafás agus brúidiúlacht ag baint leis na cásanna sin ar fad ag tráth a raibh pobal na tíre ag dul i gcleachtadh ar scéalta faoi eachtraí a bhí níos cruálaí agus níos fíochmhaire ná a chéile.

Ach ba in áit na leathphingine a bheidís sin ar fad mar scéalta nuair a thiocfadh na sonraí ar fad faoin sléacht i Mám Trasna chun solais – agus faoin dóigh ar láimhseáil na húdaráis an cás.

3 Cúis, cumas agus deis

Thart ar dhá chéad go leith teaghlach a bhí ina gcónaí sa ghleann faoi scáth an tsléibhe i Mám Trasna in 1882 agus ba theaghlaigh líonmhara a bhí ina bhformhór de réir ghnás an ama. D'fhág sé sin go raibh pobal mór daoine brúite isteach i stráice cúng talún agus iad ag streachailt go leanúnach leis an saol agus leis an aimsir.

Ba dheacair clann mhór a bheathú ar ghabháltas beag agus bheadh cuimhne mhaith ag aon duine a bhí beagán le cois an dá scór bliain d'aois ag an am ar olltubaiste an Ghorta Mhóir, a tharla glúin amháin roimhe sin. Bhí an bás agus an imirce a lean é greanta ar a gcroí – blianta crua dearóile i saol an phobail.

Bhí gaol gairid ag go leor de phobal an cheantair le chéile agus bhí sloinnte mar Seoighe, Ó Cathasaigh agus Ó Loideáin an-choitianta go deo. Ba mhaith ann iad na gaolta agus bhí spiorad na meithle i réim i mbun obair phortaigh nó fómhair. Os a choinne sin, thagadh teannas agus achrann i gceist idir gaolta freisin agus b'iomaí buille a bhuailtí agus ba mhinic a dhoirtí fuil. Lá patrúin nó ar Aonach Thuar Mhic Éadaigh a shocraítí cuid de na haighnis le doirn agus le spreacadh lámh. I gcúirteanna an tseisiúin ar an bhFairche nó i gConga a chríochnaíodh tuilleadh os comhair an ghiúistís nuair a ghearrtaí fíneáil nó pionós príosúin de bharr coimhlinte nó easaontais.

Troideanna faoin áit a raibh claí teorann idir garraithe, gadaíocht caorach, beithíoch ar strae ar thalamh na gcomharsan – thugaidís sin ar fad údar troda dóibh siúd nach raibh ach beagán de mhaoin an tsaoil acu. Pósadh go hóg, clann mhór agus obair chrua a bhí i ndán do mhórán ag an am mura raibh éalú ón dúchas i gceist ar bhád bán na himirce chun na Breataine nó go Meiriceá. Bhí an t-oideachas gann go leor orthu, go háirithe ar na daoine fásta agus ní raibh léamh ná scríobh ach ag beagán díobh. Bhí roinnt Béarla ag an gcuid ab óige agus scoil acu sa phobal féin a chabhraigh leo bunscileanna na léitheoireachta agus na scríbhneoireachta a shealbhú. Gaeilge amháin a bhí ag mórán de dhaoine fásta na háite agus b'eisceacht iadsan a raibh an dara teanga ar a dtoil acu.

Ba thionóntaí, feirmeoirí beaga nó oibrithe feirme bunús na bhfear; cúraimí clainne agus tí a bhíodh ar na mná cé nárbh aon strainséirí ach an oiread iad i ngarraithe san earrach nó ar phortaigh sa samhradh. Caitlicigh ab ea formhór mór an ghnáthphobail agus ghéill siad le hómós nó le faitíos do chumhacht agus d'údarás na sagart. Bhí faitíos freisin roimh chumhacht na bpóilíní agus ba mhinic iadsan i bpáirt an údaráis i dteannta tiarnaí talún agus gníomhairí. Dá bharr sin, bheadh bá ag mórán de mhuintir na háite leis an seanfhocal 'gur i ngan fhios don dlí is fearr a bheith ann'.

Ach de bharr scála an áir a tharla i gcábán Sheáin Seoighe i Mám Trasna an mhaidin Aoine, 18 Lúnasa 1882 – cúigear marbh, idir fhir agus mhná, agus ógánach beag amháin gonta – bhí deireadh go deo le haon seans gur i ngan fhios don dlí nó don saol mór a mhairfeadh pobal an cheantair feasta i gciúnas an ghleanna ar bhruach Loch Measca.

A luaithe agus a scaip an scéal faoin sléacht dhírigh fórsaí an dlí agus lucht údaráis ar an láthair. Tháinig póilíní sinsearacha ann ó na bailte móra ba chóngaraí; tháinig buíon saighdiúirí de shiúl na gcos as Áth Cinn na Gaillimhe, beirt ghiúistísí áitiúla agus iriseoirí ó chian is ó chóngar.

Chuir cuid de na tuairiscí nuachtáin a foilsíodh alltacht ar dhaoine, go háirithe an cur síos a tugadh ar bhrúidiúlacht na híde a bhí faighte ag na coirp. Tugadh suntas i dtuairisc i nuachtán amháin de chuid na Gaillimhe, *The Galway Vindicator*, don bhatráil a bhí faighte ag na mná, go speisialta máthair Sheáin Seoighe, Mairéad:

> *Her skull was crushed by a torrent of blows which reduced bone, blood and brain into one mass of pulp. All of the women had been bludgeoned to death about the head.*

Tháinig sé chun solais níos deireanaí go bhféadfadh go raibh cois láí nó spáid a raibh cloigeann iarainn air i measc na n-uirlisí a úsáideadh san ionsaí.

Chuir sé iontas ar thuairisceoir amháin ó *The Freeman's Journal* go bhféadfadh buíon chomh barbartha, fuilteach a bheith in aon áit sa tír a dhéanfadh gníomh den chineál seo:

> *'That in any part of this country there could exist a band of*

ruffians infamous enough to concoct and carry out such a deed of blood is enough to fill the heart of every honest Irishman with the most serious and melancholy reflections. In the presence of such a crime silence is more eloquent and one is terrified by so tremendous a catastrophe.

Tháinig fear cinniúnach eile chuig láthair an áir ar an bpointe boise: George Bolton, dlíodóir na corónach do Chontae Thiobraid Árann a bhí sa cheantar cheana féin de bharr go raibh sé gníomhach i bhfiosrú dhúnmharuithe na beirte de mhuintir Huddy, ó fhoireann an Tiarna Ardilaun a maraíodh ar an gCloch Bhreac agus a dumpáladh i Loch Measca.

Níorbh fhada go raibh Bolton ceaptha go hoifigiúil ag údaráis Chaisleán Bhaile Átha Cliath le ceannas a thógáil freisin ar fhiosrú dhúnmharuithe Sheoighigh Mhám Trasna agus leis an gcás a ullmhú le tabhairt os comhair na cúirte.

Bhí cáil na héifeachta air agus tuigeadh go dtapódh sé gach deis le cásanna dúnmharaithe a réiteach.

Is iondúil in aon chás dúnmharaithe in aon dlínse in imeacht na mblianta go mbíodh trí cinn de shlata tomhais lárnach dóibh siúd i mbun fiosraithe agus iad ar thóir an té a bhí freagrach in aon chás ar leith: cúis, cumas agus deis leis an gcoir a dhéanamh. Má bhí na trí ní sin ag duine ba mhinic é nó í ar an mbunliosta de dhaoine a raibh amhras fúthu.

Níorbh fhada go raibh an bhuíon mhór póilíní a bhí faoin am sin i Mám Trasna ar thóir ghaoth an fhocail faoi chúis an tsléachta agus fúthu siúd a bhí freagrach as ach, mar ba dhual do phobal amhrasach, cúramach, tuaithe, is beag eolas a bhí á roinnt os ard ag muintir na háite leis na húdaráis tráth a raibh scéin orthu fós faoi uafás an áir a bhí díreach tarlaithe ina measc.

Dá dtabharfaí tuairisc chruinn, mhacánta do na póilíní ní dócha gurbh é an dea-fhocal a bheadh acu sin a chónaigh san áit faoi Sheán Seoighe féin agus bheidís in ann smaoineamh ar rogha leathan cúiseanna a d'fhéadfadh a bheith leis an ionsaí, dá mba mhian leo sin a dhéanamh. Níor bhréag ar bith é a rá go raibh glacadh forleathan leis gur bithiúnach agus bullaí a bhí ann a raibh cáil na troda agus na gadaíochta air.

Fear ard, crua, láidir a bhí i Seán Seoighe – Seán Mháirtín Antoine – a bhog go baile fearainn Mhám Trasna in 1876 nuair a phós sé baintreach a raibh gabháltas seacht n-acra aici ansin, Brighid Uí Bhriain, duine de mhuintir Chathasaigh sular phós sí an chéad uair.

Díshealbhaíodh an Seoigheach seal blianta roimhe sin ó ghabháltas beag a bhí aige féin sa chomharsanacht chéanna, ar eastát an Tiarna Liatroma i bPáirc an Doire agus ba mar thréadaí nó mar aoire a d'oibrigh sé ina dhiaidh sin go dtí gur phós sé athuair. Ba mhaith a d'fheil sé dó baintreach a raibh talamh aici a phósadh le deis mhaireachtála níos fearr a thabhairt dó féin agus dá cheathrar clainne, a raibh sé féin ag tabhairt aire dóibh ó bhásaigh a bhean. Bheadh daoine ann a bheadh in éad leis de bharr suim a bheith acu féin sa bhaintreach agus sna seacht n-acra.

Dúradh go mbíodh sé ag déanamh roinnt oibre ar fheirm sa chomharsanacht as ar dhíshealbhaigh an tiarna talún duine de na tionóntaí tamall gairid roimh sin – ní chothódh sin mórán grá ná gean air san áit.

Ba chuid de chultúr na tuaithe ag an am é meas a bheith ar an bhfear láidir, an té nach raibh fuacht ná faitíos air roimh dhuine ná deoraí. Ba mhinic nuair a scaipeadh an scéal faoi chumas troda duine dá shórt go mbídís ann a thabharfadh a dhúshlán ag ócáidí ar a mbeadh aghaidh an phobail – aontaí agus laethanta patrúin, cuir i gcás. Agus ba chosúil gur dhuine é Seán Mháirtín Antoine Seoighe nár chúlaigh riamh ó dheiseanna lena neart agus a spreacadh a chruthú don phobal agus don saol mór. Níl aon amhras ann ach go mbeadh sé éasca go maith ag duine naimhde a bhailiú agus é i mbun na ceirde sin.

Ach bhí cúis níos fearr ag daoine an ghráin a bheith acu ar an Seoigheach: bhí glacadh coitianta leis gur gadaí caorach cruthanta a bhí ann agus mura gcoinneodh muintir na dúiche súil ghéar ar a dtréada i gcónaí go mbeadh an baol ann go mbeadh caoirigh dá gcuid scuabtha leis ag Seán Mháirtín Antoine Seoighe. Ba dheacair iad féin a chosaint air, go háirithe nuair is ar thalamh coimín ar shleasa Chnoc Mhám Trasna nó i Sraith na Long a bhíodh caoirigh na háite ar fad ar féarach le linn tréimhsí fada den bhliain. Ba mhór an chailliúint ar ghabháltas beag fiú an t-aon chaora amháin a ghoidfí ag tráth a raibh teacht isteach teoranta an teaghlaigh ag brath chomh mór sin ar dhíol na gcaorach ar an aonach áitiúil. Cúis ionsaithe ann féin a bheadh sa ghadaíocht dá bharr sin.

Bhí tuairim eile i measc an phobail a d'fhéadfadh míniú difriúil a thabhairt ar an méid a tharla; creideadh go raibh an Seoigheach ina chisteoir ar chumann rúnda áitiúil, lucht Ribíneach nó Fíníní, a bhí ag cur in aghaidh na dtiarnaí talún agus gur chúbláil sé airgead de chuid an chumainn sin. Dá mb'fhíor sin níorbh fhéidir le baill de chumann mídhleathach dul i muinín an dlí leis an airgead a fháil ar ais ach bheadh gá acu déileáil leis an gcás le húdarás a léiriú agus le teachtaireacht a thabhairt nach raibh aon ghlacadh leis an gcineál sin mí-iompair. Os a choinne sin, tháinig sé chun solais níos deireanaí go raibh trí phunt agus seacht scillinge – suim shuntasach ag an am – i bpóca Sheáin Mháirtín Antoine Seoighe nuair a dúnmharaíodh é: ní léir mar sin gurbh aisghabháil airgead goidte, ná díoltas as an ngadaíocht féin údar an tsléachta, cé nach raibh an fhaisnéis áirithe sin i measc an phobail ag an am sin.

Is cosúil freisin go raibh daoine eile den bharúil nárbh é an Seoigheach féin phríomhsprioc lucht an áir an mhaidin chinniúnach sin ar chor ar bith ach gurbh ar a mháthair, Mairéad, a bhí an tóir. Ceapadh gurbh ise a bhí le marú mar go raibh teoiric ann gurbh í a sceith an t-eolas leis na húdaráis faoin áit i Loch Measca ar caitheadh coirp na beirte de mhuintir Huddy, ó thailte an Tiarna Ardilaun, a maraíodh ar an gCloch Bhreac an 3 Eanáir 1882, beagán le cois seacht mí roimhe sin. Tuairiscíodh i gcuid mhór nuachtán, fiú sula raibh teaghlach Sheáin Mháirtín Antoine Seoighe curtha i gcré na cille gurbh í sin cúis na ndúnmharuithe:

> *It is believed the terrible deed was committed because the family gave information respecting the murder of Lord Ardilaun's bailiff.*

Bhí siad ann a chreid go bhfaca an tseanmháthair na coirp á n-iompar chuig an loch agus á dtabhairt ar bhád go dtí an áit ar cuireadh go grinneall iad. Murach go raibh finné éigin ag na húdaráis a sceith eolas leo ní móide go n-aimseofaí go deo na coirp in uiscí fairsinge Loch Measca. Má bhí finné i gceist a scaoil faisnéis den chineál sin, nach raibh an baol ann go n-ainmneoidís freisin na daoine a bhí freagrach as dúnmharú na beirte? B'fhéidir gur chúis ionsaithe ann féin a bhí sa teoiric seo fiú mura raibh bunús léi ná fianaise dá laghad lena cruthú.

Murar leor de rogha iad Seán Seoighe agus a mháthair mar spriocanna don ionsaí bhí daoine eile ann a chreid gur bhain an eachtra ar fad le hiníon an tí, Peigí, déagóir dathúil, fionn. Bhí lucht na teoirice seo den bharúil go raibh súil ag cuid de na póilíní, fir óga de chuid Chonstáblacht Ríoga na hÉireann (RIC), a bhí ar dualgas sa dúiche ar an ainnir óg seo agus go dtaitníodh sé leo cuairt a thabhairt le súil í a fheiceáil nó í a mhealladh. Ba bheag glacadh a bheadh sa cheantar le haon chineál caidrimh leis na póilíní de bharr a gcúraimí siúd i gcosaint na bunaíochta. Agus fiú gan cruthú cinnte ar an tuairim seo, bhí siad ann a chreid gur dá thoradh a tharla an sléacht.

Ach bhí cuid de mhuintir na háite a bhí in ann dul céim i bhfad níos faide fós dá mba mhian leo é agus ainm a chur ar an té a mheas siad a phleanáil agus a d'ordaigh na dúnmharuithe – an té ba shaibhre agus ba chumhachtaí a raibh cónaí air ina measc: Seán Mór Ó Cathasaigh as Bun an Chnoic.

Feirmeoir saibhir a bhí sa Chathasach a raibh neart talún agus tréad mór caorach aige agus ba chuige a théadh muintir na háite ar thóir iasachta nuair a bhídís i gcruachás. Thug an saibhreas a bhí aige seasamh, smacht agus cumhacht thar na bearta dó i bpobal bocht dearóil.

Tuigeadh go maith go raibh an nimh san fheoil ag Seán Mór Ó Cathasaigh do Sheán Mháirtín Antoine Seoighe ar iliomad cúiseanna. Níor thaitin sé leis an chaoi a bhfuair an Seoigheach seilbh ar sheacht n-acra na baintrí; dúradh go raibh seanspaidht feamainne eatarthu a bhain le straidhpeáil nó athdháileadh talún chomh fada siar leis an mbliain 1866 ach, thar aon ní eile, ba é mí-iompar an tSeoighigh mar ghadaí caorach is mó a bhí ina chúis oilc agus cantail aige. Go deimhin, creideadh gurbh é Seán Mháirtín Antoine Seoighe a ghoid tuilleadh agus dosaen molt ó shleasa an tsléibhe a bhí tugtha abhaile gan díol ag an gCathasach ó aonach Thuar Mhic Éadaigh díreach roimhe sin. Agus mar bharr ar an donas ar fad, ba chosúil go raibh siad ann a chreid gur leis na póilíní a dhíol sé an chaoireoil.

Ní easpa cúiseanna a bhí ar fáil don ionsaí, mar sin, ach a mhalairt ghlan; réimse chomh leathan sin go bhféadfaí roghnú astu – éad, troid, goid, cúbláil airgid, sceitheadh eolais, caidreamh leis na húdaráis nó spaidht feamainne.

Ach bhí tuiscint eile ar fad in intinn na n-údarás; de bharr líon ollmhór na ndúnmharuithe – báillí, tiarnaí talún agus fiú Príomh-Rúnaí nua na hÉireann féin i bPáirc an Fhionnuisce – glacadh leis gur bhain sléacht Mhám Trasna, ar bhealach amháin nó eile, leis an gcorraíl faoi athriar cúrsaí talún. Agus cé nach raibh mná ná ógánaigh ina spriocanna roimhe seo agus nár thiarna talún ná báille é Seán Mháirtín Antoine Seoighe – a mhair beo bocht lena theaghlach i gcábán suarach tuaithe – ba é tuairim na coitiantachta i measc na n-údarás agus na n-uaisle gur ghné éigin de chogadh na talún a bhí san ionsaí barbartha, fuilteach seo. Ba mar chuid den chogaíocht leanúnach sin faoi chearta talún agus na cumainn rúnda a bhí ceangailte leis a dhéileálfaí leis an gcás.

Ní fios cad iad na ráflaí nó na luaidreáin a bhí cloiste ag na póilíní le linn an tórraimh, ach faoi thráthnóna Dé Sathairn agus socruithe á ndéanamh d'adhlacadh choirp na marbh i reilig Chnoc an Teampaill an lá dár gcionn, ghabh na húdaráis seisear fear áitiúil lena gceistiú faoin ár – Seán Mór Ó Cathasaigh as Bun an Chnoic ina measc.

Ní fada a mhair ceistiú an Chathasaigh agus faoi thitim na hoíche bhí sé scaoilte saor arís cheal fianaise nó cúis lena choinneáil.

Coinníodh an cúigear fear eile lena gceistiú tuilleadh agus, cé nár thuig siadsan ag an am é, níorbh fhada go mbeidís féin saor freisin de bharr cor cinniúnach a tharla an lá dár gcionn.

Ag tráth ar creideadh go forleathan i measc an phobail i gcoitinne gur binn béal ina thost fad is a bhain le faisnéis a roinnt le póilíní, tharla rud i Mám Trasna a bhí chomh haisteach, neamhghnách sin nach bhféadfaí le fírinne é a shamhlú ná a chreidiúint: tháinig finnéithe chun tosaigh a thairg mionchuntas iomlán do na póilíní ar an sléacht agus a mhaígh go bhfaca siad agus gur aithin siad lena súile féin baill na buíne a bhí ciontach. Bheidís sásta dul os comhair cúirte lena gcuid fianaise a thabhairt faoi mhionn agus faoi mhóid.

Athrú ó bhonn a chuirfeadh an méid a bheadh le rá ag na finnéithe ar shaol an cheantair agus scoiltfí go smior pobal na háite ar bhealach nach bhféadfaí a leigheas.

Ach na húdaráis agus na póilíní sin a chreid go raibh rúndiamhair na ndúnmharuithe fuilteacha i Mám Trasna fuascailte gan stró acu, go cóir agus go cothrom, bhí dul amú mór orthu.

4 Aistear an uafáis

Níorbh aon ghnáthlá é Dé Sathairn, 19 Lúnasa 1882 i Mám Trasna. Bhí tórramh na marbh ar siúl ar feadh an lae, scrúduithe iarbháis déanta ar na coirp, tús curtha leis an gcoiste cróinéara, cónraí déanta d'adhlacadh na marbh agus fir gafa le ceistiú ag na póilíní faoin sléacht roimh thitim na hoíche. Bhí cúrsaí ag bogadh chun cinn ar luas lasrach.

Ach i ngan fhios don saol mór tháinig cor suntasach gan choinne sa scéal le linn an lae sin freisin. Shiúil beirt fhear ón gceantar chuig bothán na bpóilíní i bhFionnaithe agus thug siad le fios go bhfaca siad lucht an tsléachta i mbun gnímh.

Ba Sheoighigh iad an bheirt a bhí i gceist, as ceantair Dhoire agus Cheapaigh na Creiche agus bhí gaol gairid acu le Seán Mháirtín Antoine Seoighe, an té a bhí le cur faoin gcré go luath. Ba chol ceathracha leis an bhfear marbh iad Antoine Mhaolra Seoighe agus a dheartháir Seáinín Mhaolra. Ní hamháin go dtabharfadh an bheirt acu fianaise faoina bhfaca siad ach bhí an tríú finné i gceist freisin, Páidín Seoighe, mac le Seáinín Mhaolra agus nia le hAntoine Mhaolra, cé nach raibh sé siúd ina dteannta agus iad ag tabhairt a gcéad tuairisc do na póilíní i bhFionnaithe.

B'ábhar iontais amach is amach é go dtiocfadh aon duine chun cinn le cabhrú leis na húdaráis lena bhfiosrúcháin. Ach má baineadh geit agus stangadh as na húdaráis go raibh finnéithe tagtha chun tosaigh ón bpobal, bheadh a sheacht n-oiread sin iontais fós i gceist leis an bhfaisnéis a bhí le haithris ag an triúr fear seo. Ní hamháin go bhfaca siad an bhuíon fear a rinne an sléacht ag dul thar a dtithe féin ach lean siad iad cúpla míle slí sa dorchadas chomh fada le teach a bhfear gaoil, Seán Mháirtín Antoine Seoighe i Mám Trasna, agus d'éist siad leis an screadach taobh istigh fad is a bhí baill an teaghlaigh ansin, idir fhir agus mhná, á ndúnmharú go brúidiúil, fuilteach. Bhí siad lánchinnte den mhéid a chonaic siad agus bheidís sásta é sin a mhionnú os comhair cúirte.

D'ainmnigh siad na daoine ar fad a bhí ar aistear an uafáis an oíche sin – móriomlán de dheichniúr fear – agus liostaigh siad amach iad, ina nduine agus ina nduine. Bhí triúr deartháireacha – ar col ceathracha leo féin iad – i measc na n-ainmneacha a thug siad do na póilíní; bhí an gaol gairid céanna ag an triúr fear seo le Seán Mháirtín Antoine Seoighe agus a bhí ag na finnéithe féin leis.

> **Maolra Sheáin Seoighe** (40), as Ceapaigh na Creiche, 5' 5½" ar airde, 9 gcloch agus 10 bpunt meáchain, gruaig dhonn, súile liathghorma, craiceann liathbhuí, oibrí feirme, Caitliceach, gan aon oideachas air, fear pósta a raibh cúigear clainne aige. Deirtear i bhfoinsí eile go raibh sé 45 bliana d'aois, cé go luaitear 40 bliana leis i dtaifid oifigiúla.

Máirtín Sheáin Seoighe (40), as Ceapaigh na Creiche, 5' 4" ar airde, 11 chloch agus 8 bpunt meáchain, gruaig dhonn, súile gorma, gealchraicneach, oibrí feirme, Caitliceach, gan aon oideachas air, fear pósta agus clann air. Ba dheartháir le Maolra é.

Páidín Sheáin Seoighe (45), as Ceapaigh na Creiche, 5' 4" ar airde, 11 chloch agus 4 phunt meáchain, gruaig dhubh, súile liatha, craiceann liathbhuí, oibrí feirme, Caitliceach, gan aon oideachas air, fear pósta a raibh deichniúr clainne aige. Ba dheartháir le Maolra agus Máirtín é.

Tomás Seoighe (20), as Ceapaigh na Creiche, 5' 5½" ar airde, 10 gcloch agus 10 bpunt meáchain, gruaig fhionn, súile cnódhonna, bánchneasach, oibrí feirme, gan aon oideachas air, fear singil. Ba mhac le Páidín agus nia le Maolra agus le Máirtín é.

Bhí Seoigheach amháin eile ar an liosta acu ach ní raibh aon ghaol aigesean leis na Seoighigh a maraíodh, leis na Seoighigh a bhí anois mar fhinnéithe ná leis na Seoighigh sin a bhí ainmnithe as a bheith i measc lucht an ionsaithe:

Pádraig Seoighe (23), as Seanbhaile Chathail, 5' 9" ar airde, 9 gcloch agus 4 phunt meáchain, gruaig fhionn, súile ghorma, gealchraicneach, oibrí feirme, Caitliceach, oideachas air sa mhéid is go raibh léamh agus scríobh aige agus Béarla aige chomh maith lena theanga dhúchais. Fear nuaphósta a bhí ann, gan aon chlann air.

Bhí ceathrar Cathasach ar an liosta a d'ainmnigh na finnéithe agus bhí gaol gairid ag triúr acu le chéile; ba as an mbaile fearainn céanna iad: Doire, i gcomharsanacht Cheapaigh na Creiche agus Seanbhaile Chathail:

> **Pádraig Shéamuis Ó Cathasaigh** (26), as Doire, 5' 4½" ar airde, 10 gcloch agus 13 phunt meáchain, gruaig dhonn, súile gorma, gealchraicneach, Caitliceach, oibrí feirme agus gan aon oideachas air. Ba dheartháir céile é le Máirtín Sheáin Seoighe a bhí ainmnithe ar an liosta freisin.
>
> **Seáinín Beag Ó Cathasaigh** (36), as Doire, 5' 2½" ar airde, 9 gcloch díreach, gruaig dhonn, súile cnódhonna, bánchneasach, Caitliceach, oibrí feirme agus gan aon oideachas air. Fear pósta agus clann air. Ba dheartháir le Pádraig Shéamuis é.
>
> **Micheál Ó Cathasaigh** (60), as Doire, 5' 6" ar airde, 12 chloch agus 5 phunt meáchain, gruaig liath, súile cnódhonna, bánchneasach, Caitliceach, oibrí feirme agus gan aon oideachas air. B'uncail le Pádraig Shéamuis agus le Seáinín Beag é.

Bhí Cathasach eile ainmnithe freisin acu ach gan aon ghaol aigesean leis an triúr eile den sloinne céanna agus bhí cónaí air cúpla míle ó thuaidh ó na Cathasaigh agus ó na Seoighigh eile a bhí liostaithe acu:

> **Tomás Ó Cathasaigh** (38), as Gleann Sál, 5' 7" ar airde, gruaig dhonn, súile gorma, bánchneasach, Caitliceach, oibrí feirme, gan aon oideachas foirmiúil air ach Béarla aige

> de bharr tréimhse a chaith sé ag obair i Sasana. Fear pósta a raibh cúigear clainne aige.

Deartháir céile le Tomás Ó Cathasaigh an fear deireanach a ainmníodh ar liosta na ndaoine a rinne an sléacht:

> **Antoine Mac Philibín** (40), ón gCeapaigh Dhuibh, 5' 3¾" ar airde, gruaig dhonn, súile gorma, gealchraicneach, feirmeoir, fear pósta, Caitliceach, oideachas air sa mhéid is go raibh scríobh aige agus Béarla ó thréimhse a chaith sé ag obair i Sasana.

Ón eolas a thug na finnéithe de mhuintir Sheoighe do na póilíní ba iad sin an deichniúr a bhí sa bhuíon a rinne an sléacht ar Sheán Mháirtín Antoine Seoighe agus a chlann i ndorchadas na luathmhaidine i Mám Trasna.

Ba chomharsana i gCeapaigh na Creiche leis an bhfinné Antoine Mhaolra Seoighe iad na col ceathracha leis féin a bhí díreach ainmnithe i measc na n-ionsaitheoirí – bhí cónaí orthu i bhfoisceacht dhá chéad slat dá chéile. Ba chomharsana béal dorais leis an bhfinné eile, Seáinín Mhaolra Seoighe i mbaile fearainn Dhoire an triúr Cathasach a bhí curtha ar an liosta freisin.

Scór bliain d'aois a bhí an té ab óige den bhuíon a ainmníodh agus bhí an duine ba shine trí scór bliain d'aois.

Antoine Mhaolra Seoighe a thug an chéad mhionchuntas iomlán do na póilíní ar gach a bhfaca sé le linn oíche an áir agus thacaigh an bheirt fhinnéithe eile le gach focal a bhí ráite aige.

Ina chodladh a bhí sé ach dhúisigh sé nuair a chuala sé a ghadhar ag tafann taobh amuigh. Ní raibh a fhios aige cén t-am den oíche a bhí ann ach mheas sé go raibh sé thart ar mheán oíche. D'éirigh sé go bhfeicfeadh sé céard a bhí ag tarlú.

Chonaic sé buíon de sheisear fear ag dul thar bráid, iad ag siúl siar an bóithrín sa dorchadas. Chuaigh sé ar chúl an tí go bhfaigheadh sé radharc níos fearr orthu agus d'aithin sé an seisear a bhí gceist: ceathrar gaolta agus comharsana leis féin de mhuintir Sheoighe, agus beirt eile, Tomás Ó Cathasaigh as Gleann Sál agus Antoine Mac Philibín as an gCeapaigh Dhuibh.

Bhí amhras air faoi na fir agus faoi chúis an aistir a bhí acu; mheas sé nach bhféadfadh sé gur aon dea-ghníomh a bhí ar intinn acu in uair mhall seo na hoíche.

Chaith sé air treabhsar, léine agus veist báinín agus thug aicearra air féin siar trasna na gclaíocha go teach a dhearthár, Seáinín Mhaolra Seoighe, le rabhadh a thabhairt dó faoin mbuíon a bhí ar an mbóthar.

Dhúisigh Seáinín Mhaolra Seoighe, chomh maith lena mhac Páidín agus a iníon Máire agus chuaigh an bheirt fhear amach chuig doras an tí in éineacht le hAntoine Mhaolra. Chonaic siad an bhuíon de sheisear fear ag coinneáil orthu siar an bóithrín thar a dteach agus bheartaigh siad iad a leanúint sa dorchadas, go ciúin agus go cúramach, agus fanacht sách fada siar uathu le nach dtabharfaí faoi deara iad.

Lean an tóraíocht achar gairid, cúpla céad slat, go dtí go ndeachaigh an bhuíon isteach i dteach Mhichíl Uí Chathasaigh i mbaile fearainn Dhoire. D'fhan an triúr a bhí á leanúint i bhfolach taobh amuigh i ngarraí an tí gan fios acu céard a bhí ag tarlú nó á bheartú taobh istigh.

Laistigh de cheathrú uaire nó mar sin, tháinig an bhuíon amach arís ach an uair seo bhí tuilleadh acu ann – an seisear a chonaic siad ag dul isteach, agus ceathrar eile leo: fear an tí, Micheál Ó Cathasaigh agus a bheirt nia, Pádraig Shéamuis agus Seáinín Beag, chomh maith le Pádraig Seoighe as Seanbhaile Chathail.

Lean an bhuíon orthu ar an mbóithrín garbh tuaithe, siar chomh fada le Páirc an Doire agus an triúr finnéithe fós sa tóir orthu ach iad san airdeall ar aon bhaol go bhfeicfí nó go gcloisfí iad. Níorbh fhada gur fhág deichniúr na buíne an bóithrín agus lean siad cosán garbh go dtí gur thrasnaigh siad sruthán i Sraith na Long agus iad ag déanamh ar bhaile fearainn Mhám Trasna agus an triúr finnéithe fós ag faire go géar ach i ngan fhios orthu.

Faoin am seo thuig na finnéithe cá raibh triall na buíne: ar theach a bhfear gaoil Seán Mháirtín Antoine Seoighe. Bhí luaidreáin i measc an phobail roimhe sin go dtiocfadh an lá go mbainfí díoltas amach air as a raibh de mhí-iompar ar bun aige.

Gan mhoill ina dhiaidh sin, bhí radharc ag na finnéithe ar an deichniúr bailithe i gclós an chábáin agus ar an doras á réabadh isteach ag triúr acu, cé nach bhféadfaidís ainm a chur ar aon duine den triúr sin. D'fhan an seachtar eile taobh amuigh fad is a chuaigh an triúr isteach agus thug faoin ionsaí brúidiúil, barbartha. Chuala na finnéithe agus iad i bhfolach taobh amuigh an screadach agus an bhúiríl fhíochmhar ó bhaill an teaghlaigh istigh agus iad á mbascadh. Chuala siad na buillí á mbualadh ach níor chuala siad aon philéar á scaoileadh.

Agus lán le scéin agus le huafás, theith na finnéithe leo ar chosa in airde ó láthair an áir.

Níor smaoinigh siad ar theacht i gcabhair ar a ngaolta istigh ná iarracht a dhéanamh cúnamh a lorg dóibh. Agus ní chuig bothán na bpóilíní i bhFionnaithe a theith siad an oíche sin le tuairisc a thabhairt le go bhfaigheadh na húdaráis greim láithreach ar na hionsaitheoirí ach abhaile leo arís chomh tiubh géar agus a thabharfadh a gcosa iad. Bhain siad amach teach Sheáinín Mhaolra Seoighe, áit a raibh a iníon Máire fós ina dúiseacht agus d'fhan siad ina suí ansin go dtí go ndeachaigh Antoine Mhaolra ar ais chuig a theach féin le breacadh an lae.

D'fhan siad ina dtost faoin méid a chuala siad agus a chonaic siad ón mhaidin Aoine sin go dtí tráthnóna Dé Sathairn nuair a chuaigh siad chuig na póilíní; níor dúradh dada fiú le Máire, iníon Sheáinín Mhaolra, a bhí ina dúiseacht rompu sa teach ar fhilleadh dóibh ó láthair an tsléachta.

Bhí dhá rud le déanamh ag na póilíní sa bhothán i bhFionnaithe láithreach ar chloisteáil an scéil dóibh. Chaithfidís cosaint a chinntiú do na finnéithe le go mbeidís ar fáil in am trátha lena bhfianaise a aithris faoi mhionn i láthair giúiré sa chúirt. Ina theannta sin, bheadh orthu an bhuíon de dheichniúr fear a ghabháil a thúisce agus a d'fhéadfaí ar eagla go n-éalóidís ón dlínse agus ón dlí dá scaipfeadh an scéal faoi na finnéithe.

Bhog siad na finnéithe go Conga agus chuir siad lóistín compordach ar fáil dóibh san aon óstán a bhí ar an mbaile, The Carlisle Arms, a bhí ainmnithe as an Tiarna Carlisle, a thug cuairt ar an áit tráth den saol, le linn dó a bheith mar fhear ionaid an Rí in Éirinn. Ba san óstán céanna sin a d'fhan lucht údaráis agus iriseoirí a tháinig go dtí an ceantar ar chloisteáil an scéil dóibh faoin ár i Mám Trasna.

Cuireadh an dualgas ar chonstáblaí éagsúla de chuid na bpóilíní an deichniúr fear a d'ainmnigh na finnéithe a ghabháil láithreach. Beirt de na fir, ar a mhéid, a bheadh le gabháil ag aon ghrúpa constáblaí ar mhaithe lena sábháilteacht féin agus dúradh leo iad a thionlacan go dtí an bheairic ar an bhFairche. Bhí a gcúraimí comhlíonta gan deacracht ná constaic ag na póilíní roimh bhreacadh na maidine ar an Domhnach.

Le linn dóibh a bheith ag gabháil na bhfear, aimsíodh dhá rud ar thug na póilíní suntas dóibh i dteach Phádraig Sheoighe: péire treabhsair fliuch a raibh an chosúlacht orthu gur níodh le gairid roimhe sin iad agus cás do ghunna láimhe a bhí clúdaithe le dusta, i dtaisce i ndíon an tí. Is cosúil gur i ngan fhios d'fhear an tí féin a bhí cás folamh an ghunna ansin, fágtha le huacht nó trí dhearmad ag seanlánúin a raibh cónaí orthu san áit roimhe sin.

Agus é á thionlacan ag beirt chonstáblaí chuig an mbeairic chuir an fear céanna, Pádraig Seoighe, ceist ar dhuine acu, an Constábla Bryan, nach raibh aon tsúil aige leis: an raibh Antoine Mac Philibín as an gCeapaigh Dhuibh gafa ag na póilíní fós? I mBéarla a bhí an cheist ó tharla an teanga sin a bheith aige. Dúirt an constábla nach raibh a fhios aige agus dúirt an Seoigheach gur dócha má gabhadh é, gur go beairic Bhaile an Róba a thabharfadh póilíní na Ceapaí Duibhe é. B'ait leis an gConstábla Bryan go mbeadh ainm Mhic Philibín tarraingthe anuas ag an Seoigheach ar chor ar bith agus scríobh sé tuairisc ar an gcomhrá níos deireanaí le tairiscint mar fhianaise.

Tugadh an deichniúr fear ó bheairic seanchaite na bpóilíní ar an bhFairche chuig ceann a raibh cuma agus cruth níos fearr uirthi agus a bhí níos oiriúnaí don líon príosúnach agus don obair a bhí idir lámha, i mbaile Chonga.

Ba mhór an méid a bhí tarlaithe sa tréimhse ó thráthnóna Dé Sathairn – nuair a tháinig na finnéithe i láthair na bpóilíní sa bhothán i bhFionnaithe den chéad uair – go dtí tráthnóna Dé Domhnaigh nuair a bhí na húdaráis ag réiteach le deichniúr príosúnach a thabhairt i láthair fiosrúchán reachtúil ag giúistís áitiúil i mbaile Chonga.

Agus iad á ngabháil ag na póilíní an mhaidin Domhnaigh sin agus á dtionlacan lena dtabhairt i láthair na n-údarás a bhí freagrach as riar an dlí agus an chirt, is beag a thuig na fir gur bhocht an chinniúint a bhí i ndán dóibh. Bhí siad ag siúl le bruach Loch Measca agus faoi scáth Chnoc Mhám Trasna ar aistear uaigneach; iad ag imeacht ó áilleacht agus ó fhiántas a gceantair dhúchais agus ag fágáil clann agus comhluadar ina ndiaidh. Níor thuig siad ag an am é ach bheadh fiche bliain imithe sula bhfillfeadh cuid acu ar cheantar Mhám Trasna arís; bhí tuilleadh acu nach bhfillfeadh go deo.

5 Coimhlint na gcomharsan

Nuair a scaip an scéal i gceantar Mhám Trasna ar an Domhnach faoin triúr finnéithe agus faoin deichniúr fear a bhí gafa bhí siad ann nár chreid é.

Bhí a fhios ag an bpobal i gcoitinne go maith faoin stair achrannach phearsanta a bhí idir na finnéithe agus cuid mhór de na fir a d'ainmnigh siad – bhí sé ina choimhlint bhuan eatarthu, ina chogadh dearg fiú, le blianta fada roimhe sin; bhíodh aighnis, achrainn, agus argóintí ann, maslaí á gcaitheamh agus buillí á mbualadh.

Bhain gné amháin den aighneas go príomha le coimhlint idir beirt de na finnéithe agus duine dá gcol ceathracha: bhí Antoine Mhaolra Seoighe agus a dheartháir Seáinín Mhaolra ag troid go leanúnach lena gcol ceathrair Maolra Sheáin. Go deimhin, ba chosúil má labhair Antoine Mhaolra agus Maolra Sheáin le chéile ar chor ar bith le trí bliana déag roimhe sin, gur go bagartha, trodach amháin é sin.

Bhain gné eile den teannas le heasaontas idir an finné Seáinín Mhaolra Seoighe agus a chomharsana féin, na Cathasaigh i mbaile fearainn Dhoire.

Tríd is tríd, bhain na coimhlintí leis an gcúis aighnis ba choitianta i measc an phobail ag an am: beithígh ar strae ag ithe i ngarraithe na gcomharsan agus caoirigh ar iarraidh ón gcnoc nó ó choimín éigin eile. Bhí seanchoimhlintí freisin ann a tháinig anuas le huacht chucu ón nglúin a chuaigh rompu.

Ba mhinic gur i gcúirt an tseisiúin a chríochnaíodh na heasaontais chéanna; níorbh aon strainséirí iad i láthair an ghiúistís.

Tharla eachtra amháin easaontais a d'fhág Maolra Sheáin Seoighe i bPríosún na Gaillimhe ar feadh míosa nuair a gearradh fíneáil de £1 nó mí príosúin air de bharr coimhlinte lena chol ceathrair Antoine Mhaolra Seoighe agus gearradh deich scillinge nó coicís príosúin ar Bhrighid, bean chéile Mhaolra Sheáin as an eachtra chéanna. Cé gur íoc a bhean a fíneáil féin dhiúltaigh sé féin nó níorbh acmhainn dó a cheann féin a íoc agus chaith sé an mhí sa phríosún. Bhí tacaíocht phobail ag Maolra Sheáin agus meas air ach ceapadh go raibh gliceas níos mó ag baint le hAntoine Mhaolra agus gurbh fhearr a thuig sé castacht an dlí agus an bealach leis an lámh in uachtar a fháil.

Bhí an choimhlint an-phearsanta in amanna. Nuair a cailleadh páiste le hAntoine Mhaolra tráth chuaigh Maolra Sheáin chuig an teach aige den chéad uair le blianta le dul ar an tsochraid. Ach tamall ina dhiaidh sin, tharla an tubaiste chéanna do Mhaolra Sheáin agus dá bhean Brighid ach ní raibh tásc ná tuairisc ar Antoine Mhaolra ar an tsochraid sin, é ró-cheanndána le comhbhrón a dhéanamh.

Bhí aighneas leanúnach freisin idir Antoine Mhaolra agus a chol ceathrair eile, Páidín Sheáin Seoighe, iad in adharca a chéile a oiread sin go mbídís os comhair na cúirte beagnach gach mí. Ar ócáid amháin acu sin thug baicle fear a measadh a bheith íoctha ag Antoine Mhaolra drochbhualadh do Pháidín agus é ag filleadh i ndorchadas na hoíche ón gcúirt.

Bhí an choimhlint chomh dona céanna idir an dara finné, Seáinín Mhaolra agus a chol ceathracha, go háirithe i gcás Mháirtín Sheáin Seoighe. Airsean a chuir Seáinín Mhaolra an milleán faoi láir agus searrach leis a bádh i Loch Measca. Ceapadh go raibh baint éigin ag Pádraig Seoighe – nach raibh gaolta leo – agus a bhí curtha ar liosta na n-ionsaitheoirí acu, le bá na gcapall freisin. Bhí an naimhdeas leanúnach céanna idir Seáinín Mhaolra agus a chomharsana freisin, an triúr de mhuintir Chathasaigh as Doire, a bhí ainmnithe acu do na póilíní mar bhaill den bhuíon an oíche sin; thuig an saol mór go raibh an dearg-ghráin acu ar a chéile.

Níorbh aon ábhar iontais ar chor ar bith é mar sin go mbeadh cuid de phobal Mhám Trasna in amhras faoi scéal na bhfinnéithe an mhaidin Domhnaigh sin de bharr na tuisceana a bhí acu féin ar an naimhdeas leanúnach agus ar an síorachrann idir na fir a bhí i gceist. Bhí go leor daoine den bharúil go raibh an deis á tapú ag an triúr finnéithe – Antoine Mhaolra Seoighe, a dheartháir Seáinín agus a nia Páidín – le díoltas a imirt ar a naimhde. Ní raibh uathu, a measadh, ach trioblóid a tharraingt anuas orthu as na blianta fada achrainn, anró agus easaontais.

Bhí cúis mhaith eile ag daoine a bheith in amhras faoi thuairisc na bhfinnéithe: bhí cuid mhór gnéithe den scéal a bhí inste do na póilíní dochreidte amach is amach, dar leo.

Oíche dhorcha a bhí in oíche Déardaoin na ndúnmharuithe; ní

raibh caite ach ceithre lá den ghealach úr agus gan aon solas eile ann i ndorchadas na tuaithe. Ba dheacair a chreidiúint go bhféadfadh na finnéithe grúpa de dheichniúr fear a leanúint ar dhrochbhóithrín agus ar chosán casta, ar thuras anróiteach, gan fios acu cá raibh a dtriall, ar feadh roinnt mílte slí gan iad a dhul amú orthu.

Cén chaoi a bhféadfadh na finnéithe aghaidheanna na bhfear sin a fheiceáil sách soiléir le hiad a aithint sa dorchadas agus iad chomh fada sin uathu nach bhféadfadh an bhuíon fear iadsan a fheiceáil? Nach scéim buile a bheadh ann ag an triúr finnéithe grúpa de dheichniúr a leanúint má thuig siad gur gníomh mioscaise agus mailíse a bhí ar intinn acu?

Céard a thabharfadh ar Pháidín Sheáin Seoighe agus a mhac Tomás dul soir an bóithrín ar dtús le go dtiocfaidís aniar arís mar chuid den ghrúpa de sheisear a tharraing aird an fhinné an chéad uair? Nach raibh cónaí orthu níos faide siar ná an finné féin ar an mbóithrín céanna?

Cén chúis nár tharraing an deichniúr fear ag siúl i ndoimhneacht na hoíche a oiread airde ó aon ghadhar eile agus a tharraing siad ó ghadhar Antoine Mhaolra Seoighe gur chuir siad ag tafann é?

Nach mbeifí ag súil gur i gcabhair ar a ngaolta a thiocfadh na finnéithe le linn an ionsaithe seachas teitheadh faoi scéin? Cén míniú a bhí acu ar an gcúis nár chuala siad aon philéir á scaoileadh ó tharla gunnáin a bheith in úsáid ann?

Cén fáth nach ndeachaigh siad chuig na póilíní láithreach lena dtuairisc? Cad chuige ar choinnigh siad scéal an uafáis ina rún go dtí an tráthnóna Sathairn, fiú ó Mháire, iníon Sheáinín Mhaolra a bhí fós ina dúiseacht nuair a d'fhill siad faoi sceimhle ó láthair an áir?

Nuair a chuirtear san áireamh stair agus drochstaid an chaidrimh idir na finnéithe agus na fir a bhí ainmnithe acu as an sléacht a dhéanamh agus chomh dochreidte agus a bhí gnéithe den scéal a bhí tugtha acu do na póilíní, is furasta cúis an amhrais i measc cuid den phobal áitiúil a thuiscint.

Bhí an fhaisnéis chéanna ag na póilíní áitiúla faoin gcoimhlint phearsanta idir na finnéithe agus na fir a d'ainmnigh siad – sa deireadh thiar thall, nach minic a bhí na póilíní céanna gafa sa lár eatarthu, sna babhtaí troda agus sna cásanna cúirte?

Ach má bhí rian ar bith den amhras ar na húdaráis gur beag bunús a bhí le sonraí an scéil a cuireadh ina láthair choinnigh siad ina dtost faoi. Nach raibh fuascailt láithreach acu i dtuairisc na bhfinnéithe ar eachtra dúnmharaithe a bhí chomh fuilteach agus chomh fíochmhar agus a chonacthas in aon áit sa tír riamh? Ní raibh mórán le hocht n-uaire an chloig is daichead imithe ón gcéad uair a tuairiscíodh an sléacht agus cheana féin bhí deichniúr ar leith gafa acu agus triúr finnéithe ar fáil a bhí lánsásta mionnú sa chúirt go bhfaca siad i mbun an tsléachta iad.

Bhí na húdaráis sásta agus níorbh fhada go raibh na finnéithe á gceiliúradh sna nuachtáin mar laochra cróga a sheas an fód ar son an chirt. Agus má bhí daoine áitiúla a raibh amhras orthu faoin scéal ar fad, bhí tuilleadh ar mhaith leo a chreidiúint go raibh an cás réitithe agus gur chúis cheiliúrtha é chomh sciobtha agus a aimsíodh na bithiúnaigh a bhí freagrach as an ár.

Tráthnóna Dé Domhnaigh tugadh an deichniúr fear i láthair chóras riartha an dlí agus an chirt den chéad uair. Faoin ngiúistís áitiúil E. Newton Brady a bhí an fiosrúchán reachtúil i mbeairic na bpóilíní i gConga. Bhí deis ag an deichniúr fear – ba phríosúnaigh iad ag an tráth seo – dúshlán an triúr finnéithe a thabhairt anois i láthair an ghiúistís agus iad a chroscheistiú dá mba mhian leo. Ní raibh aon dlíodóir ag feidhmiú thar a gceann ná aon chomhairle dlí faighte acu. Ba chainteoirí aonteangacha Gaeilge tromlach na bhfear, sáite anois i gcóras dlí a bhí ag feidhmiú trí Bhéarla.

Thug an finné Antoine Mhaolra Seoighe a leagan féin den tóraíocht mar fhianaise don fhiosrúchán ar dtús, díreach mar a bhí tugtha ina ráiteas aige do na póilíní i bhFionnaithe. Roghnaigh roinnt de na príosúnaigh a mbéal a choinneáil dúnta ach cheistigh tuilleadh acu é. Níor léir gur bhain siad aon chroitheadh as agus sheas sé go tréan lena leagan féin den scéal.

Thug a dheartháir, Seáinín Mhaolra Seoighe, a insint féin ar a bhfaca sé ansin agus é ag tacú go láidir lena raibh ráite roimhe. Tugadh tuairisc i mBéarla ar an míniú a thug sé ar an gcúis gur theith siad ó láthair an tsléachta:

> *When we heard the noise, we ran away home as fast as we could. I was in dread that I would be killed myself on their return.*

Thagair sé ina chuid fianaise freisin do chaoirigh a maraíodh, capaill a bádh agus mailís eile a tharla dó féin.

Rinne cúpla duine de na príosúnaigh iarracht é a cheistiú ar phointí anseo agus ansiúd gan aon bhuntáiste a bhreith leo agus i gcás amháin b'fhéidir gur mhó dochar ná maitheas a rinneadh. Nuair a d'fhiafraigh Pádraig Seoighe de an raibh cloch sa mhuinchille aige dó, tuairiscíodh i mBéarla gur dhúirt an finné:

> *I believe that there was nothing going on in the country that you were not at the head of. Hanged you should be when others are sent to jail.*

Bhí an leagan den scéal a bhí ag an tríú finné, Páidín Seoighe, ag teacht go hiomlán lena raibh ráite ag a athair agus a uncail roimhe.

I ndeireadh na dála, cinneadh an deichniúr príosúnach a chur siar faoi choinneáil go dtí an Satharn dár gcionn, 26 Lúnasa, tráth a leanfaí den fhiosrúchán reachtúil i gcathair na Gaillimhe. Chun na cathrach céanna sin a tugadh an deichniúr acu láithreach chuig Príosún an Chontae agus na Cathrach ar bhruach abhainn na Coiribe ansin. Ba mhór an t-athrú é d'fhormhór na bhfear nach bhfaca príosún riamh roimhe sin a bheith curtha faoi ghlas anois i gcillíní beaga i bhfoirgneamh liathdhorcha i gcathair choimhthíoch.

I mbaile Chonga a d'fhan na finnéithe, faoi chosaint na bpóilíní ach bhí an stádas mar laochra acu ag méadú agus daoine ag tréaslú leo as a misneach mar gurbh fhaoiseamh don phobal é buíon chomh fuilteach, barbartha a bheith glanta as an áit acu.

Ba léir go raibh ar a laghad gné bheag amháin de scéal na bhfinnéithe ag déanamh imní do na húdaráis faoin tráth seo: cén chaoi, má bhí siad chomh gar sin do láthair an uafáis, nár chuala siad aon philéir á scaoileadh?

Ar an Luan thug triúr fochigirí de chuid na bpóilíní agus beirt ghiúistísí áitiúla cuairt ar Mhám Trasna agus ar theach an uafáis. D'fhan cuid acu taobh amuigh san áit ar mhaígh na finnéithe go raibh siad féin i bhfolach le linn an tsléachta agus chuaigh tuilleadh isteach sa chábán féin agus scaoil siad piléir ó ghunnán mar athchruthú drámatúil ar an ionsaí féin. An torann a chuala an dream a d'fhan lasmuigh, níor chreid siad gur fuaimeanna piléir a bhí iontu: ba ghaire iad do chnaga ar dhoras seachas torann a dhéanfadh gunnaí, a dúradh. Ba é an tuiscint a baineadh as an iarracht seo ná gur tacaíocht a bhí ann do ráiteas na bhfinnéithe agus go raibh iomlán an chirt acusan nuair a dúirt siad nár chuala siad aon philéar á scaoileadh an oíche sin.

Tugadh an triúr finnéithe ar ais freisin go ceantar Mhám Trasna i gcomhluadar na bpóilíní go dtaispeánfaidís do na húdaráis gach cor agus casadh den tóraíocht a rinne siad ar an deichniúr oíche an uafáis. Dúradh in *The Daily News*:

> *They pointed out to them the route taken by the murderers and the route taken by themselves and showed the places at which they had seen the men passing where the police found tracks of footsteps.*

Bhí innealtóir cáilithe ann freisin, J.H. Ryan, a raibh sé de chúram air léarscáil chuimsitheach a tharraingt den cheantar a léireodh go cruinn na háiteanna ar fad a bhí luaite ag na finnéithe ina ráitis le go mbeadh pictiúr soiléir den tírdhreach le cur os comhair na cúirte.

Ar an gCéadaoin, 23 Lúnasa – cúig lá tar éis na ndúnmharuithe – leanadh den choiste cróinéara a cuireadh ar athlá i Mám Trasna an Satharn roimhe sin. Bhí beirt ghiúistísí áitiúla, E. Newton Brady agus John Charles Gardiner, i láthair chomh maith le beirt fhochigirí de chuid na bpóilíní.

Léadh amach tuairisc ar an méid a bhí curtha i láthair na héisteachta tosaigh den choiste cróinéara an Satharn roimhe sin, ach ait go leor, fágadh blúire amháin den fhianaise ar lár. Níor tagraíodh ar chor ar bith don chuma a bhí ar na fir a rinne an sléacht mar a thug na hógánaigh, Micheál agus Patsy a bhí gortaithe go dona, le fios don Chonstábla Johnston maidin an áir féin. Bhí ráite acusan go raibh aghaidheanna salacha ar na fir nó go raibh dúchan déanta orthu.

Cuireadh fianaise na ndochtúirí a rinne na scrúduithe iarbháis i láthair an choiste cróinéara. Thuairiscigh siadsan gur úsáideadh ar a laghad dhá ghunnán dhifriúla chomh maith le huirlis mhaol éigin san ionsaí – d'fhéadfadh gur cois bhriste láí nó spáide ar a raibh cloigeann iarainn, a bhí ann – ach níor aimsíodh an uirlis riamh.

Mhínigh ball amháin den choiste cróinéara a raibh Béarla aige go raibh cuid dá chomhghleacaithe ar an gcoiste nár thuig an fhianaise a bhí á cur ina láthair mar nach raibh acu ach Gaeilge. Ar bhall den choiste cróinéara a cuireadh an dualgas ansin ateangaireacht go Gaeilge a dhéanamh don chuid eile acu.

Ar chúis nár míníodh, níor tugadh i láthair lena bhfianaise féin a roinnt leis an gcoiste cróinéara aon duine den triúr finnéithe – Antoine Mhaolra Seoighe, a dheartháir Seáinín ná a nia Páidín – a mhaígh gur chuala siad na dúnmharuithe ag tarlú.

Thug an coiste cróinéara a mbreithiúnas ar dtús i gcás bhás Sheáin Mháirtín Antoine Seoighe, ceann an teaghlaigh, agus bhí siad ar aon ghuth:

> *...we are unanimous in saying he was feloniously and willfully murdered by some persons, but by whom we have no verdict to show.*

Nuair a tugadh breithiúnais den chineál céanna i gcás bhaill eile an teaghlaigh bhí obair an choiste cróinéara déanta.

Bhí duine de na giúistísí, E. Newton Brady ar ais i mbun oibre ar chás na ndúnmharuithe arís an Satharn dár gcionn, 26 Lúnasa, nuair a tionóladh an fiosrúchán reachtúil a cuireadh ar athlá i gConga an Domhnach roimhe sin.

I bPríosún na Gaillimhe a bhí an éisteacht an uair seo agus den chéad uair bhí dlíodóirí – Blake agus Concanon – ag an deichniúr fear a bhí ainmnithe ag na finnéithe mar bhaill den bhuíon sléachta. Bhí George Bolton, dlíodóir na corónach do Thiobraid Árann, ceaptha i gceannas ar an gcás in aghaidh na bhfear faoin am seo.

Ar an ócáid seo scaoileadh saor an cúigear fear eile a bhí gafa go neamhspleách ag na póilíní i gceantar Mhám Trasna sular tháinig na finnéithe chun tosaigh lena dtuairisc faoin sléacht. Níorbh fhéidir iad a choinneáil mar nach raibh siad luaite ag na finnéithe; dá gcoinneofaí níos faide iad tharraingeodh sé amhras faoi chruinneas na faisnéise a bhí tugtha acusan do na póilíní.

Cuireadh an éisteacht ar athlá arís ar feadh seachtaine ar iarratas na bpóilíní agus fágadh an deichniúr fear faoi choinneáil i bPríosún na Gaillimhe.

Bhí an turas anróiteach déanta ag cuid de mhná agus de bhaill teaghlaigh eile na bhfear, thar sliabh is loch go Gaillimh, le go bhfeicfidís iad i láthair an fhiosrúcháin agus le tacaíocht a thabhairt dóibh. Ach ba sa phríosún féin – áit nach gceadaítí lucht féachana – a tionóladh an éisteacht seachas i dteach na cúirte agus ní raibh de rogha acu siúd a rinne an t-aistear fada ach filleadh abhaile arís gan aon radharc a fháil ar na fir.

Ar athlá arís a cuireadh an fiosrúchán reachtúil an Satharn dár gcionn ach tionóladh ar deireadh é ó Luan go Céadaoin, 4–6 Meán Fómhair, laistigh den phríosún agus an bheirt ghiúistísí áitiúla – Brady agus Gardiner – i gceannas air.

Ba é toradh an fhiosrúcháin ná gur baineadh úsáid as foráil de chuid na reachtaíochta nua a tugadh isteach tar éis na ndúnmharuithe i bPáirc an Fhionnuisce go gairid roimhe sin – *The Prevention of Crimes (Ireland) Act* – le cás na bhfear as ceantar Mhám Trasna a aistriú go Baile Átha Cliath. Rinneadh sin ar an gcúis gur chreid na húdaráis go gcinnteodh an t-aistriú sin nach mbeadh tionchar 'míchuí' ag muintir na háite ar an gcás agus go seachnófaí giúiré áitiúil ar eagla go mbeidís claonta. Bhí córas ar leith cúirteanna bunaithe le déileáil leis an ainriail a bhain le hionsaithe a bhí ceangailte le hathriar cúrsaí talún, Cúirt an Choimisiúin Speisialta. Ansin a chuirfí dúnmharú Sheáin Mháirtín Antoine Seoighe agus bhaill eile a theaghlaigh i leith an deichniúr fear a bhí ainmnithe ag na finnéithe.

Ag an ngiúiré agus ag an mbreitheamh sa chúirt speisialta sin a bheadh an focal deireanach ach dá gciontófaí na fir bhí an pionós a ghearrfaí orthu socraithe agus soiléir: pionós an bháis faoi lámh an chrochadóra.

Tháinig sé chun solais i dtrátha an ama chéanna seo go raibh an t-ógánach Patsy Seoighe, a gortaíodh go dona le linn baill dá theaghlach a bheith á ndúnmharú, ag teacht chuige féin arís. Bhí na dochtúirí sásta nach raibh sé i mbaol báis a thuilleadh agus aire mhaith á fáil aige ón mbean a raibh sé curtha ar lóistín aici i mbaile Chonga.

Ba dhea-scéala an méid sin ag am a raibh dea-scéalta gann.

6 Cor sa chinniúint

Fad is a bhí an deichniúr fear á gcoinneáil i bPríosún na Gaillimhe le linn Mheán Fómhair tháinig cuairteoir speisialta go ceantar Mhám Trasna, Déardaoin an 14ú lá den mhí, go bhfeicfeadh sé láthair an tsléachta lena shúile féin: Fear Ionaid na Banríona, an tIarla Spencer. Bhí sé ar a chamchuairt ar iarthar na hÉireann agus maithe agus móruaisle eile de chuid na bunaíochta ina theannta. Tuairiscíodh sna nuachtáin, *The Freeman's Journal* san áireamh, gur cuireadh fáilte chroíúil roimhe sa taobh sin tíre agus go raibh pobal na háite ag croitheadh lámh air ó na garraithe ina raibh siad ag obair:

> *The peasantry were everywhere, busily employed in field work, and as the cavalcade passed they saluted his Excellency in the most respectful manner.*

Ar muin capall a bhain siad Mám Trasna amach, áit a ndeachaigh an tIarla Spencer agus cuid dá chomhluadar isteach i gcábán an uafáis inar maraíodh Seán Mháirtín Antoine Seoighe agus a chlann. Bhí an giúistís áitiúil, Brady, dlíodóir na corónach don chás, Bolton agus fochigire de chuid na bpóilíní, James Gibbons, ansin rompu le léargas a thabhairt dóibh ar an méid a tharla ann oíche na ndúnmharuithe:

> *The position in which the bodies were found and the various other circumstances connected with the murder were pointed out to his Excellency, who, on emerging from the hovel, was conducted to a small tree or bush behind which the witnesses state they concealed themselves when the murderers entered the house and began their dreadful work.*

Chuaigh Fear Ionaid na Banríona isteach ansin sa teach béal dorais leis na Seoighigh agus labhair le muintir an tí, teaghlach eile den sloinne céanna a raibh gaol acu lena gcomharsana a maraíodh. B'éigean constábla de chuid na bpóilíní a fháil le dul i mbun ateangaireachta mar nach raibh aon Bhéarla ag an lánúin a bhí ann. Labhair sé leo faoi oíche na ndúnmharuithe agus cheistigh iad faoi aon torann a bhí cloiste acu nó faoi thafann gadhair. Tháinig ábhar eile chun cinn sa chomhrá a bhí gar do chroí na ndaoine ag an am: cúrsaí talún. Bhí an fear:

> *...unable to say how many acres of land are in his holding, but he could tell the amount of his rent.*

Thuairiscigh na póilíní ag an am gur chreid na finnéithe a d'ainmnigh baill na buíne a rinne an slad go raibh a oiread tacaíochta anois acu i measc an phobail áitiúil nach dteastódh cosaint na bpóilíní uathu feasta. Tuairiscíodh freisin go raibh teoiric nua ann faoi na créachtaí a bhí ar lámh na seanmháthar; dúradh nár creideadh anois gurbh ar ghadhar an teaghlaigh a bhí an locht ach gur mhuc a rinne an dochar sin.

Leathuair an chloig a chaith toscaireacht na n-uaisle i gceantar Mhám Trasna sular fhill siad ar an Líonán agus ar a lóistín ar bord an luaimh an H.M.S. *Valorous*, a bhí ar ancaire ansin sa Chaoláire Rua.

Idir an dá linn, dhá scór míle ó dheas uathu bhí an deichniúr fear a d'ainmnigh na finnéithe mar bhuíon na ndúnmharuithe faoi choinneáil i gcillíní i bPríosún na Gaillimhe.

Roinnt seachtainí ina dhiaidh sin, ar an Luan, 2 Deireadh Fómhair, aistríodh ar an traein go Baile Átha Cliath iad agus fórsa láidir póilíní agus saighdiúirí á dtionlacan, chuig Príosún Chill Mhaighneann, foirgneamh a bhí beagnach céad bliain d'aois cheana féin an tráth sin.

Cuireadh mionchuntas ar na fir ar fad – a gcuma agus a gcruth chomh maith le heolas faoi na coireanna a bhí curtha ina leith – ar taifead i rolla an phríosúin. Ansin a d'fhanfadh na príosúnaigh go dtí go dtabharfaí os comhair na cúirte speisialta iad.

Thosaigh trialacha na bhfear i dtús na míosa dár gcionn, ar an gCéadaoin, 1 Samhain 1882, os comhair an Bhreithimh Barry i gCúirt an Choimisiúin Speisialta, ar Shráid na Faiche i gceantar Mhargadh na Feirme i mBaile Átha Cliath.

Trí Bhéarla, teanga na n-údarás, na n-uaisle agus an dlí, a bheadh na trialacha; ní raibh aon Ghaeilge ag an mbreitheamh féin. Tuairiscíodh in *The Freeman's Journal*:

> *The prisoners were all decent-looking countrymen, who appear very much bewildered at finding themselves in the crowded court.*

Bhí buíon láidir abhcóidí údarásacha ullamh leis an gcás in aghaidh na bhfear a chur i láthair na cúirte. Ard-Aighne na hÉireann féin, William Moore Johnson, a bhí ina Fheisire Parlaiminte, a bhí i gceannas na foirne dlí sin. Bhí James Murphy, Abhcóide na Banríona, mar ghlór sinsearach agus Peter O'Brien, Abhcóide na Banríona, mar thánaiste aige – thiocfadh an lá fós a mbeadh cáil ar an bhfear céanna faoin leasainm 'Peter the Packer' as a chleachtas giúiréithe a phacáil le daoine a bhí báúil lena chásanna. Bhí dlíodóir na corónach do Thiobraid Árann, George Bolton, a raibh ceannas aige ar ullmhú an cháis, mar aturnae. Faoin abhcóide sinsearach James Murphy a bheadh sé tromlach na cainte a dhéanamh sa chúirt agus bhí ardcháil airsean as a chumas i mbun croscheistithe agus argóna.

Ar an taobh eile bhí Henry Concanon, Protastúnach óg as Tuaim, Contae na Gaillimhe mar dhlíodóir cosanta ag na fir. Bhain míbhuntáiste mór leis an rogha sin sa mhéid is nach raibh aon Ghaeilge aige agus gan aon Bhéarla ar chor ar bith ag formhór na bhfear a bhí cúisithe. Ní raibh Concanon, nach raibh ach 24 bliana d'aois, cáilithe mar dhlíodóir ach le dhá bhliain roimhe sin agus é ag obair sa chomhlacht dlíodóirí ar a raibh a athair, Edmund Concanon i gceannas.

Ní gan deacracht a d'éirigh le Concanon teacht ar abhcóide sinsearach leis na príosúnaigh a chosaint sa chás, a tugadh le fios don chúirt. Ní raibh an chéad duine a bhí roghnaithe aige in ann cuairt a thabhairt ar láthair an uafáis i Mám Trasna de bharr faitíos faoina shláinte. D'aimsigh Concanon abhcóide sinsearach eile agus thug siad beirt cuairt ar an gceantar le chéile agus chaith siad seal fada uaireanta an chloig ag scrúdú na láithreacha éagsúla a bhí luaite sa chás mar ullmhúchán don chosaint. Ach seachtain roimh thús na dtrialacha, ar 25 Deireadh Fómhair, fuair Concanon teileagram ón abhcóide sinsearach sin inar mhínigh sé nach mbeadh fáil anois air le feidhmiú sa chás.

Bhí duine nua eile aimsithe aige, George Orme Malley, Abhcóide na Banríona, ar thiarna talún a bhí ann freisin ach ní raibh seisean sa chúirt ar an gcéad lá sin. Ba de shloinne O'Malley ó thús é agus rugadh i gContae Mhaigh Eo é, ach tar éis dó céim a shaothrú i gColáiste na Tríonóide agus cáilíocht mar abhcóide a bhaint amach d'athraigh sé a shloinne go Malley. Ní raibh láthair na ndúnmharuithe i Mám Trasna scrúdaithe aigesean fós ag an tráth sin. Ní raibh sa chúirt leis an dlíodóir ach an t-abhcóide sóisearach, John R. Stritch.

Bhí fadhb shuntasach eile ag an dlíodóir, Henry Concanon: diúltaíodh cead dó go dtí sin cuairt a thabhairt ar a chliaint agus iad ina bpríosúnaigh i gCill Mhaighneann. Bhí scríofa aige chuig an Tiarna Leifteanant, an tIarla Spencer, ach ní bhfuair sé freagra go dtí coicís roimh thús na dtrialacha. Diúltú a bhí ann inar míníodh nach raibh sé de cheart faoi rialacha an phríosúin ag dlíodóir casadh le príosúnaigh i dteannta a chéile.

D'ordaigh an Breitheamh Barry go gcuirfí na cúiseanna dúnmharuithe i leith na bpríosúnach ina nduine agus ina nduine agus go bpléadálfaidís ciontach nó neamhchiontach.

Glaodh orthu faoi seach ach ní raibh dóthain Béarla ag cuid acu le 'Guilty' nó 'Not guilty' a rá. Is cinnte freisin go raibh siad trína chéile de bharr easpa cleachtaidh ar ghnásanna na hArd-Chúirte agus ar thuin chainte choimhthíoch na foirne dlí. Dúnmharú duine amháin ar leith den teaghlach a cuireadh i leith gach príosúnaigh ar a sheal, ach bhí sé intuigthe go mbeidís ar a dtriail ag an am céanna as na dúnmharuithe ar fad: triail 'i gcomhpháirt agus go leithleach' an frása dlíthiúil a úsáidtear i gcás mar sin.

Chuir abhcóide sóisearach na bhfear, John R. Stritch, in iúl don chúirt nár thuig a chliaint Béarla agus threoraigh an breitheamh go gceapfaí ateangaire. Cuireadh an cúram sin ar bhall de Chonstáblacht Ríoga na hÉireann (RIC) a raibh Gaeilge agus Béarla aige, beag beann ar a chumas nó a chleachtadh mar ateangaire. Ba chosúil, áfach, gur póilín a bhí ann nach raibh aon chúram air i bhfiosrú an cháis roimhe sin. Deir foinsí áirithe go raibh deacracht bhreise i gceist mar gur Gaeilge Thír Chonaill a bhí ag an ateangaire agus Gaeilge Chonnacht ag na príosúnaigh ag am nach raibh an oiread sin tuisceana ag daoine ar chanúintí difriúla.

D'éirigh le gach duine den deichniúr príosúnach cur in iúl don chúirt le cabhair ón ateangaire go raibh siad ag pléadáil 'neamhchiontach' sna cúiseanna a bhí curtha ina leith. Le linn na ndeich nóiméad a thóg an méid sin, cuireadh ceist ar dhuine amháin de na príosúnaigh an raibh sé réitithe dá thriail agus dúirt sé nach raibh.

Rinne Stritch iarratas thar ceann na bpríosúnach go gcuirfí tús na dtrialacha ar athlá. Rialaigh an Breitheamh Barry go dtosódh an chéad chás faoi cheann dhá lá dhéag, ar an Luan, 13 Samhain. Pádraig Seoighe as Seanbhaile Chathail an chéad duine a chuirfí ar triail agus chuirfí ina leith gurbh eisean a dhúnmharaigh Seán Seoighe – Seán Mháirtín Antoine – i ndorchadas na mochmhaidine sin i Mám

Trasna. Leis sin, bhí cúram na cúirte déanta don iarraidh sin.

Ba bheag a thuig na príosúnaigh agus iad á dtionlacan ar ais go Príosún Chill Mhaighneann go mbeadh cor suntasach tagtha ina gcinniúint a rachadh go mór chun a n-aimhleasa faoin am a mbeidís ar ais os comhair na cúirte faoi cheann dhá lá dhéag. Agus mar bharr ar an donas, ba ina measc féin a bhí an drochbheart á chothú.

Bhí duine amháin de na príosúnaigh i ndroch-chaoi cheart. Bhí sé ag goilleadh go trom ar intinn Antoine Mhic Philibín ón gCeapaigh Dhuibh gur faoi ghlas a bhí sé agus fios maith aige féin ina chroí istigh nach raibh baint ná páirt aige leis na dúnmharuithe.

Bhí sé ar thórramh fir, Pádraig Ó Cuinn, an oíche a bhí i gceist agus bhí finnéithe aige a chruthódh sin. Bheadh daoine ar fáil a déarfadh gur fhan sé ar an tórramh go dtí mochmhaidin an lae dár gcionn agus beirt – Ó Cíosóg agus Ó Cuinn – a mhionnódh gur shiúil siad abhaile leis. Dá bhrí sin, ní fhéadfadh sé a bheith ar láthair an uafáis nuair a tharla na dúnmharuithe.

Ach bhí imní ar Mhac Philibín nach gcreidfí an fhírinne sa chúirt mar gurbh ionann sin agus bréagadóirí a dhéanamh den triúr príomhfhinnéithe a thug ainmneacha na bpríosúnach do na póilíní. Dá nglacfadh an chúirt leis go raibh na finnéithe sin míchruinn ina leith féin agus nach raibh sé i measc na buíne a rinne an slad, nach gcaithfí glacadh leis go raibh siad míchruinn freisin faoin naonúr eile a bhí cúisithe ina theannta?

Bhí difríocht idir Mac Philibín agus formhór na bpríosúnach eile – ba eisean an duine ab fhaide soir ó Mhám Trasna, agus cónaí air trasna na teorann, i gContae Mhaigh Eo, cúpla míle maith ó fhormhór na bhfear eile. Bhí Béarla maith aige de bharr roinnt mhaith ama, naoi nó deich de bhlianta, a bheith caite aige ag obair i Sasana, in Northumberland den chuid is mó. Mar fheirmeoir a cuireadh síos air i dtaifid an phríosúin mar mhalairt ar oibrí feirme mar a tugadh i gcás na ndaoine eile ar fad.

Bhí sé á chásamh féin de lá agus d'oíche. Ar chúis éigin nach bhfuil soiléir, is cosúil gur tugadh cead dó dul chun cainte i gclós aclaíochta an phríosúin le duine eile de na príosúnaigh, a dheartháir céile Tomás Ó Cathasaigh – ar an 6 Samhain, an Luan tar éis na cúirte: bhí cosc ar an gcineál sin comhrá de réir na rialacha oifigiúla. Bhí uisce faoi thalamh ar siúl.

Lean Mac Philibín air ag míniú a chruacháis d'aon duine a d'éistfeadh leis agus threoraigh bairdéir de chuid an phríosúin é i dtreo dhlíodóir na corónach sa chás, George Bolton agus mhol sé dó scríobh chuige.

Ar an gCéadaoin, 8 Samhain, ghlac Mac Philibín leis an gcomhairle sin nuair a scríobh sé an nóta gairid seo:

Killmainham Prison

Wednesday

Sir I have a few words of important matter concerning the mamtrasna murder crown solicitor tell him only

Anthony Philbin

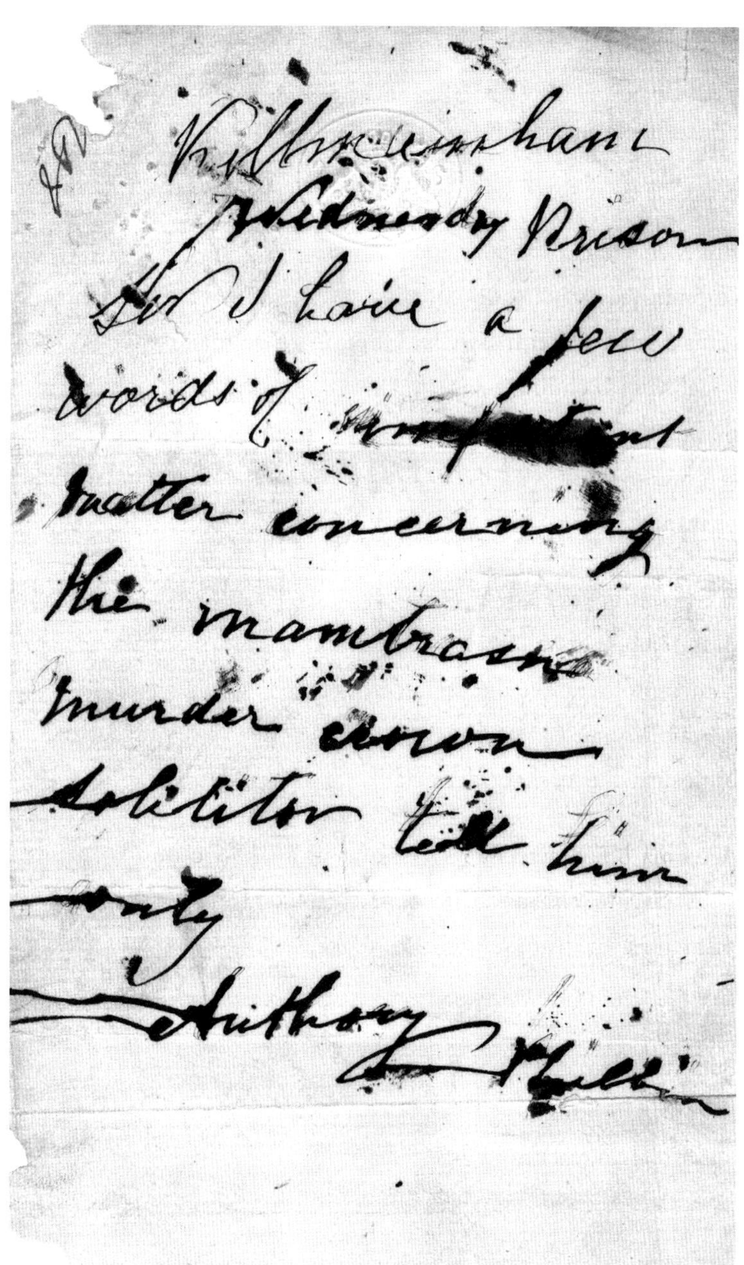
Kilmainham
Wednesday Prison
Sir I have a few
words of important
matter concerning
the Maamtrasna
murder Crown
solicitor tell him
only
Anthony
Philbin

Iarratas ó Antoine Mac Philibín le bheith ina bhrathadóir

Is cosúil gur chas Bolton ar Mhac Philibín sa phríosún go luath ina dhiaidh sin ach nach raibh aon ghlacadh aige leis an gcéad ráiteas uaidh inar dhúirt an príosúnach nach raibh sé páirteach sna dúnmharuithe.

Bhí Mac Philibín i bponc ceart ansin; ba léir go raibh dlíodóir na corónach sásta margadh a dhéanamh leis – go saorfaí ar fad ón gcúis é ach é a bheith sásta feidhmiú mar bhrathadóir agus fianaise a thabhairt sa chúirt in aghaidh na bhfear eile. Leis sin a dhéanamh bheadh air a mhionn éithigh a thabhairt go raibh sé féin páirteach sa bhuíon a rinne na dúnmharuithe ar mhaithe leis na fir eile a dhamnú.

B'aisteach an cás aige é: dá n-inseodh sé an fhírinne don chúirt nach raibh sé ar an láthair bheadh an baol ann nach gcreidfí é agus go gciontófaí sa chúis é. Os a choinne sin, dá n-inseodh sé bréag go raibh sé ann agus fianaise bhréige a thabhairt in aghaidh na bpríosúnach eile, shaorfaí é!

Agus má bhí deacracht mhorálta ar bith ag Mac Philibín leis an tairiscint sin, bhí fadhb phraiticiúil eile aige freisin: cén chaoi a dtabharfadh sé fianaise don chúirt faoi eachtra dúnmharuithe nach raibh feicthe aige ar chor ar bith?

Ach bhí scéala na bpríomhfhinnéithe – Antoine Mhaolra Seoighe, a dheartháir Seáinín agus a nia, Páidín – cloiste aige agus iad ag an bhfiosrúchán reachtúil i gConga.

Antoine Mac Philibín

Faoin Déardaoin – gan ach lá amháin imithe ó scríobh sé chuig Bolton – bhí sé ina mhargadh eatarthu. Bhí ráiteas tugtha aige do dhlíodóir na corónach inar admhaigh sé go raibh sé páirteach sna dúnmharuithe agus a thacaigh, a bheag nó a mhór, leis an leagan den scéal a bhí inste roimhe sin ag an triúr príomhfhinnéithe. Ach chuaigh sé níos faide ná sin: d'ainmnigh sé sa ráiteas triúr fear a bhris isteach i gcábán Sheáin Mháirtín Antoine Seoighe agus a rinne na dúnmharuithe, dar leis: Pádraig Seoighe as Seanbhaile Chathail, Pádraig Shéamuis Ó Cathasaigh as Doire agus Maolra

Sheáin Seoighe as Ceapaigh na Creiche.

Mar luach saothair as fianaise a thabhairt in aghaidh na bhfear sa chúirt, ní chuirfí an dlí air féin.

Bhí a chinneadh déanta aige; ba bhrathadóir anois é.

D'fhill dlíodóir na corónach ar an bpríosún an lá dár gcionn arís le ráiteas leasaithe a thógáil uaidh. Bhí athchóiriú beag ach tábhachtach déanta ansin ar an gcéad ráiteas le haon choimhlint a sheachaint idir é agus leagan na bpríomhfhinnéithe den scéal. An Aoine a bhí ann anois agus bhí an chúirt le suí ar an Luan. Bhí cás na n-údarás neartaithe go mór ag an gcasadh seo – ní hamháin go raibh finnéithe acu ach bhí brathadóir acu freisin anois. Níor ainmnigh na finnéithe an triúr ón mbuíon de dheichniúr a dúirt siad a bhris isteach sa chábán leis na dúnmharuithe a dhéanamh ach bhí siad ainmnithe anois ag an mbrathadóir. Ba threisiú suntasach ar chás na n-údarás an méid sin.

Níor cuireadh an fhoireann dlí a bheadh ag cosaint na bpríosúnach eile ar an eolas faoin gcor nua seo go dtí an Satharn cé gurbh é an cleachtas a bhí ann fógra réasúnta a thabhairt faoi fhianaise nua roimh thosach trialach.

Ach bhí casadh gan choinne eile fós ar na bacáin agus dáta na cúirte ag bagairt.

Ar an Satharn, 11 Samhain, sheol duine eile de na príosúnaigh, Tomás Ó Cathasaigh, deartháir céile Antoine Mhic Philibín, nóta freisin chuig dlíodóir na corónach, George Bolton, inar thairg sé féin ráiteas a dhéanamh:

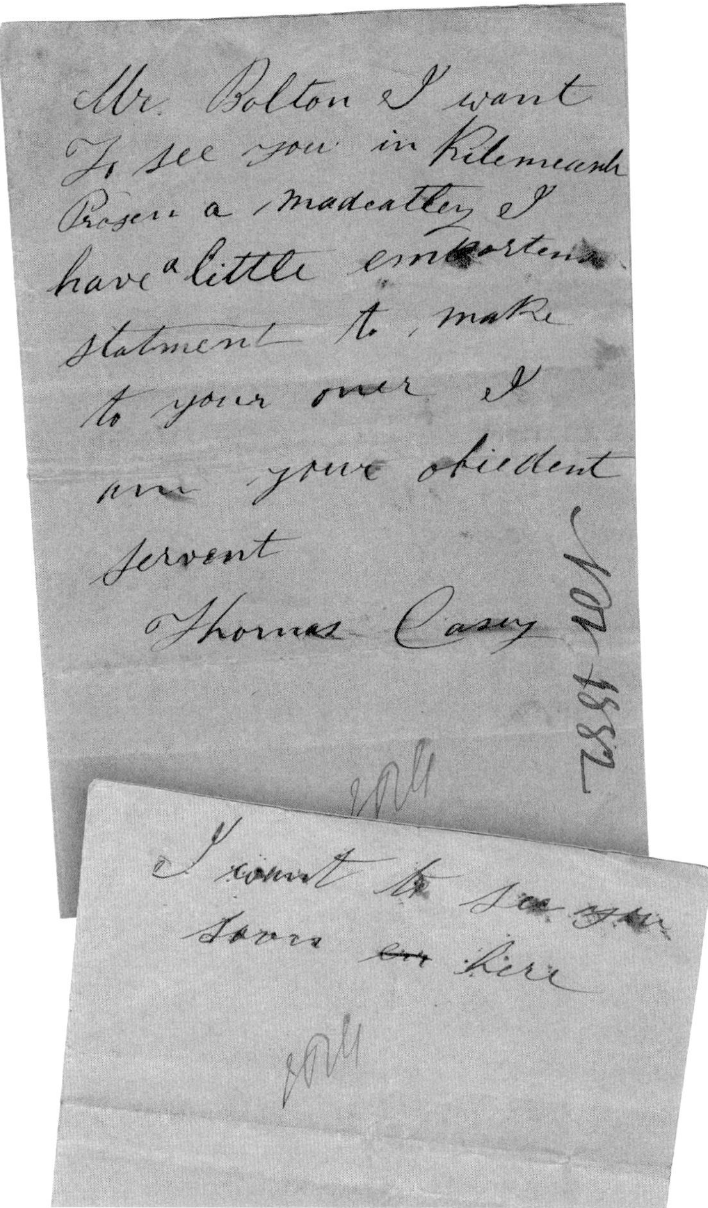

Mr. Bolton I want
To see you in Kilemeanh
Prosen a madeattley I
have a little emportent
statment to make
to your ower I
am your obiedent
servent
Thomas Casey

Nov 1882

I want to see you
soon here

Iarratas ó Thomás Ó Cathasaigh le bheith ina bhrathadóir

Mr Bolton I want to see you in Kilemenemh Prison a madeatley
I have a little emportend statement to make to your oner I am
your obiedent servent

Thomas Casey

I want to see you soon here

Chuaigh Bolton ar cuairt chun an phríosúin arís ach dhiúltaigh sé glacadh le ráiteas Uí Cathasaigh mura mbeadh sé ag teacht go hiomlán leis an méid a bhí ráite ag Mac Philibín. Mhaígh an Cathasach nach raibh Mac Philibín ar láthair na ndúnmharuithe ar chor ar bith agus go raibh beirt nó triúr a bhí ann an oíche sin fós saor agus gan aon chúis curtha ina leith. Níor ghéill dlíodóir na corónach don leagan sin den scéal.

Mar sin a fágadh cúrsaí, gan aon mhargadh déanta, go dtí maidin Dé Luain nuair a bhí na príosúnaigh á dtabhairt chomh fada leis an gcúirt.

Thuig Tomás Ó Cathasaigh go raibh socrú déanta ag Antoine Mac Philibín leis na húdaráis nuair a chonaic sé go raibh sé á thabhairt chun na cúirte ina aonar, scartha amach ó na príosúnaigh eile.

Ar shroicheadh na cúirte dó d'iarr sé labhairt an athuair le dlíodóir na corónach, George Bolton. Chas siad le chéile i seomra in íoslach na cúirte agus bhí an giúistís áitiúil a bhí sáite sa chás ón tús, E. Newton Brady, i dteannta Bolton.

Míníodh don Chathasach go saorfaí é ach fianaise a thabhairt in aghaidh na bpríosúnach eile agus gealladh suim shuntasach airgid dó freisin – luadh £300, nó fiú £500 leis.

Tomás Ó Cathasaigh

D'fhiafraigh Bolton de cérbh iad an triúr a bhris isteach sa chábán leis na dúnmharuithe a dhéanamh. Ba dheacair dó an leagan den fhreagra a bhí ag teastáil ón dlíodóir a bheith aige mar nach raibh a fhios aige céard a bhí ráite ag Antoine Mac Philibín, ach d'fhreagair an giúistís E. Newton Brady é féin an cheist nuair a dúirt sé gurbh eol dóibh cheana féin gurbh iad Pádraig Seoighe, Pádraig Shéamuis Ó Cathasaigh agus Maolra Sheáin Seoighe a rinne an beart. Bhí an freagra a bhí uathu anois ag Tomás Ó Cathasaigh le tabhairt dóibh agus bhí brathadóir eile earcaithe ag dlíodóir na corónach le fianaise a tabhairt in aghaidh na bpríosúnach eile.

Thuas staighre sa chúirt féin, bhí an breitheamh ag fógairt go raibh tús curtha leis an gcás in aghaidh an chéad phríosúnaigh, Pádraig Seoighe as Seanbhaile Chathail agus gurbh é dúnmharú Sheáin Mháirtín Antoine Seoighe a bhí curtha ina leith.

Cé nach raibh a fhios ag an bpríosúnach é, bhí tonn tuile ag teacht ina threo.

This Licence will be Forfeited if the Holder does not observe the following conditions.
produce it when called upon to do so
Breithiúnais
agus
Pianbhreitheanna

7 Bualadh bos sa chúirt

Bhí an oiread spéise ag pobal Bhaile Átha Cliath a bheith i láthair i dteach na cúirte ar Shráid na Faiche ag trialacha na bhfear as iarthar na tíre a raibh sléacht chomh fuilteach, brúidiúil á chur ina leith, gurbh éigean do na húdaráis córas ticéad a eagrú leis an ollphlódú a sheachaint i seomra na cúirte. Bhí an áit lán go doras, le fir agus mná, nuair a shuigh an Breitheamh Barry síos ag an mbinse.

Tugadh Pádraig Seoighe as Seanbhaile Chathail i láthair na cúirte:

> *He wore a large scarf around his neck and his dress, though coarse and shabby, was not exactly such as associated with the conventional type of western peasant...*

Rinne an t-abhcóide cosanta sinsearach, George Orme Malley, iarratas láithreach ar son an phríosúnaigh go n-aistreofaí an cás go Gaillimh le go bhféadfaí giúiré a fháil a thabharfaí go Mám Trasna féin, láthair na ndúnmharuithe, le go bhfaighidís tuiscint iomlán ar leagan amach na háite. Diúltaíodh don iarratas sin.

Pádraig Seoighe

Rinne sé iarratas nua ansin: go gcuirfí an cás ar athlá le deis a thabhairt dóibh déileáil leis an eolas a tháinig aniar aduaidh orthu agus nach raibh faighte acu go dtí ceathrú tar éis a dó an tráthnóna Sathairn roimhe sin, is é sin, go raibh duine de na fir a bhí cúisithe le fianaise a thabhairt ar son na corónach agus in aghaidh na bpríosúnach eile. D'iarr an tArd-Aighne ar an mbreitheamh diúltú don iarratas sin freisin agus le linn a chuid cainte dheimhnigh sé go raibh margadh déanta le hAntoine Mac Philibín agus nach mbeadh sé á chúiseamh as a bheith páirteach sna dúnmharuithe. Dúirt sé go ndeimhneodh Mac Philibín don chúirt cé a bhí sa bhuíon ar an oíche agus go n-ainmneodh sé an triúr a bhris isteach sa chábán leis an teaghlach a mharú – an príosúnach a bhí i láthair na cúirte Pádraig Seoighe chomh maith le Pádraig Shéamuis Ó Cathasaigh agus Maolra Sheáin Seoighe.

Dúirt an Breitheamh Barry gur thuig sé go ndeimhneodh an fhianaise ón mbrathadóir an méid a bheadh á rá ag na finnéithe eile agus nach eolas nua a bhí ann dá réir sin; ní raibh ann ach an t-eolas céanna a bhí ann ó fhoinse eile. Tuairiscíodh in *The Freeman's Journal*:

> *Mr Justice Barry said if the prisoners' counsel had pointed out any distinct matter of surprise he certainly, for one, would not hesitate go give ample opportunity to recover from the surprise….*

Dhiúltaigh sé don iarratas agus d'ordaigh sé go rachfaí chun cinn leis an gcás.

Roghnaíodh giúiré ansin ón bpainéal a bhí glaoite chun na cúirte don chúram sin. Diúltaíodh do shé dhuine is caoga faoin am a raibh dáréag aimsithe a bhí inghlactha – fir ar fad, de réir ghnás an ama. Ba dhaoine gustalacha iad ar fad agus seoltaí ag an gcuid ba mhó acu sna ceantair ba shaibhre sa chathair. Ina measc, bhí seodóir as

Sráid Grafton, bainisteoir bainc as Dún Laoghaire, maor airm as Bóthar Morehampton, stocbhróicéir as Sráid San Aindrias agus díoltóir fíona as Faiche Stiabhna.

Ba é Ard-Aighne na hÉireann é féin, William Moore Johnson MP, a chuir an cás in aghaidh Phádraig Seoighe i láthair an ghiúiré. Thug sé achoimre chuimsitheach ar an gcás agus ar an bhfianaise a chuirfí i láthair na cúirte. Chuir sé comhairle ar an ngiúiré freisin:

> *Just as this crime was so revolting in its nature and in its character, so it was necessary for every one of them to hold their minds in suspense when investigating one of the most dreadful disasters that had brought such disgrace and discredit upon this country.*

Rinne sé cur síos dóibh ar na mairbh agus ar an mbrúidiúlacht a bhain lena mbás:

> *They had all been slaughtered in the most ghastly and revolting manner. The man of the house butchered; his wife Bridget with the right side of her head battered in; her son Michael with her in the same bed, mortally wounded with two revolver shots, one fired under the ear and breaking his jaw. The other fired in his side, lodged in his spine…In the room was the old grey haired woman. The side of her head was battered in. Then there was a young girl on the verge of her golden youth. The back of her skull was beaten in, and the brain was protruding. A little boy on the bed was left for dead with closed eyes. Such were the shambles the butchers had left behind them.*

D'inis sé don chúirt faoin mbealach ar tugadh an sléacht faoi deara agus an bealach ar tháinig na póilíní ar an láthair. Thug sé tuairisc faoin triúr príomhfhinnéithe ansin – Antoine Mhaolra Seoighe, a dheartháir Seáinín agus a nia Páidín – agus faoin tóraíocht a dúirt siad a rinne siad ar an mbuíon de dheichniúr fear ó d'fhág siad a n-áit chónaithe féin i gCeapaigh na Creiche agus i nDoire go dtí gur theith siad nuair a chuala siad an teaghlach á ndúnmharú ar láthair an áir.

D'inis sé don ghiúiré faoin athchruthú drámatúil a rinne na húdaráis ar scaoileadh na bpiléar i dteach na ndúnmharuithe le deimhniú go raibh an ceart ag na finnéithe nach gcloisfí mar thorann gunnaí iad lasmuigh den chábán féin.

Thuairiscigh sé go bhfuair na póilíní treabhsar fliuch i dteach an phríosúnaigh a bhí i láthair na cúirte, Pádraig Seoighe, a raibh an chosúlacht orthu gur níodh le gairid roimhe sin iad agus gur deimhníodh ón tástáil a rinneadh orthu go raibh fuil fós orthu. Dúirt an tArd-Aighne leis an gcúirt:

> *The washing had removed almost all the stains of blood. Indications of human blood were found by the analyst to be still upon the trousers.*

Mhínigh sé freisin an chaoi ar aimsíodh cás folamh do ghunna láimhe i dtaisce faoi dhíon an tí aige.

Thug sé eolas don ghiúiré faoin gcomhrá nach raibh súil leis a bhí ag Pádraig Seoighe leis an gConstábla Bryan faoi Antoine Mac Philibín agus an Constábla ag tionlacan an phríosúnaigh chuig beairic na bpóilíní. Cé nach raibh ainm Mhic Philibín luaite ag aon duine go dtí sin, dúirt Pádraig Seoighe leis gur dócha má gabhadh é gur go beairic Bhaile an Róba a thabharfadh póilíní na Ceapaí Duibhe é.

Agus d'inis sé don chúirt freisin faoin bhfreagra a thug duine de na finnéithe, Seáinín Mhaolra Seoighe, ar an bpríosúnach Pádraig Seoighe nuair a chuir sé ceist air ag an bhfiosrúchán reachtúil i gConga an raibh cloch sa mhuinchille aige dó:

> *I believe that there was nothing going on in the country that you were not at the head of. Hanged you should be when others are sent to jail.*

Dúirt an tArd-Aighne leis an gcúirt go raibh faoistin déanta leis na húdaráis ag duine de na fir a bhí páirteach sa bhuíon a rinne na dúnmharuithe, Antoine Mac Philibín, agus go dtabharfadh seisean fianaise don chúirt faoi bhaill na buíne i gcoitinne agus faoin triúr a bhris isteach sa teach leis na dúnmharuithe a dhéanamh. D'ainmneodh sé an triúr sin agus bheadh an té a bhí os comhair na cúirte sa chás seo, Pádraig Seoighe, ar dhuine acu:

> *…he saw a revolver in the hand of the prisoner at the bar and that he saw the prisoner at the bar go in with the revolver in his hand and revolver bullets were afterwards found.*

Níor thagair an tArd-Aighne ag an tráth seo don dara brathadóir, Tomás Ó Cathasaigh, a thacódh le fianaise Mhic Philibín, ó tharla go raibh sé ar a chosa sa chúirt faoin am a raibh an margadh leis siúd déanta thíos staighre agus nach raibh eolas faighte aige air.

Tuairiscíodh in *The Belfast News-Letter*:

> *At the close of the Attorney-General's remarks there was a manifestation of applause in court, which was instantly suppressed.*

Tugadh daoine éagsúla i láthair na cúirte ansin, ina nduine agus ina nduine, lena bhfianaise a thabhairt. Tosaíodh leis an innealtóir John H. Ryan a rinne léarscáil de na ceantair ar fad a bhí luaite sa chás agus a chuir i láthair an ghiúiré í.

Thug an chomharsa Seán Ó Coileáin tuairisc iomlán trí Ghaeilge – a d'aistrigh ateangaire – ar an mbealach ar tháinig sé ar na coirp sa chábán an mhaidin sin agus ar an mbealach ar cuireadh na póilíní ar an eolas.

Bhí an Constábla Johnston ar an gcéad duine eile agus thug seisean léargas iomlán ar a bhfaca sé i dteach an tsléachta. Dúirt sé gur labhair sé, le cúnamh ó ateangaire, leis an mbuachaill ab óige, Patsy, a bhí gortaithe go dona, ach níor thug an constábla aon tuairisc don chúirt faoin méid a dúradh leis faoi aghaidheanna na bhfear a rinne an t-ionsaí a bheith salach nó dúchan a bheith déanta orthu. Níor thagair sé ach an oiread don mhéid a dúirt Micheál, an t-ógánach eile, sular bhásaigh sé de bharr a ghortuithe – gur éadach 'báinín' a bhí ar na fir. Seans go ndéarfaí sa chúirt gur scéal scéil a bhí aige ón mbeirt acu. Agus é á chroscheistiú ag George Malley, ar son an phríosúnaigh, dheimhnigh an Constábla Johnston gur aimsigh sé trí chineál dhifriúla piléar sa chábán.

Glaodh ansin ar Antoine Mhaolra Seoighe, a thug mionchuntas

cuimsitheach i nGaeilge – a aistríodh le cabhair ateangaire – faoin mbealach a dúirt sé a lean sé féin, a dheartháir agus a nia, an bhuíon de dheichniúr fear ar feadh roinnt mílte slí sa dorchadas go láthair na ndúnmharuithe agus gur theith siad le faitíos ón áit sin nuair a chuala siad an bhéiceach agus an screadach.

Aithris a bhí ina fhianaise ar an méid a thug sé le fios roimhe sin ina ráiteas do na póilíní i bhFionnaithe agus don fhiosrúchán reachtúil i gConga; bhí achoimre ar an bhfianaise sin tugtha ag an Ard-Aighne don chúirt níos túisce.

Sa chroscheistiú, d'fhiafraigh abhcóide sinsearach an phríosúnaigh de faoin moill a bhí air tuairisc a thabhairt do na póilíní faoina bhfaca sé ach níor éirigh leis aon bharrthuisle a bhaint as.

Nuair a bhí a chuid fianaise críochnaithe aige ag a sé a chlog tráthnóna cuireadh an chúirt ar athlá go dtí a deich a chlog an mhaidin dár gcionn. Tugadh baill an ghiúiré chuig Óstán an Gresham don oíche agus cuireadh Pádraig Seoighe ar ais chuig a chillín i bPríosún Chill Mhaighneann.

Le fianaise ó Sheáinín Mhaolra Seoighe – trí Ghaeilge ach aistrithe ag ateangaire – a tosaíodh obair na cúirte ar an dara lá den éisteacht, Dé Máirt, 14 Samhain. D'aithris seisean an scéal iomlán céanna a bhí inste ag a dheartháir, Antoine, don ghiúiré an tráthnóna roimhe sin faoin mbealach ar lean siad na fir, an príosúnach Pádraig Seoighe san áireamh, go dtí teach an tsléachta. Ar nós a dhearthár, níor fhéad sé a rá cérbh iad an triúr a chuaigh isteach leis na dúnmharuithe a dhéanamh.

Theastaigh ó bhall den ghiúiré ceist a chur ar an bhfinné:

> *Why did you follow them that night?*

Agus fuair sé freagra tríd an ateangaire:

> *He said that they followed them to see where they were going.*

Ceistíodh freisin é faoin éadach a bhí á chaitheamh ag baill na buíne ar an oíche:

> *I could not tell how any of them were dressed in the dark clothes which they usually wore.*

Agus é á chroscheistiú ag George Malley, an t-abhcóide cosanta sinsearach, ceistíodh é faoi aon aighneas nó coimhlint a bhí aige leis an bpríosúnach Pádraig Seoighe roimhe sin agus thagair sé do dhá ócáid; dúirt sé gur chaith sé an Seoigheach amach as damhsa a bhí ar siúl i dteach a dhearthár oíche a raibh sé ag tarraingt achrainn ann agus ar ócáid eile b'éigean do phóilín, an Constábla Johnston, teacht i gcabhair ar mhac an fhinné, Páidín Seoighe, nuair a lean an príosúnach é agus scian agus casúr ar iompar aige.

Ba é an Páidín céanna an chéad fhinné eile a glaodh os comhair an ghiúiré agus d'fhan seisean dílis don scéal a bhí inste ag a athair agus ag a uncail roimhe sin don chúirt faoi bhaill na buíne a leanúint sa dorchadas go Mám Trasna, chuig láthair na ndúnmharuithe. Agus é faoi chroscheistiú ag an abhcóide cosanta sóisearach, John R. Stritch, d'admhaigh sé nach raibh sé de nós acu daoine a leanúint san oíche agus nach ndearna seisean riamh roimhe é ná nach bhfaca sé a athair ná a uncail á dhéanamh ach an oiread. Ceistíodh freisin é faoin uair a lean an príosúnach é le scian agus casúr agus gurbh éigean tarrtháil a dhéanamh air. I nGaeilge a thug seisean a chuid eolais ach ba i mBéarla a labhair a dheirfiúr, Máire, nuair a glaodh uirthise mar an chéad fhinné eile.

D'inis sise faoina huncail Antoine a chloisteáil ag teacht chun an tí acu le linn na hoíche ag insint dá hathair faoi bhuíon fear a bheith ag dul thar bráid. Dúirt sí gur dúisíodh a deartháir Páidín agus gur imigh an triúr fear – a hathair, a deartháir agus a huncail – amach i ndorchadas na hoíche agus go raibh siad imithe ar feadh tamaill mhaith. Bhí siad ar ais roimh bhreacadh an lae, a dúirt sí.

Bhí cloiste ag an ngiúiré ag an bpointe seo ó thriúr a mhaígh go bhfaca siad lena súile féin an bhuíon de dheichniúr fear ag dul ar aistear an uafáis. Bheadh deis acu anois cloisteáil ó dhuine de na fir a dúradh a bheith sa bhuíon sin: glaodh ar an mbrathadóir Antoine Mac Philibín lena fhianaise a thabhairt.

Ba bhuntáiste mór é don chúirt go raibh Béarla maith aige ó na blianta a bhí caite i Sasana aige agus gur óna bhéal féin a chualathas an scéal a bhí le haithris aige.

Ní nach ionadh, bhí cosúlachtaí móra idir an leagan a bhí aigesean den scéal agus an méid a bhí inste don ghiúiré ag na príomhfhinnéithe, an triúr Seoigheach. A dheartháir céile, Tomás Ó Cathasaigh as Gleann Sál, a dúirt leis dul ina theannta an oíche sin:

He said he wanted to see 'the boys'.

Bhí dhá dhifríocht shuntasacha, áfach, idir leagan Mhic Philibín agus an scéal a bhí inste don ghiúiré ag na finnéithe roimhe. Dúirt sé go raibh sé ar dhuine den seisear a chuaigh an bóithrín an oíche sin chomh fada le teach Mhichíl Uí Chathasaigh i bPáirc an Doire ach nach ndeachaigh isteach sa teach sin ach cúigear de na fir agus gur fhan seisean taobh amuigh.

Nuair a d'fhág siad an áit sin, a dúirt sé, bhí deichniúr acu ann, mar a bhí ráite freisin ag na finnéithe ach bhí sé in ann dul céim níos faide ná sin: bhí sé in ann ainm a chur ar an triúr as an deichniúr acu a chuaigh isteach sa chábán i Mám Trasna leis na dúnmharuithe a dhéanamh. Thug sé le fios don ghiúiré go raibh an príosúnach a bhí os comhair na cúirte, Pádraig Seoighe, ar dhuine acu sin agus go raibh gunnán ina lámh aige ag dul isteach sa chábán. Cheistigh James Murphy, abhcóide sinsearach na corónach, é:

> *Did you see these three men you have named go into the house?*
>
> *I did, sir.*
>
> *Are you able to state whether any others went into the house?*
>
> *I did not see any other body going in.*

Dúirt sé gur chuala sé an gleo agus an screadach taobh istigh agus piléir á scaoileadh; theith sé abhaile ansin le faitíos agus faoi luas. Bhí sé cinnte nach raibh sa bhuíon ar an oíche ach an deichniúr a bhí luaite roimhe sin agus nár thug sé faoi deara aon duine á leanúint.

Ina chroscheistiú dhírigh George Malley, an t-abhcóide cosanta sinsearach don phríosúnach, ar laigí i scéal Mhic Philibín le tabhairt le fios gur i mbun cumadóireachta a bhí sé mar nach raibh sé i láthair ar chor ar bith ar an oíche.

D'admhaigh Mac Philibín sa chroscheistiú sin go raibh scéal na bhfinnéithe cloiste aige ag an bhfiosrúchán reachtúil i gConga ach dúirt sé nárbh fhíor an méid a dúirt siad faoi eisean dul isteach i dteach Mhichíl Uí Chathasaigh.

Chuir Malley ina leith gur ar mhaithe leis féin a shábháil ón gcrochadóir a bhí margadh déanta aige leis na húdaráis. D'fhiafraigh sé de an raibh faitíos air:

> *And why would I be afraid when I did not do anything wrong?*
>
> *Then you were not afraid? Were you not trembling and terrified?*
>
> *Well, yes, I was.*
>
> *And you saw no means of getting out of it except by turning against the others – is not that the truth?*
>
> *Should I be punished for any other man's doings?*

Cheistigh Malley é freisin faoin tuairim choitianta gur ag tórramh a bhí sé le linn na hoíche sin ar fad, rud a chiallódh nach bhféadfadh sé a bheith mar chuid den bhuíon. Ní raibh de rogha ag Mac Philibín ach an fhírinne sin – a dheimhneodh nach raibh baint ná páirt aige féin le heachtra na ndúnmharuithe – a shéanadh anois sa chúirt lena bheatha féin a chosaint.

Dá mba éacht a bhí ann ag na húdaráis Mac Philibín a fháil le fianaise a thabhairt in aghaidh na bpríosúnach eile, bhí snas breise le cur ar chúrsaí anois acu leis an dara brathadóir: Tomás Ó Cathasaigh, deartháir céile Mhic Philibín.

Tríd is tríd, bhí an cur síos a thug seisean don ghiúiré ag teacht cuid mhór lena raibh ráite roimhe sin ag a dheartháir céile agus ag na príomhfhinnéithe, an triúr Seoigheach.

Bhí difríocht shuntasach amháin ann, áfach; dúirt sé gur tháinig beirt fhear eile – Ó Nia agus Ó Ceallaigh – isteach sa bhuíon de dheichniúr nuair a d'fhág siad teach Thomáis Uí Chathasaigh agus gur bhris an bheirt sin, i dteannta leis an triúr a bhí ainmnithe roimhe seo, an doras isteach sa chábán i Mám Trasna ach nach bhféadfadh sé a rá go cinnte cé a chuaigh isteach leis an sléacht a dhéanamh.

Dháréag a bhí sa bhuíon ag an tráth sin, dar leis, seachas deichniúr agus cúigear seachas triúr a bhris an doras isteach; bhí an príosúnach sa chás seo, Pádraig Seoighe, ar dhuine den chúigear sin.

Dúirt sé faoi chroscheistiú go raibh treoir faighte aige ó dhuine eile a bhí cúisithe sa chás seo, Pádraig Shéamuis Ó Cathasaigh, teacht leo an oíche a bhí i gceist agus Antoine Mac Philibín a bhreith leis. Dúirt sé gurbh é Ó Nia a dúirt leis agus iad gar do Mhám Trasna cá raibh a dtriall ach níor thuig sé go mbeadh dúnmharú ar bith i gceist.

Chuir Stritch, an t-abhcóide cosanta sóisearach don phríosúnach, ceist air faoin gcúis ar roghnaigh sé a bheith ina bhrathadóir:

> *Was it for the purpose of saving your life that you gave this information?*
> *This is not altogether fair, but I have a right to save my life.*

Agus a fhianaise críochnaithe in aghaidh Phádraig Seoighe, bhí a chuid féin den mhargadh leis na húdaráis comhlíonta ag an dara brathadóir, Tomás Ó Cathasaigh.

Glaodh ansin ar phóilín a thug cuntas ar ghabháil an phríosúnaigh ag a cúig a chlog ar maidin. Thuairiscigh ball eile den fhórsa go bhfuarthas suim airgid, trí phunt agus seacht scillinge, i bpóca Sheáin Mháirtín Antoine Seoighe, ceann an teaghlaigh a dúnmharaíodh. Thug an Dr John Hegarty ón bhFairche fianaise don chúirt faoi scrúduithe iarbháis a rinne sé ar na coirp agus thug eolaí thar ceann na corónach, an Dr Edmund Davey, fianaise faoi anailís a rinne sé ar an treabhsar a tógadh as teach an phríosúnaigh, Pádraig Seoighe. Cé go raibh siad nite roimhe sin d'aimsigh sé fuil orthu ach ní raibh sé cinnte faoin gcineál fola a bhí ann. Tuairiscíodh in *The Belfast News-Letter*:

> *In the present state of science it was impossible, he said, to distinguish mammalian from human blood.*

Bhí finné eile le glaoch anois ag foireann dlí na corónach agus tháinig creathán beag tríd an gcúirt nuair a chualathas cé a bheadh ann: Patsy Seoighe, an t-ógánach beag gortaithe a tháinig slán ó theach an uafáis an oíche chinniúnach sin.

8 Ocht nóiméad machnaimh

Ba léir nuair a tugadh i láthair na cúirte é go raibh Patsy Seoighe tagtha chuige féin go maith ó na gortuithe a tharla dó nuair a dúnmharaíodh baill eile an teaghlaigh. Tuairiscíodh in *The Daily Express*:

> *A profound sensation was created when Patsy Joyce, the only survivor, was introduced. He is an interesting, rather pleasant-looking lad, aged between 9–10. His presence elicited general but hushed exclamations of surprise and sympathy…*

Gaeilge amháin a bhí aige agus ba le cúnamh an ateangaire a ceistíodh é.

Theastaigh ó James Murphy, abhcóide sinsearach na corónach, fáil amach ar thuig an t-ógánach an bhrí a bhain le fianaise a thabhairt faoi mhionn sa chúirt agus, chuige sin, cheistigh sé é faoina eolas ar an teagasc Críostaí. Ní raibh sé soiléir ón mbealach ar cuireadh na ceisteanna an raibh an t-abhcóide ag iarraidh fáil amach an raibh an t-ógánach sa séipéal agus an raibh a chuid paidreacha ráite an lá sin aige nó an raibh sé ag caint i dtéarmaí níos ginearálta faoi é a bheith ag cleachtadh a chreidimh agus in ann paidreacha a rá. Mar fhreagra ar an tsraith ceisteanna tuigeadh ón ógánach nach raibh sé ag an séipéal, nach raibh a chuid paidreacha ráite aige agus nach raibh an teagasc Críostaí ar eolas aige:

Do you know what it is to tell a lie?

I do.

Do you know what will happen to you if you tell a lie?

I do not.

There is no use of asking him any more questions.

Leis sin, bhí an fhianaise a bheadh le tairiscint ag an aon duine beo den teaghlach a bhí i láthair ag ionad an tsléachta an oíche sin séanta anois ar an ngiúiré sa chúirt. Níl aon taifead ann go ndearna na habhcóidí cosanta aon ghearán ná achomharc ina leith seo agus dá thoradh sin, níor cuireadh i láthair na cúirte aon eolas a bhí aige faoi dhath na n-éadaí a bhí ar bhaill na buíne nó faoi shalachar nó dúchan a bheith ar a n-aghaidh. Chothódh fianaise den chineál sin amhras faoi chruinneas an eolais a bhí tugtha ag na finnéithe roimhe sin, go bhféadfaidís aghaidh na bhfear a fheiceáil agus iad a aithint.

Dúirt *The Belfast News-Letter* i dtuairisc:

Patrick Joyce, the sole survivor of the massacre, was brought forward, but being only nine years old, and evincing great ignorance, was not examined.

Agus le himeacht Patsy Seoighe ón gcúirt bhí cás na corónach críochnaithe agus deis ansin ag foireann cosanta an phríosúnaigh a gcás féin a chur i láthair agus bréagnú a dhéanamh ar a raibh ráite go dtí sin.

Le suimiú ar an gcás go dtí sin a thosaigh an t-abhcóide cosanta sinsearach, George Orme Malley, thar ceann an phríosúnaigh agus dúirt gur dúnmharuithe gan chúis, gan chuspóir a bhí i gceist de réir na fianaise a bhí tugtha sa chúirt. Ní raibh easaontas de chineál ar bith idir an príosúnach agus na daoine a dúnmharaíodh, a dúirt sé. Rinne sé scagadh ansin ar fhianaise a thug an triúr príomhfhinnéithe de mhuintir Sheoighe a dúirt gur lean siad na fir ar an aistear anróiteach sa dorchadas chuig teach an tsléachta agus léirigh sé na laigí ar fad a bhí ina gcuid cainte.

> *You are told that these three men, through pure curiosity, followed ten men in the dead of night, crossing rivers, going through an almost impassable swamp, and up a mountain a distance altogether of between two or three miles to the house of the murdered man.*

B'ait leis nach dtabharfaí faoi deara an triúr a bhí i mbun na tóraíochta agus leag sé béim ar na difríochtaí idir an fhianaise acusan agus ag an mbeirt bhrathadóirí. Luaigh sé nach bhfaca na príomhfhinnéithe cé a bhris isteach sa teach agus nár chuala siad aon philéir á scaoileadh. Má bhí scéin orthu faoin méid a chonaic siad cén chúis nach ndeachaigh siad chuig na póilíní láithreach, a d'fhiafraigh sé. Cumadóireacht chruthanta a bhí ina gcuid fianaise, dar leis.

Bhí míniú aige ar chás folamh an ghunnáin a aimsíodh faoin díon i dteach an phríosúnaigh: bhí sé caite ansin agus dearmadta le fada an lá. Maidir leis an rian fola a aimsíodh ar threabhsar nite de chuid an phríosúnaigh, dúirt an t-abhcóide nach bhféadfaí a rá gur fuil dhaonna a bhí ann, gur oibrí feirme a bhí sa phríosúnach agus caoirigh ar an gcnoc aige: d'fhéadfadh fuil a bheith ar a threabhsar ó bhearradh na gcaorach agus iad nite dá bharr sin. Dá mbeadh fuil dhaonna orthu, nach mbeidís dóite aige, a d'fhiafraigh sé.

Rinne Malley ionsaí ansin ar an méid a bhí le rá ag an mbeirt bhrathadóirí, Mac Philibín agus Ó Cathasaigh. Tuilleadh cumadóireachta a bhí i gceist anseo, dar leis agus ní raibh ón mbeirt acu ach a mbeatha féin a shábháil. Bhí scéal na bhfinnéithe cloiste ag na brathadóirí roimhe sin agus ní raibh le déanamh acu ach croí an scéil a aithris arís.

Bhí míniú aige ar an gceist a bhí tarraingthe anuas ag an bpríosúnach, Pádraig Seoighe, leis an gConstábla Bryan faoi Antoine Mac Philibín agus é ag tionlacan an phríosúnaigh chuig beairic na bpóilíní. Bhí neart deiseanna ag Pádraig Seoighe cloisteáil ón bpríosúnach eile a bhí gafa in éineacht leis, Tomás Ó Cathasaigh, faoina dheartháir céile Mac Philibín a bheith gafa freisin.

Mar chruthú ar chumadóireacht na bpríomhfhinnéithe ghlaoigh an fhoireann cosanta ar bheirt fhinnéithe nua. Ba bheag sólás a tháinig ón méid a bhí le tairiscint ag ceachtar acu, áfach. Ghlaoigh siad ar dtús ar Mhicil Ó Cathasaigh, deartháir le bean Sheáin Mháirtín Antoine Seoighe a dúnmharaíodh an oíche sin. Dúirt seisean go raibh comhrá aige leis an bhfinné Antoine Mhaolra Seoighe ag tórramh an teaghlaigh i Mám Trasna ar an Aoine agus nár dhúirt sé leis ach go bhfaca sé fir ag dul i dtreo Mhám Trasna an oíche a bhí i gceist agus gur cheart na daoine a bhí freagrach as na dúnmharuithe a dhíbirt glan as an áit.

Thug finné eile, Pádraig Ó Muineacháin as Páirc an Doire, le fios gur casadh airsean Páidín Seoighe – duine den triúr a dúirt gur lean siad an bhuíon fear an oíche úd – ar an mbóithrín ar an Aoine ach nár luaigh sé aon rud faoi na dúnmharuithe leis.

Rinne George Orme Malley achainí chráite ar an ngiúiré trua a bheith acu don phríosúnach agus dá bhean chéile nuaphósta:

> *I ask you to scorn the case made by these conspirators and to release that unfortunate man.*

Chuir an t-abhcóide cosanta sóisearach, John R. Stritch, béim freisin ar chumadóireacht na bhfinnéithe agus chuir i gcomparáid iad le bleachtairí agus iad ag leanúint na bhfear oíche an áir:

> *If you were to ask where would you be least likely to find an amateur detective you would say the wilds of Connemara… they are witnesses whose testimony you should view with suspicion.*

Dúirt sé freisin leis an ngiúiré má bhí amhras orthu gur cheart go stiúródh sé sin iad i dtreo breithiúnas a thabhairt a shábhálfadh beatha an phríosúnaigh.

Agus an fhoireann cosanta críochnaithe lena gcás is ar abhcóide sinsearach na corónach, James Murphy, a thit sé suimiú a dhéanamh ar an gcás in aghaidh an phríosúnaigh.

Seachas féachaint ar an triúr príomhfhinnéithe mar chumadóirí scéalta b'fhearr leis iad a shamhlú mar dhaoine ar thug a ndaonnacht orthu gníomh a dhéanamh leis an bhfírinne a bhí ina gcroí a nochtadh sa chás seo. Mhol sé iad as a misneach agus as a gcrógacht.

Dúirt sé nár ainmnigh na finnéithe sin na daoine a bhris isteach sa teach leis na dúnmharuithe a dhéanamh mar nár léir dóibh iad sa dorchadas. Ba chruthú breise ar a macántacht é nár thriail siad a rá gur chuala siad urchair á scaoileadh cé go raibh a fhios go forleathan gur úsáideadh gunnaí san ionsaí.

Ba cheart gur leor ann féin don ghiúiré an fhianaise ón triúr sin ach bhí tacaíocht bhreise acu ón mbeirt bhrathadóirí, rud a thug léargas iomlán, buille ar bhuille, dóibh ar an méid a tharla.

Thagair sé d'orduithe a bheith faighte ag lucht an tsléachta agus do ghníomhú na Ribíní mar chumann rúnda:

> *This hellish organisation that has spread such disgrace and disaster over this country.*

Rinne sé beag is fiú den mhéid a dúirt an dara brathadóir, Tomás Ó Cathasaigh, faoi bheirt fhear eile, Ó Nia agus Ó Ceallaigh, a theacht isteach sa bhuíon sular bhain siad an cábán i Mám Trasna amach. Dúirt sé go bhféadfadh gur ag moilleadóireacht ar chúl a bhí Mac Philibín agus ag lorg deis éalaithe nuair nach bhfaca sé an bheirt sin.

Bhí difríocht idir fianaise na beirte brathadóirí faoin líon daoine a bhris isteach sa chábán an oíche sin, agus ba chruthúnas ann féin é sin nach raibh siad i mbun comhcheilge i gcumadh an scéil.

B'ábhar iontais do James Murphy nár glaodh aon fhinné le cruthú gur sa bhaile nó in áit éigin eile a bhí an príosúnach an oíche áirithe sin. Chuir sé béim arís ar an réamheolas a bhí ag an bpríosúnach faoi Antoine Mac Philibín a bheith gafa ag na póilíní. Bhí cás an-soiléir curtha i láthair na cúirte, dar leis, agus ní fhéadfadh ach aon bhreithiúnas amháin a bheith ann:

> *The case is irresistibly clear. It leaves no room even for suggestion of doubt... There is only one course open to honest men who are determined to do their duty honestly and faithfully and that is to bring in a verdict of guilty against this, the first of the prisoners who have been placed on this trial.*

Ar chríochnú a chuid cainte shuigh an t-abhcóide síos agus, gan choinne, d'éirigh baill den lucht féachana sa chúirt ina seasamh agus thug bualadh bos dó.

Cé gur chuala an príosúnach an bualadh bos, ní cosúil go ndeachaigh sé i bhfeidhm rómhór air, mar a tuairiscíodh in *The Belfast News-Letter*:

> *The prisoner's deportment remains unchanged. He appears to be perfectly cool and collected, and only once or twice during the day displayed any signs of emotion.*

Nuair a thug an brathadóir Mac Philibín a chuid fianaise luadh sa nuachtán céanna:

> *...the prisoner's face changed colour, and more than once he looked appealingly towards the jury box.*

Bhí bean chéile an phríosúnaigh sa chúirt le linn an lae:

> *Prisoner's wife was in court during the greater part of the day. She is a woman about twenty-two years of age, and chiefly remarkable for her good looks.*

Bhí obair an lae sa chúirt déanta nuair a chríochnaigh abhcóide sinsearach na corónach a chuid cainte agus scoir an breitheamh an chúirt don lá – ag a cúig a chlog tráthnóna – go dtí an mhaidin dár gcionn.

Bhí an bualadh bos a fuair an t-abhcóide Murphy nuair a chríochnaigh sé a chuid cainte mar mhacalla ina intinn nuair a tugadh an príosúnach, Pádraig Seoighe, ar ais chuig a chillín.

Dualgas amháin a bhí fágtha le déanamh sa chúirt an mhaidin dár gcionn – an Chéadaoin, 15 Samhain – sula gcuirfí de chúram ar an ngiúiré a mbreithiúnas a thabhairt, is é sin go dtabharfadh an Breitheamh Barry a achoimre féin ar an gcás.

Bhí plámás áirithe agus leide faoin gceangal idir lucht na bunaíochta sa chéad abairt ón mbreitheamh:

> *Gentlemen of the jury, when I look up into that box, and recognise the faces so familiar to me of men not to be surpassed in this city for their independence of character, for education and intelligence, I shall not occupy time in making any prefatory observations with the view of enforcing upon you the solemnity of the duty which the laws of your country have on this occasion imposed upon you.*

Dúirt sé gur choir as an ngnáth a bhí sna dúnmharuithe sa chás seo:

> *...a crime which, in its unparalleled enormity, I may say without exaggeration, has startled the civilised world.*

Threoraigh sé an giúiré ar ais arís tríd an bhfianaise ar fad a cuireadh i láthair na cúirte; leag sé béim ar phointí ar mheas sé tábhacht a bheith leo, agus mhínigh sé coimhlintí nó míréir in áiteanna eile.

Dúirt sé nár léir cúis agus cuspóir na ndúnmharuithe ach chuir sé béim an-mhór ar an leide a bhí le fáil sa mhéid a dúirt duine de na brathadóirí, Tomás Ó Cathasaigh, gur 'ordaíodh' dó dul leis an mbuíon agus a dheartháir céile Antoine Mac Philibín a bhreith leis.

Maidir le fianaise na bpríomhfhinnéithe de mhuintir Seoighe dúirt an breitheamh dá mb'fhíor an tuairim gur cumadóireacht a bhí ar bun acu go mbeidís chomh ciontach céanna leo siúd a rinne an sléacht.

Dúirt sé gurbh é an nádúr daonna a thug ar na príomhfhinnéithe teitheadh ar ais chuig tearmann a dtithe féin seachas dul chuig na póilíní nuair a chuala siad na dúnmharuithe.

Maidir leis an mbrathadóir Antoine Mac Philibín, dúirt sé gur cosúil go raibh sé sásta dul i mbun mioscaise an oíche sin ach gan dul i mbun dúnmharaithe.

Agus mheabhraigh sé don ghiúiré gurbh é riail an dlí é nach bhféadfaí duine a chiontú ar fhocal brathadóra leis féin amháin agus gur ghá fianaise tacaíochta eile a bheith ann. Bhí sé sin ann ó leithéid Antoine Sheáin Seoighe, a dúirt sé.

Thagair sé don bheirt bhreise – Ó Nia agus Ó Ceallaigh – a dúirt an brathadóir Tomás Ó Cathasaigh a tháinig isteach sa bhuíon gar do theach na ndúnmharuithe i Mám Trasna. Faoin ngiúiré a bheadh sé cinneadh a dhéanamh faoin tionchar a bheadh aige sin ar iontaofacht an eolais ó na finnéithe eile nach bhfaca iad.

Dúirt sé freisin:

> *Although there are five persons deposing to the leading facts, their versions of the transactions differ in very few circumstances and they exactly correspond with each other.*

Thagair sé chomh maith don cheist a chuir an príosúnach Pádraig Seoighe faoi Antoine Mac Philibín a bheith gafa ag na póilíní ag tráth nár cheart go mbeadh an t-eolas sin aige. Agus luaigh sé fianaise an dochtúra a rinne na scrúduithe iarbháis agus thagair sé go cliathánach don ógánach Patsy Seoighe nach bhfuair deis fianaise a thabhairt sa chúirt. Maidir leis an treabhsar a raibh rian fola air, ghlac sé leis go bhféadfadh míniú neamhurchóideach a bheith ar fhuil a bheith ar éadach ag oibrí feirme agus nár dhóigh leis gur cheart an iomarca béime a chur ar an gcuid sin den fhianaise.

Bhí cúpla focal aige ar deireadh faoin méid a dúirt na finnéithe a glaodh mar chosaint ar na príosúnaigh.

Dúirt sé leis an ngiúiré gur ceist bás nó beatha don phríosúnach a bheadh ina gcinneadh agus nach raibh aon amhras air ach go gcomhlíonfaidís a ndualgas go dílis, cothrom, stuama.

D'éirigh sé ón mbinse agus tugadh an giúiré amach as seomra na cúirte lena machnamh a dhéanamh.

Faoi cheann ocht nóiméad bhí an giúiré ar ais sa chúirt ach ní raibh tásc ná tuairisc ar an mbreitheamh – am lóin a bhí ann. Fágadh an príosúnach Pádraig Seoighe ina sheasamh ar feadh leathuaire ag fanacht lena chinniúint i gcúirt a bhí ag cur thar maoil le daoine fad is a bhí an breitheamh ag ithe a bhéile.

Nuair a bhí an breitheamh ar ais ar an mbinse chuir cléireach na cúirte ceist ar shaoiste an ghiúiré faoin mbreithiúnas a bhí déanta acu:

> *You say that Patrick Joyce is guilty of murder?*
>
> *That is our verdict.*

Chuir an cléireach ceist i mBéarla ansin ar an bpríosúnach Pádraig Seoighe an raibh dada le rá aige agus d'fhreagair sé:

> *I am not guilty.*

Tuairiscíodh in *The Freeman's Journal*:

> *Joyce seemed to have expected the result and the shock was scarcely perceptible on his determined features.*

Dúradh in *The Belfast News-Letter*:

> *The prisoner received the announcement with manifest callousness. He merely brushed his right hand along the bar of the dock and looked upwards to the jury in a listless manner.*

Ag an tráth seo d'fhógair foireann dlí na corónach go foirmiúil nach mbeadh aon chúiseanna á gcur in aghaidh na beirte brathadóirí,

Mac Philibín agus Ó Cathasaigh; bhí na cúiseanna dúnmharaithe a bhí curtha ina leith roimhe seo tarraingthe siar go hoifigiúil anois.

Chuir an Breitheamh Barry an caipín dubh air féin ansin – comhartha go raibh an príosúnach le daoradh chun báis.

Bhí an breitheamh feanntach sa mhéid a dúirt sé leis an bpríosúnach ansin faoi uafás an ghnímh a bhí déanta aige. Níor cheart go mbeadh súil aige le haon trócaire sa saol seo:

> *Mercy in this world you have none to expect. Mercy at the hands of man you have none to expect.*

Tuairiscíodh sna nuachtáin go raibh deoir i súil an bhreitheamh agus crith ina ghlór de bharr an ualaigh a bhraith sé mar chúram air pionós an bháis a ghearradh ar dhuine ar bith:

> *The sentence of this court is, and I do judge and order that you, Patrick Joyce, be taken from the bar of this court where you now stand to the place from whence your came, and that you be removed to her Majesty's Prison at Galway, and that on Friday, the 15th day of December next of this year of Our Lord, 1882, and you be taken to the common place of execution, within the walls of the prison in which you shall then be confined, and that you shall be there and then hanged by the neck until you be dead, and that your body be buried within the precincts of the prison in which you shall last be confined after your conviction.*
>
> *And may the Lord have mercy on your soul.*

9 Cén lá a chrochfar mé?

Níor cuireadh aon am amú sa chúirt agus níor thúisce Pádraig Seoighe tugtha chun bealaigh ar ais chuig a chillín sa phríosún ná bhí príosúnach eile i láthair na cúirte, Pádraig Shéamuis Ó Cathasaigh as baile fearainn Dhoire. Cé nach raibh sé ach 26 bliana d'aois dúradh i gcuid de na nuachtáin go raibh cuma mheánaosta air. Dúradh in *The Galway Vindicator* faoi:

> *Rugged and rough in exterior, he was also callous in manner and deportment… The prisoner, who wears a scanty light beard, is of a rather repulsive aspect…*

Dúnmharú Bhrighid Seoighe, bean chéile Sheáin Mháirtín Antoine, a cuireadh ina leith, cé go raibh sé intuigthe go raibh sé á chúiseamh as na dúnmharuithe i gcoitinne.

Bhí Pádraig Shéamuis Ó Cathasaigh ainmnithe ag an triúr príomhfhinnéithe mar bhall den bhuíon a chonaic siad an oíche sin ach, rud ní ba thábhachtaí fós, bhí sé luaite ag an mbrathadóir Antoine Mac Philibín mar dhuine den triúr a bhris an doras isteach i gcábán Sheáin Mháirtín Antoine Seoighe agus a rinne na dúnmharuithe.

Pádraig Shéamuis Ó Cathasaigh

D'ainmnigh an brathadóir eile, Tomás Ó Cathasaigh, é freisin nuair a dúirt seisean go bhfaca sé é ina measc sin a bhris doras an chábáin isteach, cé nach bhfaca sé go sonrach é ag dul isteach i mbun an tsléachta. Dúirt an brathadóir céanna gur trí Phádraig Shéamuis

Ó Cathasaigh a fuair seisean an treoir a bheith mar chuid den bhuíon an oíche sin agus a dheartháir céile, Antoine Mac Philibín, a thabhairt leis.

Roghnaíodh dháréag eile d'fhir ghustalacha na cathrach mar bhaill de ghiúiré nua agus nuair a bhí sin déanta scoradh an chúirt ar bhriseadh gairid.

Ba é an cur chuige a d'oibrigh go sásúil dóibh sa chéad chás a tharraing foireann dlí na corónach chucu arís nuair a cuireadh tús leis an triail féin. Bhí cur chuige an-éifeachtach aimsithe acu agus níor ghá é sin a leasú: óráid láidir ar dtús ón Ard-Aighne, fianaise fhisiciúil ó phóilíní agus lucht leighis, tuairisc ón triúr finnéithe a chonaic agus a d'aithin an príosúnach mar bhall den bhuíon, faisnéis ón mbeirt bhrathadóirí a chonaic i mbun ionsaithe ar dhoras an chábáin é agus duine acusan ag rá go bhfaca siad é ag dul isteach ann i mbun na ndúnmharuithe agus ansin, ar deireadh, óráid láidir, phaiseanta ó abhcóide sinsearach na corónach mar dhlaoi mhullaigh ar an gcás. Leanfaidís den straitéis sin gan teip.

Mar a bhí beartaithe, thug an tArd-Aighne an óráid láidir uaidh arís a leag amach don ghiúiré an cúrsa a bheadh á leanúint acu agus thug sé achoimre ar an bhfianaise a chuirfí i láthair na cúirte. Glaodh ar na finnéithe éagsúla ansin lena bhfaisnéis a aithris athuair, don ghiúiré nua. D'inis Antoine Mhaolra Seoighe an scéal ar fad arís faoin tóraíocht a rinne siad i ndorchacht na hoíche ar an mbuíon fear a bhí ar aistear an áir. Nuair a bhí a chuid fianaise críochnaithe aige scoradh an chúirt don lá ach socraíodh go dtosófaí uair an chloig níos túisce an chéad lá eile, Déardaoin, le súil is go mbeadh an cás críochnaithe ar fad an lá sin.

Leis an dara príomhfhinné, Seáinín Mhaolra Seoighe, a tosaíodh maidin Déardaoin agus lean seisean go docht an cur chuige a bhí leagtha síos sa chéad triail. Ar a mhac, Páidín, a glaodh ansin agus ina dhiaidh sin thug an bheirt bhrathadóirí na cuntais chéanna ar a bpáirt féin sa bhuíon agus ar a bhfaca siad agus ar ar chuala siad i gcás na ndúnmharuithe. Thug na póilíní éagsúla a gcuid faisnéise féin uathu agus glaodh ar an dochtúir a rinne an scrúdú iarbháis ar Bhrighid Seoighe. Níor tugadh an t-ógánach Patsy Seoighe i láthair na cúirte ar chor ar bith an uair seo.

Ba bheag eolas nua nó suntasach a tháinig chun cinn le linn na trialach ach gur cosúil go ndeachaigh an t-abhcóide cosanta sóisearach, John R. Stritch, beagán níos déine ar an mbrathadóir Tomás Ó Cathasaigh faoin margadh a rinne sé lena bheatha féin a shábháil:

Is it to save your life that you are giving this evidence?

I would like to save my life and so would everybody.

Answer me "Yes" or "No"?

I won't answer you.

Thagair sé athuair don bheirt fhear bhreise a dúirt sé a tháinig isteach sa bhuíon gar do Mhám Trasna – Ó Nia agus Ó Ceallaigh – beirt nach raibh feicthe ná luaite ag aon duine eile. Chuaigh sé níos faide ná mar a rinne roimhe sin nuair a dúirt sé gurbh iadsan údair an tsléachta, an bheirt a cheap an drochbheart.

Ba é an Dr Ingham as an gCeapaigh Dhuibh a chabhraigh leis an Dr

Hegarty sna scrúduithe iarbháis a thug fianaise faoi chorp Bhrighid Seoighe.

Tugadh achoimre ar a thuairisc in *The Belfast News-Letter*:

> *The bones of her cheek were all broken, and her skull was completely driven in upon the brain substance. The head was so disfigured that her face could not be recognised as that of a human being.*

Tugadh beirt fhinnéithe ar son an phríosúnaigh i láthair na cúirte le linn na trialach: Máire Ní Chathasaigh, col ceathrair óg leis an bpríosúnach as Seanbhaile Chathail, agus a mháthair, Síle.

Ag labhairt di i nGaeilge, dúirt Máire Ní Chathasaigh go ndeachaigh sí chuig teach Phádraig Shéamuis Uí Chathasaigh an lá sular tharla na dúnmharuithe mar go mbíodh sí ag obair ann. Bhí sí ag sníomh snáth olla ansin agus ní raibh sa teach ach í féin agus máthair an phríosúnaigh ar feadh an lae. Bhí Pádraig Shéamuis Ó Cathasaigh amuigh ar feadh an ama ag tógáil sciobóil agus nuair a tháinig sé isteach tráthnóna bhí pian ina bholg. D'fhan sí féin agus máthair an phríosúnaigh ina suí go maidin ag téamh bainne dó ó am go chéile leis an bpian a mhaolú. Níor fhág sé an teach le linn oíche an uafáis ar chor ar bith. Dúirt sí gur chuir sé iontas uirthi nuair a chuala sí gur gabhadh é faoi bhaint a bheith aige leis na dúnmharuithe.

Thacaigh Síle Uí Chathasaigh, máthair an phríosúnaigh, ina fianaise féin leis an scéal sin agus dúirt nár fhág a mac an teach aon oíche ar feadh na seachtaine roimhe sin. Bhí feabhas ar a bholg an lá tar éis na ndúnmharuithe agus chuaigh sé ar an bportach ag gróigeadh móna. D'ainmnigh sí na daoine a bhí ag obair leis ar thógáil an sciobóil agus ar an bportach an dá lá a bhí i gceist.

Ba é an t-abhcóide cosanta sóisearach, John R. Stritch, a rinne an suimiú thar ceann an phríosúnaigh nuair a bhí an fhianaise ar fad cloiste ag an ngiúiré. Rinne sé achainí ar an ngiúiré breathnú go fuarchúiseach ar an bhfianaise agus thagair sé go sonrach do dhorchadas na hoíche agus chomh dodhéanta agus a bheadh sé duine a aithint ar oíche den chineál sin. Chuir sé i leith na mbrathadóirí gur dúnmharfóirí a bhí iontu agus gur thug siad mionn éithigh nó fianaise bhréige sa chúirt. Dúirt sé nach raibh aon chúis ann gan fianaise na beirte a labhair ar son an phríosúnaigh – a mháthair agus a chol ceathrair – a chreidiúint; níor baineadh tuisle astu agus iad faoi chroscheistiú, a dúirt sé.

Thug an t-abhcóide sinsearach, James Murphy, a shuimiú féin ansin ar an gcás ar son na corónach. Níor cheart trua ná taise a roinnt ar choirpigh ná ar a ngníomhartha coiriúla, a dúirt sé agus fuair sé bualadh bos ó urlár na cúirte:

> *The foul fiend himself seemed to have possessed some natures in Connemara, and to have infused a tiger spirit into some of the inhabitants of the place.*

Chuaigh sé siar ar an bhfianaise ar fad lena meabhrú arís don ghiúiré. Dúirt sé nach raibh aon duine ag séanadh go raibh an bheirt bhrathadóirí ag láthair na ndúnmharuithe agus gur chuma an lena mbeatha féin a shábháil nó nárbh ea a bheartaigh siad an fhírinne a insint anois. Mheabhraigh sé gur tríd an bpríosúnach sa chás seo a tugadh na horduithe do na brathadóirí a bheith ina mbaill den bhuíon an oíche sin agus dúirt go mb'fhéidir go ndeachaigh siad ar an mbuíon le teann faitís agus lena chinntiú nach mbeidís féin ná a dteaghlach mar ábhar ionsaithe lá ní b'fhaide anonn. Dúirt sé go raibh daoine ann a thabharfadh cladhairí orthu féin agus ar na príomhfhinnéithe sa chás ach gur ar an mbonn céanna a thabharfaidís féin fianaise dá mbeidís gafa san anchás céanna. Mhol sé na príomhfhinnéithe as a misneach:

> *Before there was any promise or hope of reward when everything existed to alarm and to terrify them, three poor peasants, who had led their homely lives in faith and honesty in that part of the country, communicated with the magistrates and the police what they had witnessed, and the criminals were arrested and were face to face with their accusers on the blessed Sabbath which followed.*

Mar bhuille scoir, dúirt sé gur ag filleadh ar dhúchas seanda a bhí na príomhfhinnéithe agus iad ag glacadh seasaimh in aghaidh na coiriúlachta:

> *That was some symptom of the returning of ancient ways; it was some symptom of natural indignation rising up in the minds of our countrymen against crime and outrage.*

Tugadh bualadh bos dó arís ar chríochnú na hóráide dó agus scoir an breitheamh an cás go dtí an mhaidin dár gcionn, an Aoine.

Faoin mBreitheamh Barry a bhí sé maidin Dé hAoine clabhsúr a chur ar an triail lena achoimre féin don ghiúiré. Thagair sé d'fhinnéithe a d'fheicfeadh coir ag tarlú lena súile féin agus dúirt gur leor duine amháin den chineál sin le príosúnach a chiontú. Luaigh sé na brathadóirí sa chúis seo agus dúirt go gcomhairlítear do ghiúiré i gcónaí nár cheart duine a chiontú ar fhocal brathadóra gan fianaise bhreise éigin a bheith ann. Agus dúirt sé gur faoin ngiúiré féin a bheadh sé cinneadh a dhéanamh an raibh an fhaisnéis ó na príomhfhinnéithe ina tacaíocht ag scéal na mbrathadóirí.

> *I am sure you must have been struck with the uncommon intelligence, the directness, and the graphic expressiveness of the mode in which they described the whole route they took, and all they saw; how by their very gestures endeavoured to make the non Irish speaking people understand what they were saying. It would be an omission of duty on my part to pass that without observation. The question of what credit is to be given to their evidence is, again I say, entirely for you. As far as I am concerned I will give you no opinion as to whether they were not the most accomplished liars and actors that ever came into a witness box. But if they are telling what was untrue, or wrongly fastening the guilt on men whom they did not see on that dreadful night at all, more accomplished actors never appeared on any stage.*

Ní raibh aon chruthú cinnte ar chúis na ndúnmharuithe, a dúirt sé, ach ní laige mharfach i gcás na corónach a bhí ansin. Bhí teoiric ann gur ó eagraíocht éigin nach bhféadfaí a dhiúltú a tháinig an t-ordú maidir leis na dúnmharuithe.

Thagair an Breitheamh Barry don bheirt bhan a thug fianaise go raibh an príosúnach sa bhaile oíche an tsléachta – a mháthair agus a chol ceathrair. Rinne sé idirdhealú idir duine a dhéanfadh iarracht casadh a chur ar an bhfírinne ar mhaithe le cara dá chuid agus an té a mhionnódh bréaga in aghaidh namhad lena chiontú:

> *There was many an honest truth-telling witness who appeared in a court of justice to strain a point for a friend, who would die on the scaffold rather than exaggerate against an enemy to procure his wrongful conviction.*

Chuaigh an giúiré i mbun machnaimh ar an mbreithiúnas a thabharfaidís ag dhá nóiméad déag tar éis a haon déag agus bhí siad ar ais sa chúirt faoi cheann dhá nóiméad déag glan; bhí a gcinneadh déanta acu.

Thug an príomhghiúróir nóta an bhreithiúnais do chléireach na cúirte. D'fhógair seisean an cinneadh: *Guilty*.

Bhí an príosúnach Pádraig Shéamuis Ó Cathasaigh ina sheasamh ansin gan aon chor ná casadh as. Ba chosúil gur easpa tuisceana ar an mbreith a bhí air seachas imní faoin gcinneadh a bhí déanta. Ón mbealach a bhí sé ag breathnú timpeall na cúirte ba léir go raibh sé ar thóir an ateangaire a mhíneodh an scéal dó. Treoraíodh an t-ateangaire chuige agus cuireadh ceist go foirmiúil ansin air an raibh aon rud le rá aige a thabharfadh ar an mbreitheamh gan pionós an bháis a ghearradh air. Ar chúis éigin is i mBéarla a thosaigh an t-ateangaire ag labhairt leis:

> *...the prisoner being in an attitude of the greatest attention, requested him to speak in Irish. The interpreter did so, and the prisoner seemed dumbfounded by the communication, but*

after a moment or two responded in Irish. 'He says, my lord, I have nothing to say; but I will say this, whatever happens to me, that I had no hand in it'.

Agus é ag gearradh pionós an bháis air luaigh an breitheamh chomh cothrom agus a bhí an triail a cuireadh air agus chomh huafásach agus a bhí an gníomh inar ciontaíodh é. Liobair sé an príosúnach agus iadsan a bhí páirteach leis sna dúnmharuithe agus thagair sé do na horduithe a bhí faighte acu ó dhuine anaithnid le coir chomh brúidiúil a dhéanamh:

…participators of the deed of carnage which has shocked civilized humanity.

Chuir sé caipín dubh an bhreithimh air féin arís agus d'fhógair go sollúnta go gcrochfaí Pádraig Shéamuis Ó Cathasaigh i bPríosún na Gaillimhe ar an 15 Nollaig, an lá céanna is a chrochfaí Pádraig Seoighe a ciontaíodh sa chúirt chéanna dhá lá roimhe sin.

Sheas an príosúnach ina aonar ansin sa chúirt agus thóg sé a chaipín ón suíochán ina aice leis. Ghlaoigh sé i leataobh ar an ateangaire agus d'fhiafraigh de cén lá a bhí sé le crochadh.

The unfortunate man was informed the 15th December, and he, looking upwards with a most reverend and touching aspect exclaimed in the Irish language 'I have expectation of heaven.' He then followed the warder to the cells beneath the court.

Bhí pionós an bháis gearrtha ar bheirt anois. Agus bhí triail eile réidh le tosú.

10 Impí ar Dhia na Glóire

Ní raibh ceathrú uaire féin imithe ó chríochnaigh cás Phádraig Shéamuis Uí Cathasaigh sula rabhthas faoi lán seoil arís agus an tríú príosúnach, Maolra Sheáin Seoighe as Ceapaigh na Creiche, tugtha i láthair na cúirte. Dúnmharú Pheigí Seoighe, iníon 17 mbliana d'aois a chol ceathrair féin, Seán Mháirtín Antoine, a chuirfí ina leith go sonrach cé go raibh na dúnmharuithe eile san áireamh freisin, mar a bhí i gcás na beirte a ciontaíodh roimhe sin.

Tá amhras áirithe faoi aois an phríosúnaigh, Maolra Sheáin Seoighe, sa mhéid is gur tuairiscíodh go forleathan sna nuachtáin ag an am go raibh sé 45 bliana d'aois ach go raibh sé ráite i dtaifid oifigiúla na bpríosún inar coinníodh é roimh thús na trialach – i nGaillimh agus i gCill Mhaighneann – gur 40 bliain d'aois a bhí sé.

> *The prisoner is older than either of the previous men who have been tried. He was dressed in older garments, but unlike them he did not have the slightest knowledge of the language in which his trial is being conducted.*

Ba é an breitheamh céanna a bhí tar éis pionós an bháis a ghearradh ar an bpríosúnach deireanach a d'éisteodh an cás nua agus ba iad na foirne céanna dlí a bhí réidh le haghaidh a thabhairt ar a chéile, den tríú huair in imeacht cúig lá.

Maolra Sheáin Seoighe

Bhí na daoine a bhí glaoite ar dualgas giúiré cruinnithe ansin sa chúirt ag fanacht le tús na trialach. Ach ba léir go raibh cuid mhór acu i láthair san áit chéanna seal gairid roimhe sin nuair a bhí críoch á cur le cás Phádraig Shéamuis Uí Cathasaigh agus pionós an bháis á ghearradh air. Chuala siad an sciolladh feanntach a rinne an Breitheamh Barry orthu siúd a bhí freagrach as an sléacht i Mám Trasna; níorbh fhéidir nach raibh cáineadh géar an bhreithimh greanta go domhain ina n-intinn. B'fhéidir go raibh cuid acu, fiú, i láthair sa chúirt freisin do thriail an chéad phríosúnaigh, Pádraig Seoighe. Fós féin, ba as ballraíocht an ghrúpa seo a chaithfí an giúiré nua a roghnú le breithiúnas a thabhairt ar Mhaolra Sheáin Seoighe.

Ach sula ndeachthas i mbun na hoibre sin, d'iarr an t-abhcóide cosanta sinsearach, George Orme Malley, cead na cúirte le hiarratas foirmiúil a dhéanamh; theastaigh uaidh go gcuirfí an chúirt ar athlá agus léigh sé ráiteas mionnscríbhinne a bhí ullmhaithe ag Henry Concanon, dlíodóir an phríosúnaigh, le cur i láthair na cúirte.

Ba é croí an scéil ag an dlíodóir ina mhionnscríbhinn gur chreid sé nach bhféadfaí triail chothrom a ghealladh don phríosúnach de bharr a raibh de chaint agus de phoiblíocht sna nuachtáin faoin sléacht le tamall roimhe sin. Bhí mionchuntas sna nuachtáin ar bhonn laethúil ar gach casadh agus cor sa scéal agus tuairisciú déanta ar bhrúidiúlacht an áir; bhí na nuachtáin seo le léamh ag na daoine a bheadh ina mbaill den ghiúiré. Tar éis na dtuairiscí ar chiontú Phádraig Seoighe ní fhéadfaí triail neamhchlaonta a chinntiú, dar leis.

Thagair sé freisin don bheirt bhrathadóirí a earcaíodh roimh thús na chéad trialach agus faoin bhfógra gearr agus a laghad deise a tugadh dósan mar dhlíodóir tuilleadh fiosrúcháin a dhéanamh fúthu.

Tháinig earcú na mbrathadóirí aniar aduaidh air mar dhlíodóir agus ba cheart go bhfaigheadh sé am le dul i mbun taighde lena ndúshlán a thabhairt. Dúirt sé freisin gurbh í an fhianaise chéanna a bheadh á tabhairt in aghaidh an phríosúnaigh agus a tugadh sa chéad dá thriail.

Dúirt an t-abhcóide cosanta sinsearach, George Orme Malley, gur ábhar mórtais é faoin mbunreacht go raibh gach duine i dteideal éisteacht chothrom cúirte a fháil, saor ó chlaontacht:

> *But if this wretched Irish-speaking creature, who has never had the advantage of education, and who will be unable to understand the language in which his accusers will give their evidence, or the language which the counsel against him will arraign him or your lordship address the jury – if the trial of this wretched creature be brought on now under the circumstances which are referred to in this affidavit, who can say that the proud boast of the constitution will be maintained in this instance?*

Thug sé tuilleadh eolais faoin míbhuntáiste a bhraith sé a bheith ag luí go trom air:

> *My lord, illiterate the prisoner is and incapable of instructing us, and I cannot but say that I feel embarrassed to the extremest extent.*

Bhí moladh aige, fiú, do chaint an bhreithimh féin agus é ag gearradh pionós an bháis ar Phádraig Shéamuis Ó Cathasaigh níos túisce:

> *Your lordship, in terms which could not but be approved but every person who heard them, sentenced the last prisoner to death, and in doing so necessarily referred to the fact that the evidence laid against the prisoner was cogent and conclusive.*

Bhí an tríú príosúnach le cur ar a thriail anois, a dúirt sé, leis an bhfianaise chéanna a bhí sa chás roimhe sin agus é sin cloiste ag cuid acu siúd a bheadh ina mbaill den ghiúiré. Bhí aitheasc an bhreithimh féin cloiste freisin acu agus, dá thoradh sin, ba dheacair dó cothrom na Féinne a fháil don phríosúnach.

Chuir an tArd-Aighne in aghaidh an iarratais go tréan agus dúirt go raibh trialacha cothroma agus córa faighte ag an mbeirt phríosúnach go dtí sin. Mhol sé baill an phreasa as macántacht a dtuairiscí. Ba chuma, dar leis, cé mhéad moille a chuirfí ar thriail an chéad phríosúnaigh eile, ní ghlanfaí riamh as intinn an phobail a gcuimhní ar fhiántas an tsléachta. Mhaígh sé freisin gur cuireadh an t-eolas ar fáil don fhoireann cosanta a luaithe agus ab fhéidir faoi na brathadóirí agus a bhfianaise.

Bhí argóint bhreise ag abhcóide sinsearach na corónach, James Murphy, agus é ag tacú leis an Ard-Aighne – dá gcuirfí moill ar an triail nárbh fhios céard a tharlódh do na finnéithe a chuirfeadh cosc orthu a bhfaisnéis a chur i láthair na cúirte lá ní b'fhaide anonn.

Mhínigh Stritch, an t-abhcóide cosanta sóisearach ar son an phríosúnaigh, gur thábhachtaí ar fad a chinntiú go mbeadh cothromaíocht i láthair na cúirte ná aon mhíchaoithiúlacht a d'éireodh de bharr moille.

Dúirt an Breitheamh Barry gur fasach contúirteach a bheadh ann triail a chur ar athlá ar chúinsí a bhí chomh doiléir nó a raibh a laghad téagair ag baint leo agus a bhí san iarratas ó fhoireann cosanta an phríosúnaigh. Dá mbeadh aon nuachtán curtha os a chomhair – rud nach raibh – a léireodh claonadh in aghaidh an phríosúnaigh nó tacaíocht dó sa chás seo bheadh ar a chumas déileáil leis sin gan stró, a dúirt sé. Mheabhraigh sé go raibh cinneadh fógartha aige i dtús na chéad trialach inar dhiúltaigh sé don tuairim gur tháinig an t-eolas faoi na brathadóirí aniar aduaidh ar an bhfoireann cosanta agus nach rachadh sé siar ar an gcinneadh sin. Níor leor ar chor ar bith na cúiseanna a bhí tugtha san iarratas le go gcuirfí an cás ar athlá, a dúirt sé agus d'ordaigh sé go rachfaí chun cinn leis an gcúis.

Roghnaíodh dháréag fear nua le bheith ar an ngiúiré, deichniúr Protastúnach agus beirt Chaitliceach.

Mar ba ghnáth, bhí sé de chead ag na habhcóidí éagsúla le linn do bhaill an ghiúiré a bheith á roghnú, cur in aghaidh daoine ar leith má chreid siad go raibh cúis mhaith acu leis sin. I gcás amháin, áfach, nuair a chuir abhcóidí an phríosúnaigh i gcoinne Andrew Fitzpatrick as Sráid Nassau ar an gcúis gur chreid siad nach raibh sé neamhchlaonta faoin gcás, úsáideadh córas ar leith de chuid an ama sin le teacht ar chinneadh ar cheart glacadh leis nó diúltú dó mar bhall den ghiúiré. Roghnaíodh le crannchur beirt fhear a bhí i láthair sa chúirt do dhualgas giúiré agus fágadh fúthusan cinneadh a dhéanamh faoi Fitzpatrick.

Ba iad an bheirt a roghnaíodh don chúram sin ná James Shiels as Rath Cúil agus 'Richard Pigott of Kingstown' – fear a tharraingeodh caint ollmhór é féin, lá ní b'fhaide anonn: chuir sé lámh ina bhás féin nuair a tháinig sé chun solais gurbh é a chum agus a chuir ainm Charles Stewart Parnell le litreacha a bhí bréagach agus clúmhillteach. Ceistíodh Fitzpatrick i láthair na beirte agus dúirt sé nach raibh aon chinneadh déanta aige roimh ré faoin gcás a bhí le héisteacht agus gur sheachain sé na nuachtáin a léamh d'aon ghnó nuair a thuig sé go bhféadfaí go roghnófaí ina bhall den ghiúiré é. Cinneadh go raibh sé inghlactha do bhallraíocht ar an ngiúiré.

Ní hamháin sin, ach ar ball beag ceapadh ina chathaoirleach nó ina phríomhghiúróir é.

Thuig foireann cosanta dlí an phríosúnaigh Maolra Sheáin Seoighe an dúshlán mór a bhí rompu. Bhí an príosúnach i measc na buíne a lean siad chuig láthair an tsléachta, a déarfadh an triúr príomhfhinnéithe. Mhaífeadh an brathadóir Tomás Ó Cathasaigh go bhfaca sé féin é ina measc sin a bhris doras an chábáin isteach. Agus rachadh an brathadóir eile, Antoine Mac Philibín, níos faide leis an scéal agus mhionnódh sé go bhfaca sé an príosúnach ag dul isteach sa chábán agus gunna ina lámh. Bhí beirt ciontaithe agus pionós an bháis gearrtha orthu ar an bhfianaise chéanna agus ba dheacair a chreidiúint gur le haon mhórdhóchas a thug an fhoireann cosanta aghaidh ar an tríú triail.

An tArd-Aighne féin a chuir tús leis an gcás thar ceann na corónach an uair seo arís agus thug sé an léargas céanna don chúirt a raibh cleachtadh maith anois aige air, ar mhionsonraí na cúise a bhí le cur i láthair. Níor ghá d'fhoireann dlí na corónach an straitéis a bhí acu go dtí seo a athrú; ní raibh aon amhras ach go raibh ag éirí leo. Faoin am a raibh a chuid ráite ag an Ard-Aighne faoi scála an áir i Mám Trasna, faoi na finnéithe agus na brathadóirí a bheadh le cloisteáil, faoin eolas a thabharfadh na póilíní agus faoi thuairisc an dochtúra a rinne an scrúdú iarbháis, bhí sé in am ag an mbreitheamh an chúirt a scor don lón.

Ar fhilleadh dóibh ar sheomra na cúirte cuireadh ceist ar an bpríosúnach tríd an ateangaire ar thuig sé an fhianaise i mBéarla? I nGaeilge a cuireadh an cheist ar Mhaolra Sheáin Seoighe agus d'fhreagair sé gur thuig. Ba chosúil, áfach, gur baineadh míbhrí iomlán as an gceist mar gur léir nach raibh focal ar bith Béarla aige; b'fhéidir gurbh é an bhrí a bhain seisean as an gceist a cuireadh air i nGaeilge ná an raibh sé in ann an fhianaise i mBéarla – cibé aistriúchán a bhí á dhéanamh dó ag an ateangaire – a thuiscint.

Rinne ball den ghiúiré achainí ar an mbreitheamh leanúint den éisteacht chomh deireanach agus a d'fhéadfaí an tráthnóna sin le súil is go mbeidís críochnaithe ar fad leis an gcás an lá dár gcionn, an Satharn. Dá ndéanfaí sin, ní bheadh orthu an baile a fhágáil ar an Domhnach. Mar fhreagra, mhínigh an breitheamh gurbh in mar a bhí ar intinn aige féin a dhéanamh ar aon nós.

Leanadh den fhianaise ansin agus níorbh fhada go raibh an triúr príomhfhinnéithe ar ais ag aithris scéal na tóraíochta a bhí de ghlanmheabhair acu faoin tráth seo.

Le linn do dhuine acusan, Seáinín Mhaolra Seoighe, a chuid fianaise a thabhairt tháinig ceist chuige ó bhall den ghiúiré: an raibh aon ghaol idir an triúr – é féin, ceann an teaghlaigh a dúnmharaíodh, agus an príosúnach – ó tharla gur Sheoighigh iad triúr? B'údar ollmhór iontais ar fud na cúirte é nuair a dúirt sé gur chol ceathracha a bhí iontu ar fad.

Tháinig tuilleadh eolais chun cinn a bhí ina ábhar iontais níos deireanaí nuair a bhí an brathadóir Antoine Mac Philibín faoi chroscheistiú ag an abhcóide cosanta sinsearach, George Orme Malley, thar ceann an phríosúnaigh. D'admhaigh Mac Philibín gur col ceathracha leis féin iad beirt acu siúd a bhí ainmnithe aige mar bhaill den bhuíon agus a bhí cúisithe sa chúirt: Pádraig Shéamuis Ó Cathasaigh a bhí díreach ciontaithe agus pionós an bháis gearrtha air agus Seáinín Beag Ó Cathasaigh a bhí le cur ar a thriail fós. Ba léir nárbh aon ábhar bróid dó an gaol sin leis na príosúnaigh:

What are you to them?

I expect they are cousins of mine.

You expect?

Yes, I am told that anyway.

Do you know whether they are or not?

No, but they tell me my mother and their mother were two sisters.

Thug Mac Philibín an fhianaise ba thábhachtaí dá chuid nuair a dúirt sé go bhfaca sé an príosúnach Maolra Sheáin Seoighe ag briseadh dhoras an chábáin isteach agus go raibh sé ar dhuine den triúr a chuaigh isteach i mbun an tsléachta; ní fhaca sé aon duine sa bhreis ar an triúr sin ag dul thar dhoras isteach.

Ceistíodh é faoin gcúis ar thug sé fianaise in aghaidh an phríosúnaigh:

Didn't I know in my heart and in the sight of God that it was not right to hide a murder.

Nuair a bhí fianaise Mhic Philibín críochnaithe ba léir gur thuig an breitheamh go raibh an oiread oibre déanta le linn an tráthnóna gurbh fhurasta anois dóibh an cás ar fad a chríochnú an lá dár gcionn. D'ainneoin a raibh ráite aige faoi leanúint den chás go mbeadh sé deireanach tráthnóna, scoir sé an chúirt ag an tráth sin, ag a cúig a chlog.

Ba é an dara brathadóir Tomás Ó Cathasaigh a bhí mar chéad fhinné an mhaidin dár gcionn. Dheimhnigh seisean arís an méid a bhí ráite ag a dheartháir céile, an brathadóir Antoine Mac Philibín, gan de dhifríocht shuntasach eatarthu ach gur dhúirt Ó Cathasaigh arís gur tháinig beirt bhreise nach raibh os comhair na cúirte isteach sa bhuíon gar do Mhám Trasna – Ó Nia agus Ó Ceallaigh – agus thug sé le fios arís gur chosúil gurbh iad an bheirt sin a bhí i gceannas ar bheartú an tsléachta.

An Constábla Johnston, an chéad phóilín a tháinig ar láthair an áir, a thug fianaise ansin. Le linn a chuid cainte d'fhiafraigh duine den ghiúiré de ar dhúirt Micheál, an t-ógánach a bhí gortaithe sa chábán, aon rud leis sular bhásaigh sé. Threoraigh an breitheamh nár ghá an cheist a fhreagairt mar go raibh fianaise ann go raibh sé gortaithe chomh dona sin go raibh sé ag rámhaillí agus nach bhféadfaí brath ar aon rud a dúirt sé.

Thug an Dr Hegarty tuairisc faoin scrúdú iarbháis a rinne sé ar chorp Pheigí Seoighe:

> *... died from injuries inflicted by some heavy weapon. Her skull was smashed in.*

Faoi 11.30 ar maidin, bhí a bhfianaise ar fad curtha i láthair an ghiúiré ag foireann dlí na corónach.

Agus é ag caint thar ceann an phríosúnaigh dúirt an t-abhcóide cosanta sinsearach, George Orme Malley, gur botún a bhí ann a rá go raibh an príosúnach Maolra Sheáin Seoighe ina bhall den bhuíon an oíche sin. Fiú dá nglacfaí leis gur lean na príomhfhinnéithe buíon éigin ar an ócáid, bhí dul amú orthu nuair a dúirt said go raibh an príosúnach ar dhuine de na fir sin. Mhaígh sé arís go mbeadh sé dodhéanta duine a aithint le cinnteacht ar bith i ndorchadas na hoíche.

Níor chóir beag is fiú a dhéanamh de cheart beatha an phríosúnaigh, a dúirt sé leis an ngiúiré:

> *The life of the prisoner ought be as dear to them as that of any man, who, though not useful or beneficial to his fellow man, was yet not a criminal, and they were bound to protect and save the prisoner's life if they could find reasonable ground for doing so.*

Tharraing sé aird ar an bpiseog a bhí forleathan faoin tuath ag an am: dá rachadh dúnmharfóir gar do chorpán an té a mharaigh sé go dtiocfadh fuil as na créachta. Níor stop sin Maolra Sheáin Seoighe ó dhul ar shochraid a chol ceathrair Seán Mháirtín Antoine Seoighe agus a theaghlach, cruthú cinnte nach raibh aon bhaint aige leis an gcoir. Dúirt sé freisin:

> *The ties of affection and of kinship were strongly maintained in wild mountain districts. The feelings of humanity were not as yet banished from the breasts of our countrymen, and when they found that the prisoner at the bar was first cousin of the murdered man, could they believe it possible that he could look without apparent traces of horror on the remains of his murdered kindred.*

Dúirt sé go raibh bean agus clann óg ag an bpríosúnach ach nach bhféadfaí iadsan a thabhairt i láthair na cúirte, de réir dlí, le deimhniú nár fhág sé an teach oíche an tsléachta. Ní bheadh aon fhinnéithe cosanta á gcur i láthair an ghiúiré aige dá bharr sin.

Chuir sé béim arís ar na háiteanna a raibh coimhlint idir fianaise na mbrathadóirí agus na bpríomhfhinnéithe agus chuir sé ceist dhíreach ar an ngiúiré:

> *...if hereafter a confession could be obtained disclosing things which were now mysterious, and showing that the prisoner was an innocent man, and if they remembered that their verdict had been 'guilty' what would their feelings be?*

Bhí sé de cheart aige iarraidh orthu an fhianaise a mheá go cúramach sula dtabharfaidís breithiúnas a chuirfeadh an príosúnach i láthair Dé, a dúirt sé.

Mar fhreagra ar an gcaint sin agus é ag déanamh suimiú ar an bhfianaise thar ceann na corónach, dúirt an t-abhcóide sinsearach, Murphy, gur ar an bhfianaise a cuireadh i láthair na cúirte amháin a chaithfeadh an giúiré a gcinneadh a bhunú.

Maidir leis an eolas gur col ceathrair leis an bpríosúnach a bhí i gceann an teaghlaigh an maraíodh, dúirt sé:

> *It really was 'on Horror's head horrors accumulating' when they considered that the persons slaughtered were blood relations of several of those who went to commit the deed, not knowing, perhaps, originally that the house of their relative was the house marked out to be the scene of the slaughter.*

Chuaigh sé tríd an bhfianaise uair amháin eile don ghiúiré gan fiacail a chur ann agus rinne sé beag is fiú d'aon choimhlint idir finnéithe agus brathadóirí. Dúirt sé go raibh an dlí an-soiléir – go raibh an té a bhí rannpháirteach i mbuíon ach a d'fhan lasmuigh den chábán fad is a bhí an sléacht á dhéanamh chomh ciontach i ndúnmharú agus a bhí an té a bhí istigh i mbun an áir; bheadh sin fíor fiú mura raibh a fhios acu go raibh dúnmharú le tarlú, a dúirt sé. Ba bhocht an dlí a bheadh ann, dar leis, mura bhféadfaí aon duine a chiontú as an uafás a tharla i Mám Trasna díreach mura mbeadh finnéithe in ann ainm a chur ar na daoine ar leith a rinne an sléacht.

Thug sé freagra ar a raibh ráite ag Malley faoi phiseoga faoin tuath nach ndrannfadh dúnmharfóirí le corpán an duine a mharaigh siad agus dúirt:

> *Tell that to distant ages, old gossips and so forth, but don't tell it to us who know the history of criminals and crime.*

Scoireadh don lón tar éis óráid Murphy agus d'fhill siad arís ar an gcúirt ag ceathrú tar éis a dó don suimiú deireanach ón mBreitheamh Barry. Dhírigh seisean ar an ngaol gairid idir na príomhfhinnéithe, an príosúnach agus an teaghlach a dúnmharaíodh:

> *...one first cousin is charged with murdering another first cousin, not through quarrel, not through spite, not through any cause ordinarily to be assignable for those ebullitions of passion or fury leading to great crime, but he was charged with having committed the murder of that first cousin, and that first cousin's family, under the direction of some unknown person or persons without remonstrance or inquiry.*

Dúirt sé leis an ngiúiré go bhféadfaidís glacadh le leagan na mbrathadóirí den scéal fad ba léir dóibh go raibh tacaíocht le fáil don leagan sin ó fhoinsí eile.

Dúirt seisean freisin gur dhona an mhaise é, mar a bhí tugtha le tuiscint ag abhcóide sinsearach na corónach roimhe sin, mura mbeadh gach uile dhuine den bhuíon chomh freagrach céanna as dúnmharuithe a bheadh déanta ag cuid éigin acu. San fhianaise, thug sé a thuiscint féin ar an mbealach ab fhearr don ghiúiré déileáil le haon choimhlintí agus dúirt sé nár ghá d'fhoireann dlí na corónach cúis nó cuspóir na ndúnmharuithe a chruthú.

Mar fhocal scoir, thug sé le fios gurbh í an cheist a bhí le freagairt ag an ngiúiré ná ar chreid siad go raibh Maolra Sheáin Seoighe ina bhall den bhuíon – mar a bhí ráite ag a chol ceathracha a dúirt gur aithin siad ann é – a dhúnmharaigh a chol cheathrair eile, Seán Mháirtín Antoine Seoighe, agus a theaghlach. Má chreid siad scéal an bhrathadóra go ndeachaigh sé isteach sa chábán an oíche sin chaithfidís é a chiontú. Má chreid siad a mhalairt, chaithfidís a fhógairt go raibh sé neamhchiontach.

Ag a trí a chlog d'fhág an giúiré seomra na cúirte le dul i mbun machnaimh ar an mbreithiúnas. D'fhill siad lena gcinneadh sé nóiméad níos deireanaí, ag sé nóiméad tar éis a trí.

Fógraíodh an breithiúnas os ard: *Guilty*.

Tuairiscíodh in *The Freeman's Journal* faoin bpríosúnach Maolra Sheáin Seoighe:

> *He listened with a quiet but melancholy expression of face, inclining his head to the right. When the Clerk of the Crown had concluded he still kept his eyes fixed upon the Bench, made no attempt to respond, and seemed like a man who had only the vaguest notion of what was going on.*

Cuireadh cúram ar an ateangaire, an Constábla Evans, breithiúnas an ghiúiré a insint dó i nGaeilge. Tháinig athrú láithreach ar a ghnúis, mar a luadh sa nuachtán céanna:

> *He showed a little fear and clutched the bar of the dock, looking upwards with a fervent expression and attitude of invocation gave tongue to what can only be considered as a prayer. The hitherto silent and placid Myles suddenly broke into a tirade of rapid and fluent Gaelic, all of which was accompanied by the most violent but expressive gestures and bodily movements. His eyes blazed, his face reddened, and yet withal, there was no anger or resentment there but surprise, total incomprehension, a passionate desire to communicate to God, to the court, to the world, his solemn affirmation of innocence.*

Bhí tost iomlán sa chúirt. Ba bheag den mhéid a bhí i láthair a thuig an méid a bhí ráite ag an bpríosúnach. Thug an t-ateangaire brí na cainte don chúirt: gur impigh sé ar Dhia na Glóire agus ar an Maighdean Mhuire ach é ag maíomh nach raibh de bhaint aige leis an sléacht ach mar a bhí ag an té nár saolaíodh riamh. Ní dhearna sé aon dochar le scór bliain, agus má rinne, nár fheice sé na flaithis go deo. Bhí sé chomh neamhchiontach leis an bpáiste sa bhroinn. Ina chodladh lena bhean a bhí sé agus ní raibh eolas dá laghad aige faoinar tharla. Ba chuma leis céard a dhéanfadh na fir uaisle leis, é a chrochadh nó a chéasadh, bhí sé chomh neamhchiontach agus a d'fhéadfadh sé a bheith.

Thosaigh an Breitheamh Barry ar an gcuid dheireanach ar fad dá chúram: pionós a ghearradh ar an bpríosúnach. Ní bhféadfadh ach toradh amháin a bheith i gceist: pionós an bháis.

D'ordaigh sé go gcrochfaí Maolra Sheáin Seoighe i bPríosún na Gaillimhe ar an 15 Nollaig i dteannta na beirte a bhí ciontaithe cheana féin. Tuairiscíodh in *The Freeman's Journal*:

> *The condemned man, touched on the shoulder by the dock warder, turned slowly away, and with a step, lingering and sorrowful, and a heavy sigh with which there was an indistinct exclamation in Irish, audible only to a portion of the courthouse, he descended to the cells.*

Ní raibh caite ach trí mhí ó rinneadh an sléacht oíche an uafáis i Mám Trasna agus bhí pionós an bháis gearrtha anois ar thriúr fear. Agus é á thionlacan ina aonar i dtreo an phríosúin ní raibh fágtha ar an saol seo ag Maolra Sheáin Seoighe ach seacht lá is fiche.

11 Deora goirte na fírinne

Ba faoi dhiscréid agus i ngan fhios do na nuachtáin ná don phobal i gcoitinne a tharla an chéad chasadh suntasach eile i scéal anróiteach uafás Mhám Trasna.

Fuair foireann dlí na bpríosúnach le tuiscint ó fhoireann dlí na corónach gur príosún saoil a ghearrfaí ar an gcúigear príosúnach a bhí fós le cur ar a dtriail dá bpléadálfaidís ciontach sna dúnmharuithe láithreach. Bhí coinníoll docht i gceist, áfach: chaithfeadh gach duine den chúigear a admháil go raibh sé ciontach.

Mura nglacfaí leis an moladh sin roimh mhaidin an Luain dár gcionn leanfaí de thrialacha na bhfear. Ba é Micheál Ó Cathasaigh, a bhí trí scór bliain d'aois agus an té ba shine de na príosúnaigh, an chéad duine eile a thabharfaí i láthair na cúirte. B'uncail é le Pádraig Shéamuis Ó Cathasaigh a raibh pionós an bháis gearrtha air cheana féin agus bhí sé ráite ag na finnéithe sna trialacha go dtí seo gur ag teach Mhichíl Uí Chathasaigh a bhailigh an bhuíon le chéile, le dul i mbun an tsléachta.

Bhí foireann dlí na bhfear – an t-abhcóide sinsearach, George Orme Malley, agus an dlíodóir, Henry Concanon – ar aon intinn gur cheart glacadh leis an margadh i bhfianaise a raibh feicthe acu go dtí seo sa chúirt. Ní raibh aon amhras orthu ach go gciontófaí agus go gcrochfaí na fir.

Thug an dlíodóir a aghaidh láithreach ar Phríosún Chill Mhaighneann an tráthnóna Sathairn sin leis an moladh a chur i láthair na bhfear. Fuair sé cead an uair seo bualadh leis na príosúnaigh le chéile, is é sin, an cúigear a bhí fós le cur ar a dtriail: beirt deartháireacha le Maolra Sheáin Seoighe – Páidín agus Máirtín – agus nia leis, Tomás, chomh maith leis an gcéad duine eile a bhí le tabhairt i láthair na cúirte, Micheál Ó Cathasaigh, agus nia leis-sean, Seáinín Beag Ó Cathasaigh.

Ní raibh aon Ghaeilge ag Henry Concanon agus ba le cabhair ón duine ab óige de na príosúnaigh, Tomás Seoighe, a raibh beagán Béarla aige a d'éirigh leis cumarsáid a dhéanamh leis na fir. Bhí ceathrar de na príosúnaigh diongbháilte nach bpléadálfaidís ciontach i ndúnmharuithe nach raibh baint ná páirt acu leo – an triúr Seoigheach agus Seáinín Beag Ó Cathasaigh. Bhí siad iomlán neamhchiontach agus ní raibh sé i gceist acu a mhalairt a rá leis an gcúirt agus leis an saol mór. Bhí Micheál Ó Cathasaigh sásta glacadh le tairiscint na corónach, áfach, agus admháil go raibh sé ciontach fad is go mbeadh an ceathrar príosúnach eile ar an bport céanna leis.

Le linn na díospóireachta idir na príosúnaigh agus an dlíodóir tháinig casadh drámatúil ar chúrsaí: d'admhaigh Micheál Ó Cathasaigh go raibh sé i láthair i Mám Trasna ag cábán Sheáin Mháirtín Antoine Seoighe nuair a tharla an sléacht.

Micheál Ó Cathasaigh

Dúirt sé gurbh eisean an t-aon duine den chúigear a bhí i láthair agus gur cheart don cheathrar eile seasamh leis an bhfírinne, go raibh siadsan neamhchiontach. Dúirt sé chomh maith go raibh Maolra Sheáin Seoighe, a ciontaíodh agus a daoradh chun báis níos túisce an tráthnóna sin, neamhchiontach freisin; ní raibh sé ar láthair an uafáis ar chor ar bith.

Ansin agus é ag caoineadh na ndeor d'inis Micheál Ó Cathasaigh an fhírinne shearbh don dlíodóir agus do na príosúnaigh eile. D'ainmnigh sé na daoine a bhí freagrach as na dúnmharuithe (ní raibh an triúr a bheartaigh an sléacht gafa ná cúisithe ar chor ar bith): Seán Mór Ó Cathasaigh as Bun an Chnoic, a gabhadh oíche Shathairn na ndúnmharuithe ach a scaoileadh saor cheal fianaise go luath ina dhiaidh sin, a mhac Seán Óg Ó Cathasaigh agus Pádraig Ó Loideáin ón gceantar céanna. Ba iad sin an triúr a thug eisean isteach i gcomhcheilg na ndúnmharuithe. Níor dhúirt sé aon rud faoin gcéad bheirt a ciontaíodh sa chúirt agus a bhí le daoradh chun báis ach leag sé béim ar Mhaolra Sheáin Seoighe a bheith ciontaithe san éagóir.

Ach má bhí Micheál Ó Cathasaigh sásta anois a admháil don chúirt go raibh sé ciontach, bhí an ceathrar príosúnach eile cinnte nach mbeadh aon athrú intinne orthusan; leanfaidís orthu ag pléadáil neamhchiontach.

D'fhág an dlíodóir an príosún agus chuaigh sé i mbun cainte láithreach lena abhcóide sinsearach, George Orme Malley, agus é ag iarraidh ciall a bhaint as an gcasadh gan choinne a bhí tagtha ar an scéal agus as an eolas nua a bhí ina sheilbh anois. Má bhí an ceart ag Micheál Ó Cathasaigh ní raibh bun ná barr lena raibh ráite sa chúirt ag an triúr príomhfhinnéithe ná ag na brathadóirí;

cumadóireacht chruthanta a bhí ar siúl acu. Nach raibh an bunús ar ar tógadh cás na corónach fabhtach nó lochtach ón tús? Nach ar an lá roimhe sin díreach a mhol an Breitheamh Barry macántacht na bpríomhfhinnéithe nuair a dúirt sé:

> *As far as I am concerned I will give you no opinion as to whether they were not the most accomplished liars and actors that ever came into a witness box. But if they are telling what was untrue, or wrongly fastening the guilt on men whom they did not see on that dreadful night at all, more accomplished actors never appeared on any stage.*

Cén toradh a bheadh aige seo ar fad ar an triúr a bhí daortha chun báis, go háirithe ar Mhaolra Sheáin Seoighe a raibh fianaise nua anois ann go raibh sé neamhchiontach? Nárbh í an mhaidin sin féin a d'fhiafraigh Malley, an t-abhcóide cosanta sinsearach, den ghiúiré cén chaoi a mbeidís dá gciontóidís an príosúnach ach go dtiocfadh fianaise nua chun cinn le cruthú go raibh sé neamhchiontach:

> *…if hereafter a confession could be obtained disclosing things which were now mysterious, and showing that the prisoner was an innocent man…*

Agus bhí ceist mhór eile ann: cad a tharlódh anois do na príosúnaigh a bhí le cur ar a dtriail fós?

Chomhairligh Malley dó gur cheart tuairisc a thabhairt láithreach d'fhoireann dlí na corónach faoi dhiúltú na bpríosúnach glacadh leis an moladh go bpléadálfaidís ar fad ciontach. Dúradh leis gur cheart an fhaisnéis nua ar fad a thabhairt do na húdaráis, agus an scéal a bheith san áireamh go raibh príosúnach amháin sásta a admháil go raibh sé ar láthair an áir ach go raibh an triúr fear a bheartaigh an sléacht saor, gan a bheith cúisithe.

Chuaigh an dlíodóir Henry Concanon go Caisleán Bhaile Átha Cliath ar an bpointe agus chuir sé an t-eolas i láthair dhlíodóir na coróinach, George Bolton, a bhí fós i mbun oibre an oíche Shathairn sin. Thóg seisean nóta den eolas agus d'ainmneacha an triúir ar cuireadh ina leith gur cheap siad an sléacht agus nach raibh cúisithe ar chor ar bith. Dúirt sé go bpléifeadh sé diúltú na bpríosúnach don mhargadh a bhí ar fáil dóibh agus an t-eolas eile le foireann dlí na corónach ag cruinniú an mhaidin dár gcionn, an Domhnach, agus shocraigh sé casadh arís le Concanon ag meán lae an lá céanna, sa Chaisleán.

Chas an bheirt dlíodóirí – Concanon agus Bolton – ar a chéile mar a bhí socraithe. Dúirt Bolton gur phléigh foireann dlí na corónach an cás an mhaidin sin agus go raibh siad ag diúltú glacadh leis an bpléadáil nua ó Mhicheál Ó Cathasaigh go raibh sé ciontach gan an ceathrar príosúnach eile a bheith ar an bport céanna. Rinne sé beag is fiú den eolas ón gCathasach go raibh an triúr ba mhó a bhí freagrach as an sléacht saor ó chúiseamh fós.

Chuaigh Concanon ar ais go Príosún Chill Mhaighneann le labhairt leis na príosúnaigh arís ach ní raibh aon ghéilleadh ann; bhí ceathrar acu ag seasamh an fhóid agus ag rá go raibh siad neamhchiontach agus bhí an cúigiú duine, Micheál Ó Cathasaigh i bponc – ní ghlacfadh foireann dlí na corónach le pléadáil uaidhsean go raibh sé ciontach mura mbeadh an ceathrar eile á admháil sin freisin.

Ní raibh de rogha ann ach leanúint leis na trialacha agus an baol láidir ann go raibh cinniúint an chúigear príosúnach socraithe – gurbh é pionós an bháis agus an crochadóir a bhí i ndán dóibh.

Bhailigh na fórsaí ar ais arís i seomra na cúirte maidin Dé Luain – an fhoireann dlí chéanna ar gach taobh agus an breitheamh céanna i gceannas. Go deimhin, bhí cuid den ghiúiré céanna a thug breithiúnas sna cásanna roimhe sin ar ais freisin agus an tArd-Aighne ag déanamh an cháis nach raibh aon fhadhb ag baint le duine a bhí i mbun breithiúnais i gceachtar den chéad dá thriail a bheith i mbun an chúraim sin arís, an uair seo ar Mhicheál Ó Cathasaigh.

B'éigean cinneadh faoi oiriúnacht bhaill den ghiúiré a fhágáil faoi réiteoirí ar chúpla ócáid agus ina measc sin a roghnaíodh athuair mar réiteoir bhí 'Richard Pigott of Kingstown' – cruthú, dá dteastódh sin, ar chomh tearc is a bhí na roghanna giúiré.

Bhí sé tugtha le fios don chúirt nach raibh aon Bhéarla ag Micheál Ó Cathasaigh agus threoraigh an breitheamh go n-aistreofaí an fhianaise ar fad dó. Ní dhearna an príosúnach aon ghearán faoi bhaill an ghiúiré agus dúirt nach raibh aon scil aige sna cúrsaí sin. Dúnmharú Mhairéad, máthair Sheáin Mháirtín Antoine Seoighe, a bhí ceithre scór bliain d'aois, a cuireadh ina leith.

Lean foireann dlí na corónach an cur chuige céanna a bhí i gceist sna trí chás roimhe sin – agus óráid láidir ón Ard-Aighne féin mar thúsphointe. Nuair a bhí an chéad fhinné – an t-innealtóir a tharraing an léarscáil den cheantar – ag taispeáint an treo a ndeachaigh an bhuíon an oíche sin de réir na bpríomhfhinnéithe, dúirt an príosúnach os ard sa chúirt nach bhfacthas eisean ansin an oíche sin agus go raibh bréaga á gcur air má dúradh go raibh sé ann. Nuair a taispeánadh teach Michíl Uí Chathasaigh ar an léarscáil, dúirt an príosúnach go bhféadfadh an teach a bheith ann ach nár tháinig aon bhuíon fear isteach an oíche a bhí i gceist.

Tar éis roinnt sáraíochta faoi na ráitis a bhí ag teacht ón bpríosúnach d'ordaigh an breitheamh go seasfadh an t-ateangaire, an Constábla Evans, in aice leis an bpríosúnach lena chuid ráiteas i nGaeilge a aistriú dá dhlíodóir:

> *...Mr. Evans might stand near the prisoner, and communicate to Mr. Concanon anything of importance which the prisoner said. Mr. Evans was a man of sufficient intelligence to distinguish what was important.*

Tógadh briseadh lóin ansin agus ar fhilleadh dóibh ar an gcúirt caitheadh formhór an tráthnóna ag déileáil leis an bhfianaise ón triúr príomhfhinnéithe. D'fhan Antoine Mhaolra Seoighe, a dheartháir Seáinín agus a nia Páidín, dílis don scéal a bhí de ghlanmheabhair acu anois agus d'aithris siad é den cheathrú huair i láthair na cúirte. Tugadh deis cainte ansin do Mháire Seoighe, iníon Sheáinín Mhaolra Seoighe faoi ruathar na bhfear an oíche úd.

Thug an brathadóir Antoine Mac Philibín a leagan féin den scéal don ghiúiré sular scoir an chúirt don oíche ag leathuair tar éis a cúig.

Fad is bhí gnáthchúrsaí an lae ar siúl sa chúirt ó mhaidin bhí iarracht mhór amháin eile ar siúl i ngan fhios don saol mór ag dlíodóir na bpríosúnach Henry Concanon le beatha na bhfear a shábháil. Sheol sé teileagram go cúlráideach discréideach an mhaidin sin ar ais go hiarthar na tíre ag impí ar shagart na Fairche – bhí ceantar Mhám Trasna sa pharóiste sin – teacht go Baile Átha Cliath ar an traein a thúisce agus a d'fhéadfadh sé le hiarracht a dhéanamh dul i bhfeidhm ar na fir. Bhain an tAthair Micheál Mac Aodha foirgneamh na cúirte amach go moch maidin Dé Máirt agus chas sé leis an gcúigear príosúnach le chéile.

Ní raibh aon fhonn ar cheathrar acu géilleadh – an triúr Seoigheach agus Seáinín Beag Ó Cathasaigh; dúirt siad leis an sagart go raibh siad neamhchiontach agus nach bhféadfaidís glacadh leis go mbeidís áirithe mar dhúnmharfóirí. Bhí Micheál Ó Cathasaigh sásta a admháil go raibh sé ciontach. Bhí an sagart i gcruachás – ní raibh sé lánchinnte faoin bhfírinne ach bhí sé ar aon intinn leis an dlíodóir gurbh é an crochadóir a bhí i ndán don chúigear acu mura n-athróidís a bport.

Thriail sé a chur ina luí ar na fir go dtiocfadh sé chun solais luath nó mall má bhí siad neamhchiontach agus go saorfaí ó phríosún iad; ní bheadh aon dul siar air, áfach, dá gcrochfaí iad. Ní raibh de leigheas air, dar leis an Athair Mac Aoidh, ach pléadáil go raibh siad ciontach le go mbeadh deis ann a chruthú lá ní b'fhaide anonn go raibh siad neamhchiontach.

Ar deireadh, i seomra ciúin i bhfoirgneamh na cúirte ar Shráid na Faiche, agus iad i gcomhluadar an tsagairt, ghéill na fir: phléadálfadh an cúigear acu go raibh siad ciontach sna dúnmharuithe agus in uafás Mhám Trasna.

Bhí leide tugtha ag foireann dlí na bpríosúnach don Bhreitheamh Barry go raibh idirbheartaíocht áirithe ar siúl an mhaidin sin; bhí an éisteacht le tosú ag a deich a chlog ach bhí sé gar go maith don haon déag a chlog faoin am ar shuigh an breitheamh ag an mbinse. Rinne Malley, an t-abhcóide cosanta sinsearach, iarratas ar an mbreitheamh láithreach:

My lord, I have now to withdraw the plea of not guilty, and to ask your Lordship to let the rest of the prisoners be produced.

Cuireadh an cheist go foirmiúil tríd an ateangaire ar an bpríosúnach féin agus phléadáil Micheál Ó Cathasaigh ciontach agus é ag caoineadh:

…burying his face in his hands and weeping. He took out his handkerchief and hid his face in it.

Tugadh an ceathrar príosúnach eile i láthair na cúirte ansin – beirt deartháireacha le Maolra Sheáin Seoighe, Páidín agus Máirtín, agus nia leis, Tomás, chomh maith le Seáinín Beag Ó Cathasaigh – agus duine ar dhuine, phléadáil siad ciontach freisin.

Labhair an t-abhcóide sinsearach, Malley, thar ceann na bpríosúnach ar fad ansin agus rinne sé achainí láidir ar an mbreitheamh agus ar údaráis na corónach go ndéanfaí trócaire ar na fir:

The degrees of participation of which the prisoners were guilty, all equally guilty in the eyes of the law, have been patent to every observer of those important trials.

Ní fhéadfaí a bheith cinnte faoin tionchar, an eagla agus an sceimhle intinne, fiú, a imríodh ar na fir agus a chuir i dtreo an uafáis iad, a dúirt sé.

Páidín Sheáin Seoighe

Máirtín Sheáin Seoighe

Dhírigh sé cuid lárnach dá achainí ar an Ard-Aighne:

> *...appealing as I now do with all that earnestness which the solemnity of the occasion, and the eventful exigencies of the case require, to the better and tender feelings of the Attorney General, that he, now that he has faithfully and exactingly discharged the painful duties of his high position, in already vindicating the outrage to law of this country by the condemnation of the most prominent actors in this fearful tragedy, will exercise what to him, I am sure would be a more pleasing task, that of recommending to the merciful consideration of the Crown the remaining prisoners.*

Bhí sé ag súil go dtacódh an breitheamh féin leis an achainí sin, a dúirt Malley.

Tomás Seoighe

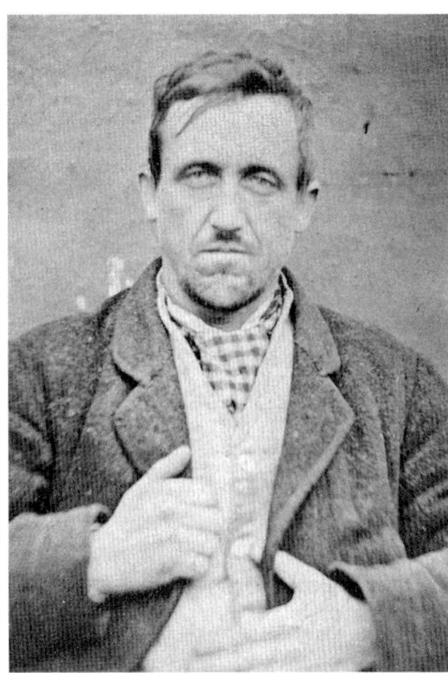

Seáinín Beag Ó Cathasaigh

Ar an gcúigear príosúnach a bhí os a chomhair sa chúirt a dhírigh an Breitheamh Barry a chuid cainte féin:

> *You admit your participation in one of the most shocking crimes which ever disgraced a civilised country. You have now made the only atonement in your power to the offended laws of your country. To those laws your lives are now forfeited, and you stand there a terrible example – an example which I hope will sink deep into the hearts of your fellow-countrymen – a terrible example of joining a secret society.*

Fad is a bhain sé leis an dlí bhí gach duine a bhí páirteach sa bhuíon an oíche sin chomh ciontach lena chéile – b'ionann an choir a bhí déanta ag an té a sheas i gclós an chábáin agus gníomh an té a bhris an doras isteach agus a rinne an sléacht, a dúirt sé.

Thagair an breitheamh go sonrach do Sheáinín Beag Ó Cathasaigh agus do thagairtí a rinneadh dó sa chúirt:

> *It was this; that you were a quiet little man if you were left alone, and now you – the quiet little well-behaved man – are about to receive sentence of death for being a participator in a deed of blood.*

D'fhógair sé ansin go ngearrfadh sé pionós an bháis ar gach duine den chúigear príosúnach ach labhair sé faoin achainí a bhí déanta ag abhcóide sinsearach na bhfear:

> *As regards the eloquent appeal made upon your behalf by your counsel, the granting of that appeal rests not with me but with the Executive. For myself, I wish only to say personally I shall be glad – very glad indeed – if those with whom the decision of life or death rests will see their way to a merciful conclusion.*

Leis sin, chuir sé caipín dubh an bhreithimh ar féin agus d'ordaigh sé go dtabharfaí an cúigear príosúnach go Gaillimh le go gcrochfaí agus go gcuirfí i gcré na cille an cúigear acu ag láthair an phríosúin ansin ar an 15 Nollaig – an lá céanna a roghnaíodh leis an triúr a ciontaíodh cheana féin a chrochadh.

Mhínigh an t-ateangaire an scéal do na príosúnaigh:

> *...the accused heard it apparently without motion, although one or two of them muttered some words in the Irish language.*

Labhair an tArd-Aighne ansin agus dúirt go gcinnteodh sé go gcuirfí an achainí a bhí déanta thar ceann na bpríosúnach i láthair Fhear

Ionaid na Banríona, an tIarla Spencer.

Ghlac an breitheamh buíochas le gach duine as an mbealach ar cuireadh na cásanna a bhain le huafás Mhám Trasna i láthair na cúirte, agus bhí moladh ar leith aige do bheirt: an t-innealtóir a tharraing an léarscáil den cheantar agus an t-ateangaire a rinne sárobair, dar leis.

Leathuair an chloig a mhair éisteacht na maidine agus tugadh na príosúnaigh síos staighre chuig cillín in íoslach na cúirte sular aistríodh ar ais chuig Príosún Chill Mhaighneann iad.

Ocht lá go leith a caitheadh sa chúirt i mbun na dtrialacha ar fad agus bhí pionós an bháis gearrtha anois ar na príosúnaigh ar fad. Chaithfí fanacht go bhfeicfí an mbeadh Fear Ionaid na Banríona sásta trócaire a dhéanamh ar an gcúigear acu a d'admhaigh a gciontacht.

Bhí an ceantar iargúlta sin faoi scáth Chnoc Mhám Trasna curtha i gcroílár an domhain mhóir ó tharla an sléacht ann trí mhí roimhe sin. Cúigear a dúnmharaíodh ann agus anois bhí ochtar ón áit ciontaithe le crochadh ar fhocal ó thriúr finnéithe áitiúla agus beirt bhrathadóirí.

Bhíodh amhras riamh faoi bhrathadóirí, go háirithe fúthusan a thug fianaise ar mhaithe lena mbeatha féin a shábháil. Ach mhol na húdaráis, na nuachtáin agus cuid mhór den phobal náisiúnta misneach agus crógacht na bpríomhfhinnéithe a tháinig chun tosaigh lena bhfaisnéis le cabhrú leis an bpobal a chosaint ar bhithiúnaigh chruthanta a mbeadh dóthain fuatha ina gcroí le huafás den chineál seo a dhéanamh.

•

Ní dócha gur tugadh mórán suntais ag an tráth sin d'abairt bheag amháin a d'úsáid James Murphy, abhcóide sinsearach na corónach agus é ag moladh ionracas na bpríomhfhinnéithe ag triail Phádraig Shéamuis Uí Chathasaigh an Déardaoin roimhe sin. Dúirt sé gur tháinig siad chun cinn chuig na húdaráis lena bhfianaise:

> *Before there was any promise or hope of reward...*

Ar chiallaigh sin go raibh luach saothair éigin geallta dóibh tar éis dóibh teacht chun cinn ar dtús, le cinntiú go dtabharfaidís an fhianaise os comhair na cúirte? An mbeadh cúiteamh le fáil acu as a bpáirt in ochtar fear as a bpobal féin – col ceathracha leo féin ina measc – a fheiceáil ciontaithe sa chúirt agus cuid acu, ar a laghad, a thabhairt ar lámh don chrochadóir?

12 Caithfear géilleadh don dlí

Ba léir ó thuairiscí na nuachtán gur faoiseamh a bhí ann d'fhormhór an phobail go raibh an t-ochtar fear ciontaithe anois as na coireanna barbartha a tharla beagán le cois trí mhí roimhe sin. Tugadh an chéad triúr a bhí daortha chun báis – Pádraig Seoighe, Pádraig Shéamuis Ó Cathasaigh agus Maolra Sheáin Seoighe – ar ais go Gaillimh chuig an bpríosún ansin ar an Luan 20 Samhain fad is a bhí a gcomhghleacaithe fós os comhair cúirte. Ba bheag fáilte a bhí rompu sa chathair sin agus ba bhagairtí agus maslaí a chaith an pobal ansin leo agus iad á dtionlacan ag fórsa láidir póilíní ón stáisiún traenach chomh fada leis an bpríosún. Thug *The Freeman's Journal* an tuairisc seo:

> *Their coming was generally anticipated and, as a strong feeling against them was known to exist in Galway, the authorities deemed it advisable to have a large force of military and police at the station. The result showed that the precaution was judicious. A large crowd of people assembled in the vicinity of the terminus before the train arrived, and when the three convicts appeared, manacled and surrounded by police, they were received with a storm of groans. The convicts looked*

miserably depressed, and seemed alarmed at the hostile attitude of the people.

Agus iad á dtabhairt ar chóistí capall chuig an bpríosún lean an pobal ag béiceach leo go bagrach, glórach. Cuireadh i gcillíní ansin iad agus gan de shólás acu ach go mbeadh deis ag a dteaghlaigh cuairt a thabhairt orthu sna seachtainí beaga a bhí fágtha acu ar an saol seo. Bhí lá na cinniúna ag bagairt orthu.

Sa bhaile i gceantar Mhám Trasna, bhí cuid áirithe den phobal go mór in amhras faoina raibh tarlaithe. Bhí cuid de theaghlaigh na bhfear – go háirithe na mná céile – a raibh fírinne an scéil greanta ar a gcroí. Bhí a fhios acusan má bhí na fir ina leaba sa bhaile leo an oíche áirithe sin nó imithe ar aistear an áir. Bhí siad ann freisin a chaith oíche go maidin le hAntoine Mac Philibín ar shochraid Phádraig Uí Chuinn agus a thuig nach bhféadfadh seisean a bheith ar dhuine de bhaill na buíne oíche an uafáis. Más bréaga brathadóra a bhí san fhaisnéis aigesean don chúirt, cé mhéad bréag eile a insíodh faoi mhionn?

Agus bhí tuilleadh den phobal sin nár chreid an scéal ar chúis níos simplí: mheas siad gur bhréagadóirí cruthanta iad na príomhfhinnéithe – Antoine Mhaolra Seoighe, a dheartháir Seáinín Mhaolra agus a nia Páidín – agus nach bhféadfaí brath ar aon fhocal a bheadh le rá acu. Mhéadódh ar a n-amhras sna laethanta gearra tar éis na dtrialacha nuair a chloisfidís trácht ar chúiteamh do na príomhfhinnéithe i bParlaimint Westminster, ar dhá ócáid, 24 agus 27 Samhain.

Sna ceisteanna a bhí aige ar an Rialtas, rinne an Feisire James McCoan MP idirdhealú idir na príomhfhinnéithe a chabhraigh le ciontú na bpríosúnach agus na brathadóirí a thug fianaise lena mbeatha féin a shábháil. Theastaigh uaidh go n-íocfaí leis na príomhfhinnéithe:

> *…some reward commensurate with the great service thus rendered to public justice, and calculated to encourage similar aid in the discovery and punishment of grave crimes.*

Ní cúiteamh d'fhinnéithe a bhí ag déanamh imní do dhlíodóir na bpríosúnach, Henry Concanon. Níor thúisce bailchríoch a bheith curtha leis na trialacha i mBaile Átha Cliath ná dhírigh sé ar chúram tábhachtach: iarratas foirmiúil ar thrócaire a chur i láthair Fhear Ionaid na Banríona, an tIarla Spencer. D'impigh sé air leasú a dhéanamh ar chinneadh oifigiúil na cúirte i dtaca leis an gcúigear fear a phléadáil ciontach agus príosún saoil a chur mar mhalairt ar an gcroch.

Bhí socrú neamhoifigiúil agus neamhfhoirmiúil déanta sa chúirt ar an ábhar seo agus tacaíocht tugtha dó ag an Ard-Aighne agus ag an mBreitheamh Barry. Fós féin, ba faoin Iarla Spencer amháin a bheadh sé an cinneadh deiridh a dhéanamh agus ba ghá an cás a chur ina láthair i ndlítheanga ornáideach na linne sin, i gcáipéis ar a dtugtaí meabhrachán (*memorial).*

Bhí an bhochtaineacht agus aineolas na bhfear ar na cúiseanna a tharraing Concanon anuas sa mheabhrachán mar thaca lena iarratas ar thrócaire:

> *The past condition of the above named unfortunate creatures, their miserable destitution, the isolated situation of their most inaccessible houses, their ignorance of our language, our social*

> *civilisation and our laws, render them fit subjects for the merciful consideration of a paternal Government.*

A luaithe agus a bhí an achainí curtha i láthair an Iarla Spencer aige, ní raibh de rogha ansin ag Concanon agus na príosúnaigh ach fanacht go foighneach le cinneadh agus freagra. D'ainneoin an méid a bhí luaite go neamhoifigiúil sa chúirt, ba é breith an bháis a bhí tugtha ar na fir ar fad agus is mar sin a d'fhanfadh an scéal mura n-ordódh an tIarla Spencer a mhalairt.

Ar an Satharn 25 Samhain, aistríodh an cúigear príosúnach as Baile Átha Cliath go Gaillimh ar an traein agus ba í an fháilte fhuar chéanna a bhí rompu ansin agus a bhí roimh an gcéad triúr dá gcomhghleacaithe i dtús na seachtaine sin, mar a tuairiscíodh in *The Freeman's Journal*:

> *Several hundred persons crowded the platform which was partly occupied by a large force of military and police. The unfortunate convicts, one of who wore no coat, were conveyed, closely guarded, in two brakes to the county prison amid some groaning from the Galway people.*

Bhí siad ann a chreid go bhfágfaí d'aon ghnó an cúigear príosúnach agus a dteaghlaigh ag fanacht faoi imní le deimhniú faoina gcinniúint ach ba é fírinne an scéil go ndeachaigh Fear Ionaid na Banríona i mbun dianmhachnaimh ar an gcás. Ghlac sé comhairle ó dhaoine údarásacha eile agus rinne sé meá chúramach ar na hargóintí ar son agus in aghaidh an iarratais ar thrócaire.

Lena chara Sir William Harcourt, Rúnaí Gnóthaí Baile na Breataine, a thosaigh sé agus é ag streachailt leis an gcinneadh a bhí le déanamh aige – scríobh sé chuige ag lorg comhairle uaidh.

Thuig sé go raibh leide tugtha ag an mbreitheamh sa chúirt gur príosún saoil a bheadh i gceist don chúigear sin a phléadáil go raibh siad ciontach cé gur pionós an bháis a ghearr sé orthu cheal rogha eile a bheith ar fáil dó de réir dlí.

Is cosúil freisin go bhfuair an tIarla Spencer le tuiscint nár chuir an Breitheamh Barry an 'caipín dubh' air féin agus é ag daoradh an chúigir chun báis agus ní raibh sé cinnte cén bhrí a bhí le baint as an ngníomh sin. Ní léir cá bhfuair an tIarla an tuairim sin mar gur tuairiscíodh sna nuachtáin ag an am gur úsáid an breitheamh an caipín dubh, mar a bhí de nós agus de chleachtas ag an am.

Bhí Spencer go mór in amhras freisin an bhféadfadh foireann dlí na corónach i gcás cúirte – abhcóidí nó dlíodóirí – a bheith i mbun idirbheartaíochta maidir le trócaire a fháil do phríosúnaigh ach a gcuid coireanna a admháil.

Bhí sé ag déanamh imní freisin nach raibh sé soiléir dó cén bhaint go díreach a bhí ag an gcúigear príosúnach seo leis na dúnmharuithe. Dúirt sé ina chéad litir chuig Sir William Harcourt:

> *They stood outside the house and must have known what was going on and yet they never lifted a hand to save the unfortunate victims...I feel strongly that they were nearly as guilty as those who actually killed the poor people.*

Ba í an chomhairle a fuair sé mar fhreagra ón Rúnaí Gnóthaí Baile nár leor ann féin do dhaoine pléadáil ciontach le cinntiú nach gcrochfaí iad. Dá nglacfaí lena mhalairt de sheasamh d'fhéadfadh aon duine a bhí ciontach agus nach raibh aon chosaint aige an chiontacht sin a admháil ar mhaithe lena bheatha a shábháil.

Comhairlíodh dó freisin go bhféadfadh gur mó dochar ná maitheas a bheadh ann an iomarca daoine a bheith á gcrochadh agus go gcaithfí smaoineamh ar an tionchar a bheadh aige seo ar ghiúiréithe a mbeadh cinntí le déanamh acu feasta i gcásanna cúirte.

Scríobh an tIarla Spencer ar ais chuige agus dúirt:

> *The crime has excited profound horror, and I see no indication that to hang all eight would shake the public. I feel deeply the responsibility upon me.*

Dúirt Sir William Harcourt sa dara freagra uaidh gur mhaith a thuig sé an brú a bhí ag baint le cinneadh a dhéanamh agus gur cheist chasta a bhí inti. Ní raibh aon amhras air ach gur ghá go gcrochfaí na fir sin a rinne na dúnmharuithe. Maidir leis an gcúigear eile chaithfí caitheamh mar a chéile le gach duine acu, gan aon idirdhealú eatarthu. Dúirt sé ansin:

> *I am clearly of the opinion that you are not bound by the recommendation of the judge, though his opinion is an important element in forming a conclusion... The only question is: Is it expedient?*

Dúirt Sir William Harcourt mar fhocal scoir gurbh é a chlaonadh féin gur príosún saoil an pionós ba chirte don chúigear seachas iad a chrochadh.

Bhí an tIarla Spencer i mbun cumarsáide leis an mBreitheamh Barry faoin ábhar freisin. Cheistigh sé an breitheamh faoi thuiscint nó gealltanas nach gcrochfaí iad a bheith tugtha sa chúirt do na fir.

Thug an breitheamh a thuairim i dtuairisc amháin:

> *…could not help feeling that the pleas of guilty were given on the firm expectation, if not understanding, that the capital sentence would not be carried out.*

I litir eile dúirt an Breitheamh Barry go raibh an scéal pléite aige le James Murphy, abhcóide sinsearach na corónach sa chás, agus thug sé tuairim an abhcóide don Iarla:

> *…his most respectful opinion that the ends of justice will be sufficiently satisfied by a commutation of the sentence to penal servitude for life.*

Fad is a bhí an tIarla Spencer ag déanamh a mhachnaimh ar an meabhrachán ó Henry Concanon agus ag glacadh comhairle ina leith tháinig teachtaireacht eile chuige a mhol go neamhbhalbh gur cheart gach duine den ochtar príosúnach a chrochadh.

Ón mBanríon Victoria féin an tháinig an chomhairle sin.

Dhiúltaigh sé géilleadh do thuairim na banríona agus bheartaigh sé gur príosún saoil a bheadh i ndán don chúigear fear mar mhalairt ar iad a chrochadh ach go gcrochfaí go cinnte an chéad triúr a ciontaíodh beag beann ar aon mheabhrachán nua a chuirfí chuige.

Mhínigh sé a chinneadh dá chara Sir William Harcourt agus é ag glacadh buíochais leis as a chomhairle. Dúirt sé gur léir dó go raibh leideanna láidre tugtha sa chúirt nach gcrochfaí an cúigear dá n-admhóidís a gciontacht agus bhí an méid seo le rá aige:

> *As it is, these Irish-speaking peasants were in all probability persuaded or even forced, by their priest to plead guilty, believing that their lives would be saved. Of this there is little doubt...*

Chreid sé go láidir go mbeadh drochthoradh ceart i gceist do riar an dlí agus an chirt dá gceapfaí go ndeachaigh na húdaráis siar ar a bhfocal agus na fir a chrochadh. Dá bhféadfadh sé é, ba mhaith leis go gcrochfaí duine amháin den chúigear – Micheál Ó Cathasaigh – mar gur dúradh gur ina theach siúd a bhailigh an bhuíon le chéile:

> *I would like to have seen one at least of them hang who did not actually with his own hands murder the poor folk. That would have enforced an important principle on the ignorant people of the West.*

Thuig sé, áfach, nach raibh an dara rogha aige ach caitheamh mar a chéile le gach duine den chúigear a phléadáil ciontach.

Chuir oifigeach thar ceann an Iarla Spencer tuairisc iomlán ar a chinneadh chuig an mBanríon Victoria freisin.

Dúradh go raibh teorainn lena shaoirse maidir le cinneadh a dhéanamh de bharr na ngealltanas a bhí tugtha go neamhoifigiúil sa chúirt.

Admhaíodh arís go raibh fonn air go gcrochfaí ar a laghad duine amháin den chúigear le cruthú nach gá do dhuine gníomh an dúnmharaithe a dhéanamh é féin le go gciontófaí sa choir é ach níorbh fhéidir leis sin a dhéanamh:

> *Lord Spencer regrets the necessity for this decision as he would have desired to show these deluded people that if they assist at a murder under orders of a secret society or otherwise, they must take the consequences of their act. The three men who actually killed the family will now be hung, and the others will be kept in penal servitude for life. The Queen will understand that Lord Spencer had no share in what was done in Court, but could not disregard the result.*

Bhí cáineadh sa tuairisc freisin ar na socruithe neamhfhoirmiúla a rinneadh sa chúirt:

> *The Law Officers acted on the highest motives but Lord Spencer regrets that they were not more guarded.*

Rinne an tIarla Spencer an cinneadh faoin meabhrachán ar an Aoine 8 Nollaig, ach dúirt nach bhfógrófaí é go dtí an Luan dár gcionn. An Aoine chéanna sin tuairiscíodh go raibh meabhrachán nua faighte aige; rinne ceathrar den chúigear príosúnach a phléadáil ciontach sna dúnmharuithe a n-achainí féin air gan Maolra Sheáin Seoighe a chrochadh mar nach raibh baint ná páirt aige leis na dúnmharuithe. Ba léir gur bheag aird a thabharfaí ar an iarratas nua seo ó tharla tuairim láidir a bheith ag Spencer gur cheart go gcrochfaí go cinnte an chéad triúr príosúnach a ciontaíodh sa chúirt.

Bhí na príosúnaigh fós ag fanacht go foighneach le scéala faoina raibh i ndán dóibh. An lá roimhe sin, 7 Nollaig, tuairiscíodh in *The Freeman's Journal* gur beag dóchas a bhí fágtha ag na teaghlaigh go saorfaí ón gcroch iad agus ba drochthuar é abairt eile a bhí sa scéal céanna:

> *Yesterday the erection of the gallows at Galway was commenced by a blacksmith and two carpenters from Dublin, local men having refused to do the work.*

Ba é an treoir a bhí acu ná deis a cheapadh leis an ochtar príosúnach a chrochadh in aon iarraidh amháin.

I dtrátha an ama chéanna sin freisin rinne cuid de na teaghlaigh an turas ó cheantar Mhám Trasna go Gaillimh le cuairt a thabhairt ar na fir sa phríosún:

> *Yesterday, the mothers and other relatives of the condemned men visited them, and the interview was most affecting. The prison is guarded night and day by a strong force of soldiers. Unless a reprieve is granted the eight condemned men will be executed simultaneously on the 15th.*

Rinneadh dhá fhógra thábhachtacha faoi chás Mhám Trasna ar an Luan 11 Nollaig – seoladh teileagram chuig Príosún na Gaillimhe agus litir chuig dlíodóir na bpríosúnach Henry Concanon inar deimhníodh cinneadh an Iarla Spencer gur príosún saoil seachas crochadh a bheadh i ndán don chúigear a phléadáil ciontach sna dúnmharuithe.

Scéal faoi airgead a bhí sa dara fógra – go raibh socrú déanta faoin tsuim airgid a bhí le tabhairt ag an Rialtas do na príomhfhinnéithe, Antoine Mhaolra Seoighe, a dheartháir Seáinín Mhaolra agus a nia, Páidín.

D'íocfaí iomlán de £1,250 leo – bheadh £500 an duine le fáil ag an gcéad bheirt agus £250 ag an tríú duine. (B'ionann £1,250 sa bhliain 1882 agus breis ar €157,000 in airgead an lae inniu de réir Phríomh-Oifig Staidrimh na hÉireann.) Ba é an tIarla Spencer féin a mhol an cúiteamh sin dóibh, agus ba mhéadú an-mhór ar fad é seo ar an gcineál airgid a d'íoctaí le finnéithe i gcásanna sa Bhreatain. B'iondúil gur £100 a thugtaí i gcásanna ansin, agus ba mhinic a bhíodh an tsuim sin á roinnt ar fhinnéithe éagsúla.

Fad is a bhí scéal an airgid sin ag dul chomh fada leis na príomhfhinnéithe i gceantar Mhám Trasna bhí teachtaireacht eile a cumadh sa taobh sin tíre le seoladh chuig na húdaráis – achainí chráite ó bhean chéile Mhaolra Sheáin Seoighe ag impí nach gcrochfaí a fear céile agus go raibh sé iomlán neamhchiontach sna coireanna.

Seoladh an litir sin ar an 11 Nollaig ón seoladh ag 'Derry High' faoi scáth Chnoc Mhám Trasna chuig eagarthóir an nuachtáin *The Freeman's Journal*. Cuireadh an litir i láthair an Iarla Spencer freisin mar mheabhrachán breise:

To Editor of the Freeman Derry High Dec 11th 1882

Sir

I beg to state through the columns of your influential journal that my husband Myles Joyce, now a convict in Galway Jail is not guilty of the crime.

I publicly confess before high ~~heaven~~ Heaven that he never committed that crime, nor left his house on that night. The five prissioners that pleaded guilty will declare he is innocent, they will swear now. and at their dying moment that he never was implicated in that fearful murder. Does not every one easly imagine a man going before his Almighty God will tell the thruth, in telling the thruth they must confess that he never shared in it, will the evidence of two informers the perpetrators of the deed hang an innocent man whilst the whole party on the scaffold will declare his innocence. I earnestly beg and implore of His Excellency the Lord Lieutenant to examine and consider this hard case of an innocent man, which leaves a widow and five orphans to be before long a dhrift on the world. & I crave for mercy. I am Sir your's truly

the wife of Myles Joyce
that is to be excuted on th 15 inst

This must be treated as a memorial & be sent to the Judge in the usual way
S. 12.12.82

Litir ó Bhrighid, bean chéile Mhaolra Sheáin Seoighe, 11 Nollaig 1882, ag impí ar na húdaráis a bheith trócaireach mar go raibh sé neamhchiontach

Sir,

I beg to state through the columns of your influential journal that my husband, Myles Joyce, now a convict in Galway jail, is not guilty of the crime.

I publicly confess before high Heaven that he never committed that crime nor left his house on that night. The five prisoners that pleaded guilty will declare he is innocent, they will swear now and at their dying moment that he never was implicated in that fearful murder. Does not everyone easily imagine a man going before his Almighty God will tell the truth, in telling the truth they must confess that he never shared in it, will the evidence of two informers, the perpetrators of the deed hang an innocent man whilst the whole party on the scaffold will declare his innocence. I earnestly beg and implore of His Excellency, the Lord Lieutenant, to examine and consider this hard case of an innocent man, which leaves a widow and five orphans to be before long adrift on the world. I crave for mercy,

I am, Sir, yours truly,

the wife of Myles Joyce that is to be executed on the 15th inst.

Ar an 13 Nollaig a foilsíodh go poiblí an litir achainí sin chuig an nuachtán náisiúnta.

Scríobhadh dhá litir eile a bhí níos suntasaí fós ar an dáta céanna sin ach coinníodh eolas fúthu ina rún daingean go ceann achar fada go leor.

I bPríosún na Gaillimhe a scríobhadh an péire acu agus ba iad an chéad bheirt fhear a ciontaíodh sna dúnmharuithe agus a bhí le crochadh i dteannta Mhaolra Sheáin Seoighe – Pádraig Seoighe agus Pádraig Shéamuis Ó Cathasaigh – na húdair.

Dheimhnigh Pádraig Seoighe ina litir féin ag tráth go raibh an bás ag bagairt air go raibh sé féin ar láthair an uafáis mar chuid den bhuíon an oíche sin, go raibh Maolra Sheáin Seoighe neamhchiontach agus gurbh é an brathadóir Tomás Ó Cathasaigh a scaoil na hurchair. Ba é seo an chéad uair aige á admháil go raibh sé féin i láthair ach mhaígh sé nár mharaigh sé aon duine. Bhí triúr a bhí mar chuid den bhuíon an oíche sin, agus an feirmeoir san áireamh a bheartaigh na dúnmharaithe le spaidht, fós saor, gan a bheith cúisithe:

H.M. Prison, Galway

13th December

> *I, Patrick Joyce, now a prisoner in this prison make the following statement of my own free will:*
>
> *Myles Joyce is as innocent as the child unborn of the crime of the murder of the Joyce Family. Seven persons were present at the time of the Murder in the house. Namely myself, Michael Casey (prisoner); Pat Casey (prisoner); Thomas Casey (Approver); and three now at liberty and I don't like to mention their names. Thomas Casey used three revolvers and it was he who did all the shooting. Two of the three men, now outside, had a hammer and used it to kill out those of the Joyces not dead after receiving the pistol shots.*

Anthony Philbin was not present, and I never saw him in the neighbourhood for the last three years. The Joyces, who swore against us, did not, nor could not, have seen us the night of the Murder. There was no meeting whatever at Michael Casey's house. The meeting took place in the house of one of the men who is out, and is a farmer.

The Murder was not the work of a Secret Society, but was caused by this man (the farmer), who is outside, for spite. I told Thomas Casey (Approver) when he shot at John Joyce, the man of the house, what was the cause for it? He said if I did not hold my mouth, he would soon let me know as I was not doing anything to help him.

The following prisoners are innocent of the crime, namely Pat Joyce (John), Thomas Joyce (Pat), Martin Joyce, and John Casey, and were not there at all. (i.e. Paudeen, Tom and Martin Joyce and John Casey).

Patt Joyce

Made before us at H.M. Galway this 13th December, 1882

Geo Mason, Governor.

Richard Evans, Chief Warder.

Bhí an buneolas céanna sa litir ón dara príosúnach, Pádraig Shéamuis Ó Cathasaigh, agus eisean ag admháil freisin den chéad uair go raibh sé i láthair oíche an uafáis. An brathadóir Tomás Ó Cathasaigh a mharaigh Seán Mháirtín Antoine Seoighe, dar leis, agus arís, dheimhnigh seisean go raibh triúr den bhuíon nár cúisíodh riamh.

H.M. Prison Galway
13 December 1882

I Patrick Joyce now a Prisoner in this Prison make the following Statement of my own free will. Myles Joyce is as innocent as the Child unborn of the Crime of the Murder of the Joyce Family. Seven persons were present at the time of the Murder in the house. Namely myself, Michael Casey (Prisoner) Pat Casey (prisoner) Thos Casey (approver) + Three men now at liberty, and I don't like to mention their Names. Thomas Casey used 3 Revolvers and it was he did all the shooting. Two of the three men now outside had a hammer + used it to kill out those of the Joyces not dead after receiving the Pistol Shots. Anthony Philbin was not present + I never seen him in the neighbourhood for the last 3 years. The Joyces who swore against us did not, or could not have seen us the night of the Murder. There was no Meeting whatever at Michael Casey house. The Meeting took place in the house of one of the men

The following Prisoners are innocent of the crime namely Pat Joyce (John) Thos Joyce (Pat) Martin Joyce + John Casey and were not there at all.

Patt Joyce

Made before us at H.M. Prison Galway this 18th December 1882

Geo. Mason
Governor

Richd. Evans
Chief Warder

Faoistin Phádraig Seoighe, Príosún na Gaillimhe, 13 Nollaig 1882

Thuairiscigh sé chomh maith go raibh Maolra Sheáin Antoine neamhchiontach:

H.M. Prison, Galway

13th December, 1882

Statement of Patrick Casey

Patrick Casey, now a prisoner under sentence of death, makes the following statement at his own request and of his own free will:

I say that Prisoner, Myles Joyce, is innocent in that case, namely the Murder of the Joyces. There were present at the Murder and in the house: Myself, Thomas Casey (Approver), Pat Joyce and Michael Casey; the other three are outside. I will not name them. Anthony Philbin was not there. Thomas Casey fired the first shot. John Joyce was the first man that was shot and that by Thomas Casey. All I did in the matter was to put my hand upon John Joyce's shoulder.

Neither Anthony Joyce, John Joyce or John Joyce's son saw a sight of any of the men that committed that Murder that night.

Patt Casey

Made and signed in our presence at H.M. Galway this 13th December, 1882

Geo Mason, Governor.

Richard Evans, Chief Warder.

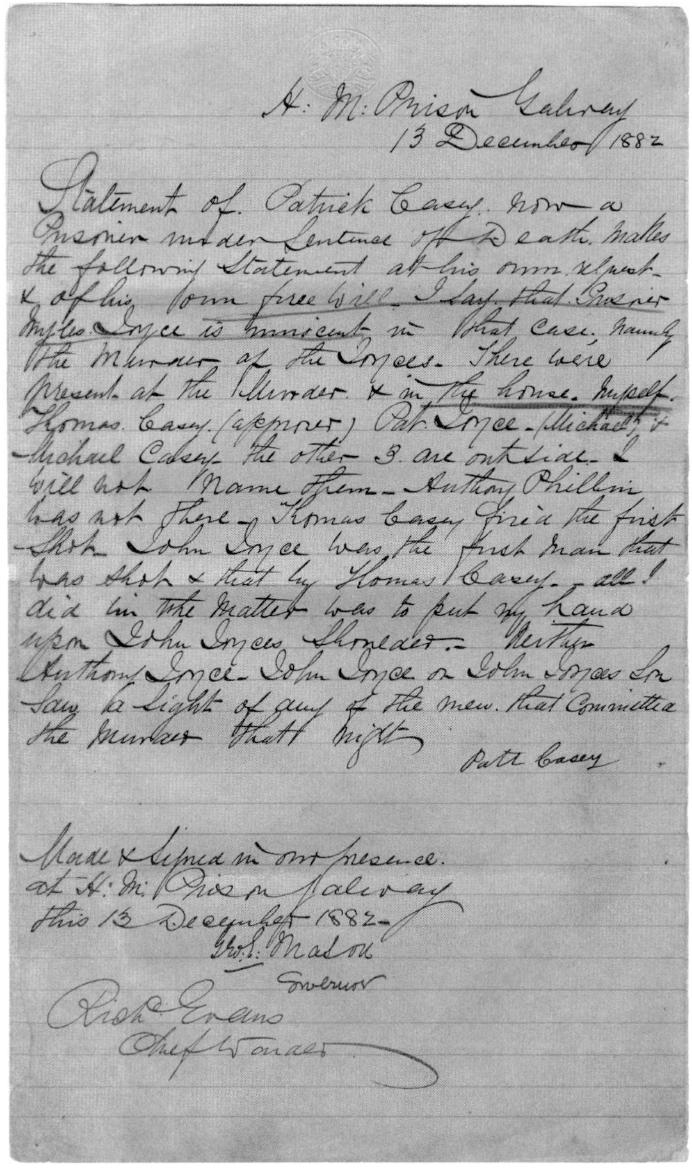

H: M: Prison Galway
13 December 1882

Statement of Patrick Casey now a Prisoner under Sentence of Death makes the following Statement at his own request & of his own free will. I say that Prisoner Myles Joyce is innocent in that case namely the Murder of the Joyces. There were present at the Murder & in the house myself Thomas Casey (approver) Pat Joyce (Michael) & Michael Casey the other 3 are outside. I will not Name them. Anthony Phillbin was not there. Thomas Casey fired the first shot. John Joyce was the first man that was shot & that by Thomas Casey. all I did in the matter was to put my hand upon John Joyces Shoulder. Neither Anthony Joyce John Joyce or John Joyces Son saw a sight of any of the men that committed the Murder thatt night

Patt Casey

Made & Signed in our presence at H: M: Prison Galway this 13 December 1882

Geo: J: Mason
Governor

Richd Evans
Chief Warder

Faoistin Phádraig Shéamuis Uí Chathasaigh, Príosún na Gaillimhe, 13 Nollaig 1882

– Death Case –

J – 13 – 1882.

APPLICATION FOR DISCHARGE OF A PRISONER.

County of	Galway
Name of Prisoner, ...	Myles Joyce.
Before whom tried, ...	Mr Justice Barry
Whether pleaded Guilty or not Guilty? (At Assizes or Quarter Sessions)	Not Guilty
Offence, ...	Murder.
Sentence, ...	To be hanged
Date of Conviction	18: November 1882
Date from which Sentence takes effect	18: November 1882

Report from Judge Barry annexed

Submitted 14-12-82

The law must take its course

14.12.82

Judge. Mr Gillies & G.P. infd 14/12

Tel to G.P. 14/12

Freagra ar achainí gan Maolra Sheáin Seoighe a chrochadh, 14 Nollaig 1882

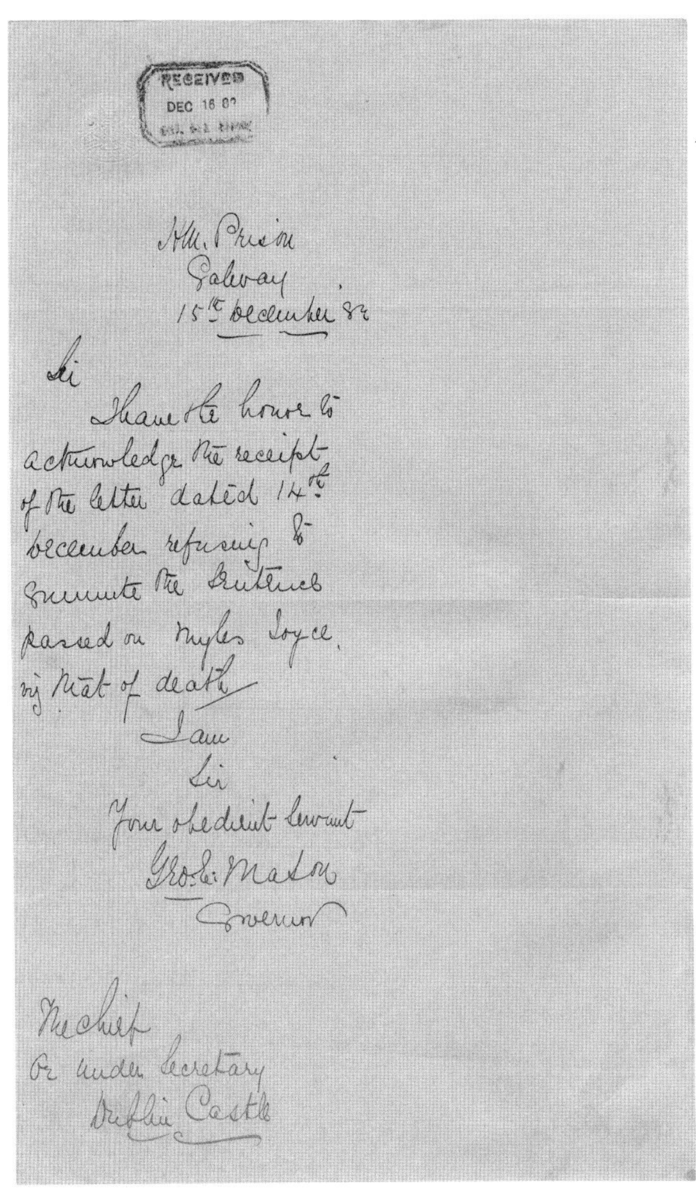

RECEIVED
DEC 16 82

H.M. Prison
Galway
15th December 82

Sir

I have the honor to acknowledge the receipt of the letter dated 14th December refusing to commute the sentence passed on Myles Joyce viz that of death

I am
Sir
Your obedient servant
Geo. [illegible] Mason
Governor

The Chief
Or Under Secretary
Dublin Castle

Admháil ó Governor George Mason ar an diúltú don achainí gan Maolra Sheáin Seoighe a chrochadh, 15 Nollaig 1882

Chuir gobharnóir an phríosúin an dá litir chuig Caisleán Bhaile Átha Cliath agus bhí siad i lámha an Iarla Spencer an mhaidin dár gcionn, 14 Nollaig.

B'ionann iad agus faoistiní ó bheirt a bhí ar leapacha a mbáis; bhí siad féin le crochadh an mhaidin ina dhiaidh sin. Thug *The Freeman's Journal* tuairisc in aon abairt amháin go raibh ráite ag an mbeirt phríosúnach go raibh Maolra Sheáin Seoighe neamhchiontach ach ba bheag suntas a tugadh dó.

Aistríodh an cúigear príosúnach eile a raibh príosún saoil curtha in áit bhreith an bháis orthu ó Ghaillimh go Baile Átha Cliath an mhaidin chéanna sin. An lá sin freisin, thug gaolta beirt de na fir a bhí ar tí a gcrochta – Pádraig Seoighe agus Pádraig Shéamuis Ó Cathasaigh – cuairt orthu sa phríosún. Ní fhéadfadh bean chéile Mhaolra Sheáin Seoighe an turas a dhéanamh le hé a fheiceáil den uair dheireanach ó tharla go raibh sí ag súil le páiste aon lá feasta.

I dtrátha an ama chéanna bhí fear a mbeadh baint lárnach aige le cás Mhám Trasna ar a bhealach ar thraein ó Bhaile Átha Cliath go Gaillimh: William Marwood, an crochadóir. Bhí litir seolta ag Oifig Shirriam na Gaillimhe chuige ar an 22 Samhain ag fiosrú an mbeadh fáil air le feidhmiú mar chrochadóir ar an 15 Nollaig agus faoin táille a ghearrfadh sé don chúram.

Gréasaí bróg ab ea é as Horncastle in Lincolnshire Shasana agus bhí conradh aige leis an Rialtas mar chrochadóir oifigiúil ar tháille £20 in aghaidh na bliana agus £10 ar gach duine a chrochfadh sé. Faoin tráth seo dá shaol, bhí thart ar 155 duine crochta aige, an duine ba dheireanaí acusan dhá la roimhe sin in Wandsworth Shasana.

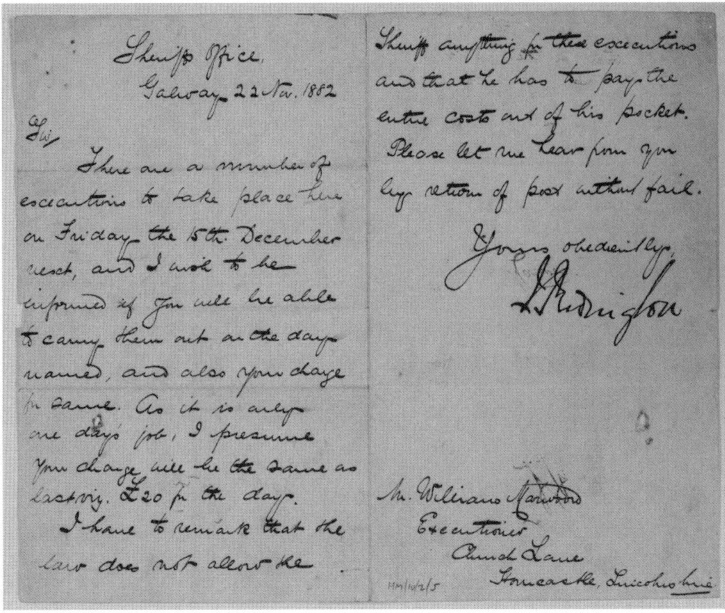

Sheriff's Office,
Galway 22 Nov. 1882

Sir,

There are a number of executions to take place here on Friday the 15th December next, and I wish to be informed if you will be able to carry them out on the day named, and also your charge for same. As it is only one day's job, I presume your charge will be the same as last viz. £20 for the day.

I have to remark that the law does not allow the Sheriff anything for these executions and that he has to pay the entire costs out of his pocket.

Please let me hear from you by return of post without fail.

Yours obediently,
Redington

Mr. William Marwood
Executioner
Church Lane
Horncastle, Lincolnshire

HM/10/2/5

Litir ó Shirriam na Gaillimhe ag iarraidh ar William Marwood teacht go Gaillimh

Tuairiscíodh in *The Belfast News-Letter* gur tháinig sé trasna ar an mbád ó Holyhead:

> *He was accompanied by two detectives and, on his arrival at Kingstown, seven additional detectives were added to his escort.*

Bhí baicle daoine ag fanacht lena theacht:

> *...was greeted by a mob of loungers, who, however made no serious demonstration, and the public executioner was allowed to proceed to the county gaol unmolested, and accompanied by an escort.*

Rinne Marwood scrúdú ar an bhfearas crochta ag Príosún na

Gaillimhe a bhí feistithe le hochtar a chrochadh agus thug sé le fios go raibh sé sásúil. Bhí an crochadóir ullamh dá chúram oibre, de réir na tuairisce in *The Freeman's Journal*:

> *Marwood was noticed to carry with him his usual brown American cloth parcel, in which he stows away his instruments of death...*

Le teacht an chrochadóra agus an fearas crochta feistithe i gclós an phríosúin níor theastaigh anois ach aon ní amháin: cinneadh críochnúil ón Iarla Spencer. Bhí ábhar machnaimh sna litreacha a bhí curtha ina láthair ó bhean chéile Mhaolra Sheáin Seoighe agus go háirithe ón mbeirt phríosúnach eile a bhí le crochadh ag an am céanna leis.

Oíche fhuar fheannta a bhí inti agus bhí sioc agus sneachta ar shráideanna chathair na Gaillimhe:

> *The utter dreariness of the weather today, enveloped, as Galway is, in frozen snow, has tended to make the eve of the miserable tomorrow still more miserable. The streets are all but entirely deserted, and people indoors speak only is hushed whispers of the task which lies before Marwood in the County Jail. No murders, perhaps, have ever been avenged in the capital of the West that excite so little pity or commiseration for the unfortunate culprits as those committed at Maamtrasna. It were idle to search in Galway today for the man or woman who sympathises with those who are to die tomorrow.*

Bhí saighdiúirí ar dualgas go tréan lasmuigh den phríosún agus iriseoirí ag bailiú isteach ó chian is ó chóngar. Cinneadh gur cheart oifig na dteileagraf ar an bhFaiche Mhór a choinneáil ar oscailt féachaint cén teachtaireacht a thiocfadh ó Fhear Ionaid na Banríona.

2877. 5000. 10. 82. W

No. of Message

POST OFFICE TELEGRAPHS.

GOVERNMENT DESPATCH.

To be forwarded by the best route available.

Copy

I Certify that this Message is sent on the business of the

Signature

VICEREGAL LODGE DE 15 82

FOR USE OF POST OFFICE.

		WORDS TO BE SIGNALLED.		CHARGES.	£	s.	d.
Prefix		In Addresses		Telegram			
Code Time		In Text		Repetition			
Sent at	12.19	In Instructions	16	Acknowledgment			
To	DM	Total		Reply			
By me	as	Counter Clerk to Sign here.		Extra Copies			
				Re-direction			
				Special Charges			
				Total			

FROM: Lord Lieutenant

TO: Governor Galway Prison

Having considered statement. I am unable to alter my decision. The Law must take its course—

Teileagram ón Iarla Spencer chuig Gobharnóir Phríosún na Gaillimhe, 15 Nollaig 1882, ag diúltú don achainí gan Maolra Sheáin Seoighe a chrochadh

Tá stampa 12.19 a.m. agus an dáta 15 Nollaig 1882 ar an teileagram ón Tiarna Lieutenant, an tIarla Spencer, chuig gobharnóir an phríosúin a threoraigh i sé fhocal déag an chinniúint a bhí i ndán do Mhaolra Sheáin Seoighe:

Having considered statements. I am unable to alter my decision. The law must take its course.

An tIarla Spencer

13 Feicfidh mé Íosa Críost ar ball

Dhúisigh an triúr príosúnach ag a cúig a chlog an mhaidin Aoine sin agus tugadh i láthair shéiplíneach an phríosúin iad, an tAthair Greaven, le go dtabharfadh sé absalóid dóibh ina bpeacaí agus go gcuirfeadh sé an ola dhéanach orthu. Ina gcodladh i gcillíní aonair a bhí siad sa chuid sin den phríosún a bhí ag feidhmiú mar ospidéal agus bairdéirí ar dualgas ag na doirse. Bhí an oíche caite ag an gcrochadóir Marwood féin i gcillín béal dorais leo.

Bhí cuid mhór ama caite ag an Athair Greaven, agus ag an sagart cúnta, an tAthair Newell, chomh maith le siúracha Ord na Trócaire ag tabhairt cúnamh spioradálta do na fir sna laethanta roimhe sin.

Ag a seacht a chlog rinne an tAthair Greaven an tAifreann a cheiliúradh, agus d'fhreastail an triúr fear air. Dhiúltaigh an triúr acu don bhricfeasta. Bhí an mhaidin fuar ach bhí sé ag coscairt agus an sneachta ag leá ar shráideanna na cathrach. Thosaigh slua beag ag bailiú lasmuigh den phríosún go moch ar maidin, mar a tuairiscíodh in *The Belfast News-Letter*:

> *...they were the most miserably poor and ill-clad creatures that could be met with even in Galway...*

Sheas siad siar ó bhallaí an phríosúin agus creatha fuachta orthu. Chuaigh iriseoir amháin ar lorg gaolta leis an triúr príosúnach i measc an tslua ach níor tháinig sé ar aon duine acu. Níor ceadaíodh isteach san fhoirgneamh ach daoine a raibh cúraimí oibre orthu ann, lucht údaráis, iriseoirí agus baill den phobal a bheadh ar choiste cróinéara tar éis chrochadh na bhfear:

> *A dozen representatives of the various newspapers had already assembled, and they and their permits had passed the scrutiny of the official appointed to see that no curiosity-monger witnessed the executions.*

Bhí sé fógartha go hoifigiúil roimhe sin gur ag a hocht a chlog a chrochfaí na fir:

> *Shortly after eight o'clock the culprits were taken to the pinioning-room, where the executioner, Marwood, quickly performed the operation of strapping their arms to their sides.*

Ceathrú uaire ina dhiaidh sin, tugadh na fir amach le chéile go dtí clós an phríosúin, áit a raibh an chroch feistithe. Ó tharla gur réitíodh í le hochtar a chrochadh ag an aon am amháin ba chroch mhór í:

> *It was about twenty feet long and eight feet wide, while the uprights above the platform were about ten feet high, which with the height of the platform added, made the height of the whole structure about 20 feet.*

Bhí staighre déanta agus lámhráille ar gach taobh le go bhféadfaí dul in airde ar ardán na croiche. Bhí titim naoi dtroithe as sin síos go duibheagán an bháis agus is ansin a thitfeadh an triúr príosúnach le chéile in aon iarraidh amháin nuair a tharraingeodh an crochadóir an maide stiúrtha leis an doras ar urlár an ardáin a scaoileadh fúthu, gaiste báis na bhfear:

> *All this ghastly paraphernalia was ready for use when the three miserable culprits made their appearance in the yard.*

Bhí gobharnóir an phríosúin ar cheann an tslua agus oifigigh eile leis. Pádraig Shéamuis Ó Cathasaigh an chéad duine de na príosúnaigh a shiúil amach, Pádraig Seoighe ina dhiaidh aniar agus Maolra Sheáin Seoighe ar deireadh. Tuairiscíodh go raibh an t-éadach céanna ar Mhaolra Sheáin Seoighe dá chrochadh agus a bhí air os comhair na cúirte i mBaile Átha Cliath agus an lá a gabhadh ar dtús é i mí Lúnasa ag a theach cónaithe i gCeapaigh na Creiche.

Bhí beirt ghardaí príosúin le gach fear acu anois, duine ar gach taobh díobh, á dtionlacan go dtí an crochadóir. Bhí an tAthair Greaven leo agus é ag aithris Liodán na Naomh. Bhí buíon bairdéirí agus Marwood ar deireadh ar fad agus eisean ag iompar na strapaí leathair lena gceanglódh sé cosa na bhfear ar ardán an bháis.

Ag bun an staighre, chroith Pádraig Shéamuis Ó Cathasaigh uaidh greim na ngardaí agus thóg sé na céimeanna in airde faoi luas, gur sheas sé ar ardán na croiche. Lig Pádraig Seoighe osna uaidh nuair a chonaic sé an trasnán láidir adhmaid ar a gcrochfaí iad. Ó Mhaolra Sheáin Seoighe amháin a tháinig caint agus tuairiscíodh gurbh é a bhí le rá aigesean:

> *Feicfidh mé Íosa Críost ar ball – crochadh eisean san éagóir chomh maith.*

Lean sé air ag labhairt faoi dheifir, le fuinneamh agus le paisean i nGaeilge ach is cosúil gur beag a thuig é. Tuairiscíodh in *The Western Daily Press*:

> *His manner was most vehement, his utterances wonderfully rapid, and without a pause. At first his language seemed to be the uncontrolled outcome of some extraordinary feeling which had gained completely mastery over him. He addressed no one in particular, but spoke as if he were thinking aloud and was scarcely conscious of the act, but his tone was loud, sonorous, and without a vestige of nervousness.*

Thug tuairisceoir amháin ó *The Belfast News-Letter* aistriúchán i mBéarla ar an méid a dúirt sé agus é ag dearbhú arís agus arís eile go raibh sé neamhchiontach sna dúnmharuithe:

> *I am going before my God. I was not there that day. I had not a hand or part in it. God forgive them that swore against me. I am as innocent as the child in the cradle. It is a poor thing to take this life away on a stage, but I have my priest with me.*

Chuir Marwood an triúr príosúnach in aon líne amháin ar ardán na croiche – Maolra Sheáin Seoighe an té ab fhaide ó bhalla an phríosúin, Pádraig Shéamuis Ó Cathasaigh ansin agus Pádraig Seoighe chun tosaigh. Chuir sé ceangal ar chosa na bhfear agus caipín bán anuas thar a n-aghaidh sular chuir sé an róba cnáibe ar mhuineál gach fir acu, ag tosú le Maolra Sheáin Seoighe.

Bhí seisean fós ag agairt agus ag achainí i nGaeilge go raibh éagóir á déanamh air. Ansin, ag fiche a cúig tar éis a hocht:

> *These words the wretched man continued to repeat while the white caps were drawn down over the faces of himself and his fellow-culprits, and his utterances were suddenly put to a stop by the drawing of the bolt by Marwood, and the disappearance of the three men from view. A dreadful silence ensued…*

Níorbh fhada gur tuigeadh go raibh an rópa a bhí le Maolra Sheáin Seoighe a chrochadh tar éis dul i bhfostú ina lámh nó ina uillinn de bharr go raibh sé ag cur gothaí air féin agus é go gníomhach, glórach ag séanadh go raibh sé ciontach. Is cosúil nár leis an lúb den rópa a bhí fáiscthe go daingean le snaidhm thart ar a mhuineál a bhí an deacracht ach leis an gcorna fada scaoilte sin a bhí ceangailte de thrasnán na croiche lena chrochadh a thúisce agus a thitfeadh an t-urlár faoina chosa:

> *…there was apparent severe struggling on the part of Myles Joyce, for the rope oscillated violently, and Marwood could be seen for several minutes afterwards pushing down the body with his foot and stooping down to do something – it could not be seen what – with the noose.*

Luadh i dtuairisc *The Belfast News-Letter* gur thóg sé tamall beag ar Marwood a bheith lánchinnte go raibh Maolra Sheáin Seoighe crochta:

> *Having satisfied himself evidently that his work was complete, Marwood rose again, and leaning against the upright at the end*

of the scaffold nearest the body of Myles Joyce, keenly watched the bodies of the three men as they hung in the pit below. He once went from one to the other, and bending down closely scrutinised the corpses, after which he resumed his station at the end of the drop.

Tuairiscíodh freisin i nuachtán an lá dár gcionn gur mhínigh an crochadóir go raibh cuid den rópa imithe i bhfostú i ngualainn Mhaolra Sheáin Seoighe agus go raibh air é a shaoradh lena chois. Dúirt sé gur dhócha gur ag maslú chuile dhuine a bhí an príosúnach ina racht cainte ach d'admhaigh sé nár thuig sé féin focal uaidh. Dúirt sé freisin nach raibh aon locht ar an rópa a d'úsáid sé agus gur crochadh daoine ar sé cinn d'ócáidí roimhe sin leis an rópa céanna sin.

William Marwood, an crochadóir

Maolra Sheáin Seoighe

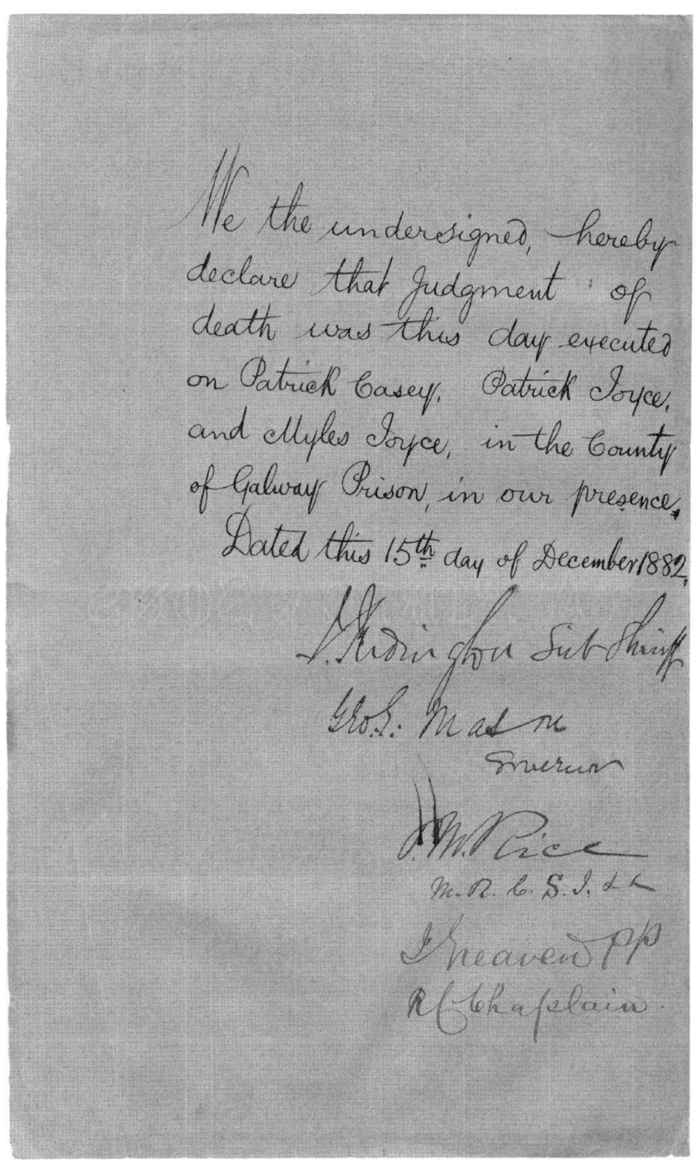

We the undersigned, hereby declare that Judgment of death was this day executed on Patrick Casey, Patrick Joyce, and Myles Joyce, in the County of Galway Prison, in our presence.

Dated this 15th day of December 1882.

J. Redington Sub Sheriff

Geo. L. Mason
Governor

J. W. Price
M.R.C.S.I. &c

J. Greaven P.P.
R.C. Chaplain

Teastas ó fhinnéithe gur crochadh an triúr príosúnach, 15 Nollaig 1882

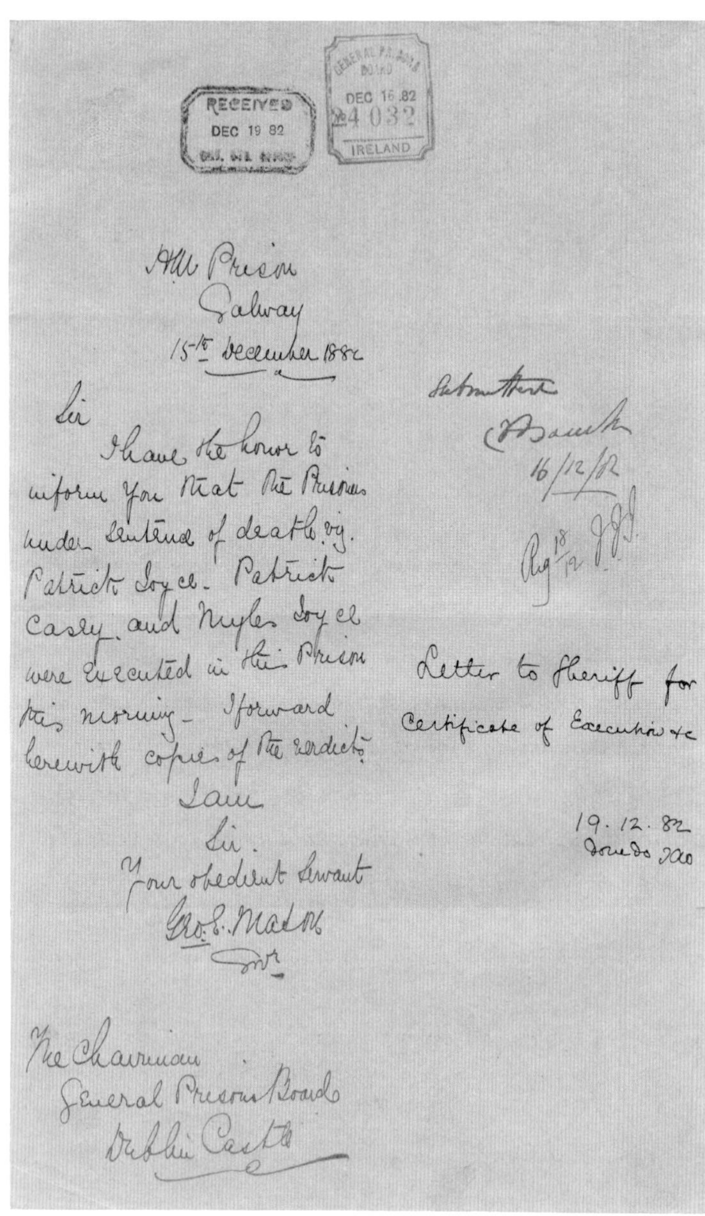
RECEIVED
DEC 19 82

GENERAL PRISONS BOARD
DEC 16 .82
24032
IRELAND

H.M. Prison
Galway
15th December 1882

Sir
I have the honor to inform you that the Prisoners under sentence of death viz. Patrick Joyce. Patrick Casey. and Myles Joyce were executed in this Prison this morning. I forward herewith copies of the verdicts.

I am
Sir.
Your obedient Servant
Geo. E. Mahon [illegible]
Govr

The Chairman
General Prisons Board
Dublin Castle

Submitted
[illegible]
16/12/82

Reg 18/12 [illegible]

Letter to Sheriff for Certificate of Execution &c

19. 12. 82
[illegible]

Deimhniú ó ghobharnóir an phríosúin gur crochadh an triúr fear, 15 Nollaig 1882

Cuireadh bratach dhubh ar foluain os cionn an phríosúin ansin, comhartha poiblí go raibh na fir crochta agus, ag an tráth sin, scaip an slua céad go leith duine a bhí bailithe lasmuigh den phríosún.

Fágadh corpáin na bhfear ar crochadh ansin ar feadh uair an chloig gur gearradh anuas ón gcroch iad lena gcur i gcónraí simplí adhmaid.

Ag a haon déag a chlog cuireadh giúiré faoi mhionn le feidhmiú mar choiste cróinéara i seomra ospidéil de chuid an phríosúin. Bhí an cróinéir, Cottingham, i gceannas ar an bhfiosrúchán. Chuaigh siad ag breathnú ar thaisí na bhfear mar chéad chéim, mar a tuairiscíodh in *The Belfast News-Letter*:

> *There was very little alteration in the appearance presented by the faces of the deceased, with the exception of Myles Joyce, whose features were quite livid and distorted. A report having already gained considerable circulation that a hitch had occurred on the drawing of the bolt, whereby one of the arms of Myles Joyce had got entangled in the rope, the jurors made a partial examination of the arm, and discovered a considerable abrasion just above the wrist.*

Tuairiscíodh in *The Daily News* faoi chorp Mhaolra Sheáin Seoighe:

> *His face was of a pronounced purple colour, and the features were a good deal distorted. Blood had flown from his nose...*

Thug an coiste cróinéara suntas freisin go raibh fuil ar a threabhsar gar don áit ar theagmhaigh a lámh leo. D'fhill an coiste cróinéara ansin ar an seomra sa phríosún agus scrúdaigh siad na barántais a d'ordaigh pionós an bháis do na fir. Thug Mason, gobharnóir an phríosúin, fianaise faoi aitheantas na bhfear agus dheimhnigh dochtúir an phríosúin, Dr Rice, cúis a mbáis. Bunaithe ar an bhfaisnéis sin dhearbhaigh an coiste cróinéara gur mar a chéile a bhásaigh Pádraig Seoighe agus Pádraig Shéamuis Ó Cathasaigh:

> *…within the walls of the County Prison Galway on the 15 Dec. 1882 and that his death was caused by the fracture of the neck which was the result of hanging.*

Bhí difríocht shuntasach, áfach, sa bhreithiúnas i gcás Mhaolra Sheáin Seoighe mar nár briseadh a mhuineál de bharr an mhíthapa leis an rópa agus gur bhásaigh sé:

> *…within the walls of the County Prison Galway on the 15 Dec. 1882 and that his death was caused by strangulation being the result of hanging.*

Dá bharr sin, is léir gur bás mall, pianmhar a fuair sé agus deimhníodh gur thóg sé sin idir nóiméad agus dhá nóiméad ar fad de réir thuairiscí áirithe, agus ní b'fhaide ná sin de réir *The Edinburgh Evening News*:

> *…the doctor stated that Myles Joyce must have been alive for two to three minutes after the trap fell.*

Bhí olc ar chuid de bhaill an choiste cróinéara faoi seo agus theastaigh uathu go dtabharfaí an crochadóir Marwood ina láthair ach dúirt an cróinéir nach n-athródh sin aon chuid den bhreithiúnas a bheadh le tabhairt acu agus séanadh an deis dóibh é a cheistiú.

5

COUNTY OF GALWAY. To Wit — An Inquisition intended taken for our Sovereign Lady the Queen, at ~~the~~ Her Majestys Prison in the Parish of St. Nicholas Barony of and County of Galway, on the 15th day of December In the year of our Lord One Thousand Eight Hundred and Eighty two before CHARLES G. COTTINGHAM, Esquire, one of her Majesty's Coroners for said County, on view of the Body of Patrick Casey late of Derry in said County, then and there lying dead before me and the Jury hereinafter named.

1 Patrick Gannon
2 Patrick Kerans
3 Edward Loftus
4 Michael McNamara
5 Charles Shiffield
6 Patrick J Burns
7 John M. Leech
8 Vincent D. Duvalle
9 James P. Kelly
10 Michael McKeague
11 James O'meara
12 Patrick Jordan
13
14
15
16
17
18

Who being duly empannelled, sworn and charged on their Oaths, do Say and Present that the death of the aforesaid

We find ~~that~~ Patrick Casey Came by his death within the walls of the County Prison Galway on the 15. Decr. 1882 and that his death was caused by Fracture of the neck which was the result of Hanging.

In witness whereof, as well the said Coroner as the Jurors aforesaid have hereunto Set and Subscribed their Hands and Seals the day and the year first and above-mentioned.

1—Foreman (Seal) Patrick Gannon
2 (Seal) Patrick Kerans
3 (Seal) Edward Loftus
4 (Seal) Michl McNamara
5 (Seal) Chas Shiffield
6 (Seal) Patk J. Burns
7 (Seal) John M Leech
8 (Seal) Vincent D. Duvalle
9 (Seal) James P Kelly
10 (Seal) Michael McKeague
11 (Seal) J. O'Meara
12 (Seal) Patk Jordan
13 (Seal) Patk Jordan
14 (Seal)
15 (Seal)
16 (Seal)
17 (Seal)
18 (Seal)

C. G. Cottingham Coroner for said County.

Cinneadh an Choiste Cróinéara ar chúinsí bhás Phádraig Shéamuis Uí Chathasaigh, 15 Nollaig 1882

COUNTY OF GALWAY. To Wit

An Inquisition intended taken, for our Sovereign Lady the Queen, ~~at the~~ at Her Majestys Prison in the Parish of St Nicholas Barony of and County of Galway, on the 15th day of December In the year of our Lord One Thousand Eight Hundred and Eighty two before CHARLES G. COTTINGHAM, Esquire, one of her Majesty's Coroners for said County, on view of the Body of Myles Joyce late of Cappnacreena in said County, then and there lying dead before me and the Jury hereinafter named.

1 Patrick Gannon
2 Patrick Kearns
3 Edward Loftus
4 Michael McNamara
5 Charles Sheffield
6 Patrick J. Byrnes
7 John M. Leech
8 Vincent D. Duvalle
9 James P. Kelly
10 Michael McKeague
11 James O'Meara
12 Patrick Jordan
13
14
15
16
17
18

Who being duly empannelled, sworn and charged on their Oaths, do Say and Present that the death of the aforesaid

We find that Myles Joyce came by his death within the walls of the County Prison Galway on the 15 Decr 1882 And that death was caused by strangulation being the result of Hanging.

In witness whereof, as well the said Coroner as the Jurors aforesaid have hereunto Set and Subscribed their Hands and Seals the day and the year first and above-mentioned.

1—Foreman (Seal) Patk Gannon
2 (Seal) Patrick Kearns
3 (Seal) Edward Loftus
4 (Seal) Michl McNamara
5 (Seal) Chas Sheffield
6 (Seal) Patk J. Byrnes
7 (Seal) John M Leech
8 (Seal) Vincent D. Duvalle
9 (Seal) James P. Kelly
10 (Seal) Michael McKeague
11 (Seal) [illegible]
12 (Seal) Pattk Jordan
13 (Seal)
14 (Seal)
15 (Seal)
16 (Seal)
17 (Seal)
18 (Seal)

C. G. Cottingham Coroner for said County.

Cinneadh an Choiste Cróinéara ar bhás Mhaolra Sheáin Seoighe, 15 Nollaig 1882

Rinne duine de bhaill an choiste cróinéara gearán thar ceann a chomhghleacaithe sular shínigh sé na teastais a bhain leis an gcás faoi iompar an chróinéara nuair a dhiúltaigh sé deis cheistiúcháin dóibh leis an gcrochadóir.

Dúirt duine eile de bhaill an ghiúiré gur chuala sé go raibh duine de na príosúnaigh ag gearán gur go héagórach a bhí sé á chrochadh agus theastaigh uaidh fáil amach an raibh tuairisc tugtha ina leith seo ag gobharnóir an phríosúin do na húdaráis:

> *The coroner replied that the governor did not understand any of the words uttered, and that he was sure that any statement which had been made would be forwarded.*

Tuairiscíodh in *The Edinburgh Evening News* gur cuireadh agallamh ar Marwood roinnt laethanta tar éis dó filleadh abhaile go Sasana agus go ndearna sé beag is fiú d'aon chaint faon mbealach a bhásaigh Maolra Sheáin Seoighe:

> *...he did not suffer anything any more than the others. He was a wild bad-looking fellow and kept jabbering and talking. I couldn't understand a word of his 'lingo' and I don't think the priest knew much of it for he seemed frightened. But there was enough force on the rope to finish him in very little time. He was dead as soon as the others although the doctor says he was strangled.*

Cuireadh coirp na bhfear i gcré na cille i gclós an phríosúin ach má cheap na húdaráis agus na huaisle gurbh é sin deireadh an scéil bhí dul amú mór orthu.

Bheidís ciaptha ag cuimhne Mhaolra Sheáin Seoighe agus éagóir a bháis á leanúint mar a bheadh taibhse ann. Ba bheag a cheap siad, áfach, go leanfadh tionchar bás fir – a bhí chomh haineolach sin ar theanga, ar bhéasa agus ar chultúr na bunaíochta, as dúiche bhocht, dhearóil in iarthar na hÉireann – ar feadh na mblianta fada agus go gcuirfeadh sé isteach chomh mór sin ar shaol an lucht ceannais agus cumhachta.

Bhí casadh drámatúil eile le teacht ar an gcás. Duine de na brathadóirí a chuirfeadh tús leis agus é ag fógairt go poiblí i láthair an Ardeaspaig ina shéipéal áitiúil i dTuar Mhic Éadaigh gur bhréaga ar fad a bhí san fhianaise a chuir sé i láthair na cúirte faoi mhionn agus faoi mhóid.

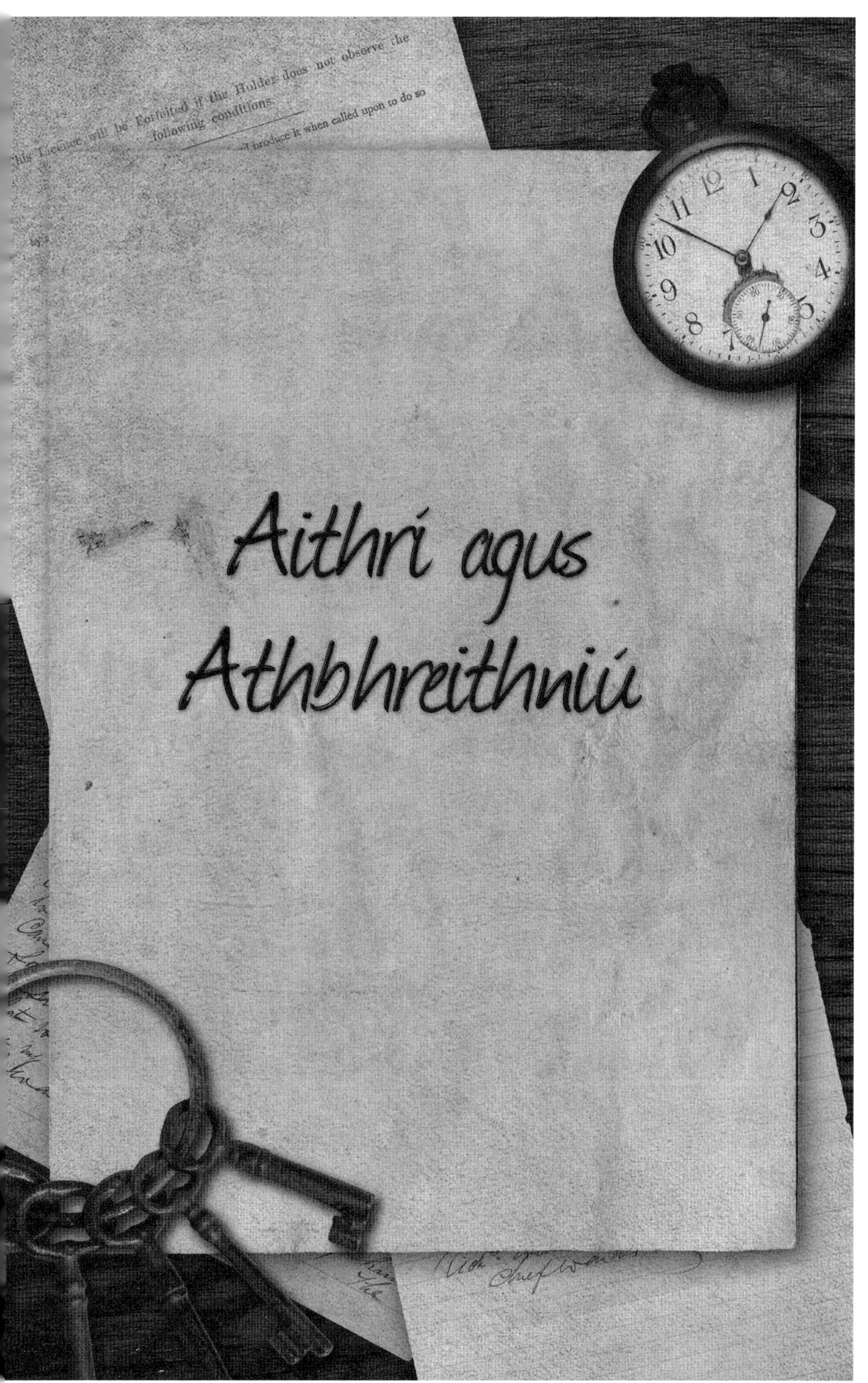
This Licence will be Forfeited if the Holder does not observe the
following conditions.
produce it when called upon to do so
Aithri agus
Athbhreithniú

14 Aiféala i láthair an Ardeaspaig

Is deacair a shamhlú cén mothú agus cén teannas a bhí i measc an phobail faoi scáth Chnoc Mhám Trasna ag an tráth seo. Ní raibh imithe ach seal gairid de mhíonna ó dúnmharaíodh cúigear de mhuintir Sheoighe; ó shin, bhí triúr de mhuintir na háite crochta agus cúigear eile a raibh príosún saoil rompu. Ba as an gceantar máguaird an bheirt bhrathadóirí agus bhí triúr finnéithe ón áit a raibh cúiteamh suntasach airgid geallta dóibh as a bhfianaise os comhair cúirte. Ba dheacair tuiscint a bheith ag duine ar scála ollmhór an uafáis a bhí tarlaithe i bpobal beag iargúlta tuaithe.

Deirtear i mbéaloideas an cheantair gur saolaíodh iníon do Bhrighid, baintreach Mhaolra Sheáin Seoighe, an lá céanna a crochadh é féin i bPríosún na Gaillimhe. Ní cosúil, áfach, gur foilsíodh aon tuairisc faoi sin in aon nuachtán ag an am.

Foilsíodh tuairiscí faoi chrochadh na bhfear, áfach, i nuachtáin Bhéarla ar fud an domhain mhóir sna laethanta tar éis an 15 Nollaig – bhí os cionn trí scór tagairt i nuachtáin de chuid na Breataine amháin ar an Satharn, 16 Nollaig. Tugadh suntas don mhéid a bhí á rá ag Maolra Sheáin Seoighe ar an gcroch agus den phraiseach a rinne an crochadóir dá chúram. Dúradh in *The Western Daily Press*:

> *…it is hard to conceive how a man, religiously prepared for death, from which he is assured that there is no escape, would elect to die with a lie upon his lips. The consideration, on the other hand, which may possibly have weighed with the authorities, is that Myles Joyce, having been convicted after trial it was better for the administration of the law, even if a mistake had been made, that the sentence should be carried out in this case than by wavering or reprieving him.*

Bhí an oiread oilc faoin láimhseáil a rinne Marwood ar an gcrochadh go raibh imní ar na húdaráis go n-ionsófaí é i mBaile Átha Cliath agus é ar a bhealach abhaile. Cuireadh fórsa láidir póilíní ar dualgas ag an stáisiún traenach le hé a chosaint go dtí go ndeachaigh sé ar bord na loinge a thug ar ais chun na Breataine é. Bhí imní ann go mbainfí díoltas amach ar bhealaí eile freisin de bharr bagairt i scríbhinn a cuireadh chuig Oifig Ghnóthaí Baile na Breataine agus é sínithe ag 'Rory of the Hills':

> *…the committee for the burning of public buildings had arranged to set fire within the next few days, to one or more of the Government offices, failing which some other large building would be marked out for destruction for the execution of the Maamtrasna murderers.*

Cinneadh dá bharr sin dúbailt a dhéanamh ar líon na bpóilíní a bhí i mbun gardála ar oifigí Rialtais.

Tuairiscíodh i nuachtáin an tSathairn freisin go raibh an triúr príomhfhinnéithe a thug fianaise in aghaidh na bhfear agus a raibh cúiteamh mór airgid le fáil acu ar ais arís ina gceantar dúchais faoi scáth chnoc Mhám Trasna:

> *The authorities offered to send them out of the country, but they refused the offer and also declined protection at their own homes, asserting that the feelings of the people in the district is so strongly in their favour that they do not require it.*

An Luan dár gcionn, tuairiscíodh go raibh an bheirt ógánach, Patsy Seoighe a tháinig slán oíche an uafáis i Mám Trasna agus a dheartháir Máirtín, a bhí as baile an oíche sin, ag cur fúthu anois i mBaile Átha Cliath agus go raibh i gceist ag an Rialtas cúram a dhéanamh díobh.

Labhair duine de phearsana móra na tíre agus na staire – bunaitheoir Chonradh na Talún, Michael Davitt – faoi chás Mhám Trasna an oíche Luain chéanna sin nuair a thug sé óráid uaidh i gcathair Mhanchain Shasana. Dúirt sé nach bhféadfadh ach an té a raibh aigne chlaonta aige a mhaíomh go raibh aon bhaint ag na dúnmharuithe i Mám Trasna leis an gcorraíl faoi athriar cúrsaí talún nó le polasaithe Chonradh na Talún.

Mheabhraigh sé nach raibh aon chraobh den eagraíocht nó fiú cruinniú poiblí dá gcuid sa taobh sin de Chonamara riamh agus nach raibh léamh ná labhairt an Bhéarla ag an gcuid ba mhó de na daoine a cúisíodh sa chás. Dúirt sé nach bhféadfadh go raibh aon staidéar déanta acu ar fhoilseacháin Chonradh na Talún ná tuairiscí léite acu faoi óráidí a bhí tugtha ag lucht ceannais na heagraíochta.

Ach léiríodh malairt tuairime i nuachtán eile de chuid na Breataine, *The Liverpool Mercury*, an lá dár gcionn:

> *The actors in the miserable tragedy – victims and murderers alike – belonged to that class of rude unlettered mountaineers who drag out a half-savage existence in what may be termed their native haunts; and it is perhaps needless to add that the motive of the crime is directly connected with the land war which has been the cause of nearly all the bloodshed which in recent times has besmeared the records of the sister country.*

An Domhnach dár gcionn, rinne polaiteoir aitheanta náisiúnach, Joseph Biggar, Feisire parlaiminte do Chontae an Chabháin, cáineadh ar Fhear Ionaid na Banríona, an tIarla Spencer, agus dúirt gur *'bloodthirstiness'* a thug air an triúr príosúnach a chrochadh. Dúirt sé faoi Mhaolra Sheáin Seoighe:

> *He denied his guilt on the scaffold and Lord Spencer allowed him to be sacrificed…*

Dúirt sé go raibh baill an Rialtais freagrach as iompar Fhear Ionaid na Banríona agus gur chun leasa agus chun sochair an Rialtais a bhí crochadh Mhaolra Sheáin Seoighe.

Chuir a chuid cainte an oiread oilc ar an Iarla Spencer gur scríobh sé chuig an bPríomh-Aire Gladstone agus chuig an Rúnaí Gnóthaí Baile ag meabhrú dóibh gur ionsaí ar dhea-cháil na ngiúiréithe agus na mbreithiúna a bhí sa chineál seo cainte agus go gcaithfí stop a chur leis ar mhaithe le riar an dlí agus an chirt. Treoraíodh go hoifigiúil gach nuachtán a thug tuairisc ar chaint an Fheisire

Biggar a ghabháil agus a scriosadh ar an gcúis go spreagfaidís eachtraí foréigin agus tugadh an polaiteoir féin os comhair cúirte ar chúiseamh den chineál céanna.

Ba léir go raibh ceacht foghlamtha ag duine amháin ar a laghad ón méid a tharla ag Príosún na Gaillimhe ar ócáid an chrochta: an crochadóir é féin, William Marwood. Rinne sé iarratas roimh dheireadh na míosa sin, Nollaig 1882, go gceadófaí cúnamh breise dó nuair a bheadh sé ag filleadh arís ar Ghaillimh sna seachtainí ina dhiaidh sin le triúr fear eile a chrochadh ón taobh tíre céanna – triúr a bhí ciontaithe idir an dá linn i ndúnmharú na beirte de mhuintir Huddy, na báillí de chuid an Tiarna Ardlilaun ar caitheadh a gcoirp i Loch Measca.

Ba bheag den bhliain nua, 1883, a bhí caite nuair a bheartaigh an triúr príomhfhinnéithe – Antoine Mhaolra Seoighe, a dheartháir Seáinín agus a nia Páidín – an turas a dhéanamh go Gaillimh leis an £1,250 a gealladh dóibh a bhailiú. Tuairiscíodh sna nuachtáin go raibh fórsa láidir póilíní á dtionlacan agus iad ar a mbealach tríd an bhFairche ar an Luan, 8 Eanáir.

Tagraíodh do chás Mhám Trasna an tseachtain chéanna in alt nuachtáin in *The Dundee Courier and Argus* faoin bhFeisire parlaiminte de chuid an Pháirtí Liobrálaigh – páirtí an Rialtais – Joseph Cowen as Newcastle Shasana:

> *Fewer outrages have been reported in the last few weeks and months. That, it may be said, is attributable to the operation of Marwood, not to any growth of law-abiding spirit among those of the people who were inclined to lawlessness.*

Ach tháinig scéal eile chun cinn i dtrátha an ama chéanna agus ba dheacair é a chinntiú nó a bhréagnú cé gur tugadh suntas mór dó i nuachtáin i bhfad agus i ngearr – tuairiscíodh go bhfacthas taibhse Mhaolra Sheáin Seoighe i bPríosún an Gaillimhe:

> *Two soldiers it is said, were visited while on their guard outside the gaol a night or two ago by a tall mysterious figure that laid hold of their rifles. The matron and warder have, it is further stated, applied for a transfer.*

Thug Fear Ionaid na Banríona, an tIarla Spencer, cuairt Déardaoin 11 Eanáir ar an mbeirt de chlann Sheáin Mháirtín Antoine Seoighe a mhair tar éis oíche an uafáis. Bhí Patsy agus Máirtín ina ndílleachtaí anois i Scoil Thionsclaíoch Ard Aidhin i mBaile Átha Cliath, mar a tuairiscíodh in *The Freeman's Journal*:

> *The Lord Lieutenant has undertaken their maintenance. They were made special objects of attention and an affecting scene took place.*

Bhí bean chéile Phríomh-Rúnaí na hÉireann, Mrs. Trevelyan, i dteannta an Iarla agus cé go raibh comhrá acu le Máirtín:

> *…could not do so with Patsy whose mother tongue is Irish and knows not a syllable of English but his name. They patted and caressed him. Neither of the boys know the identity of the nobleman and lady who were showing such solicitude for them.*

An Luan dár gcionn, 15 Eanáir, ghéill na húdaráis d'iarratas a bhí á dhéanamh le tamall roimhe sin ag Máirtín: cuairt a thabhairt ar ais abhaile go Mám Trasna. Bhí amhras faoina shábháilteacht ach cuireadh buíon gardaí ina theannta lena chosaint – beirt bhleachtairí faoi ghnáthéide ach gunnaí ar iompar acu agus triúr constáblaí de chuid na bpóilíní. Bhain siad Gaillimh amach ar an traein agus as sin, chuaigh siad ar bord an tsoithigh a thug trasna Loch Coirib iad go Conga. Turas crua, uaigneach a bhí ann go cinnte don bhuachaill óg, ag filleadh ar a dhúchas. D'fhill sé arís ar a bhaile nua, an Scoil Thionsclaíoch in Ard Aidhin, Baile Átha Cliath.

Bhí an triúr príomhfhinnéithe a raibh an cúiteamh mór airgid bailithe acu ar ais sa bhaile ach má bhí siad ag maíomh ar dtús go raibh fáilte rompu ansin agus nár theastaigh cosaint na bpóilíní uathu, níorbh fhada gur thuig siad go raibh dul amú orthu.

Tuairiscíodh an lá deireanach de mhí Eanáir gur gearradh téarmaí príosúin ag cúirt an tseisiúin ar an bhFairche ar cheathrar, Brighid, baintreach Mhaolra Sheáin Seoighe ina measc, as imeaglú a dhéanamh ar chuid de na príomhfhinnéithe. Gearradh mí príosúin ar a dearthháir, Micheál Ó Loideáin, agus coicís príosúin uirthi féin agus ar bheirt eile a ciontaíodh as bagairtí a dhéanamh agus as teanga mhaslach a úsáid leis na príomhfhinnéithe.

Laistigh de mhí rinneadh ionsaí eile ar na príomhfhinnéithe agus an uair seo tugadh drochbhualadh dóibh, ag teach tábhairne Uí Bhaoill i bPáirc an Teampaill, Tuar Mhic Éadaigh. Tráthnóna Domhnaigh a bhí ann:

> *The three Joyces, the principal witnesses in the murder case, accompanied by five men of the Irish constabulary to protect them, went into the house for refreshment. A number of*

> *men were there drinking, a quarrel ensued, and the police in endeavouring to protect the Joyces were overpowered and deprived of their side arms which were freely used on the Joyces. Anthony Joyce was badly wounded, others received sword thrusts, and both parties were severely beaten.*

Tuairiscíodh níos deireanaí gur eascair an t-ionsaí as argóintí idir Gael-Mheiriceánach, de shloinne Mulroe, a raibh gaol gairid aige le Maolra Sheáin Seoighe agus an príomhfhinné Antoine Mhaolra Seoighe. Is cosúil gur bhuail duine de na príomhfhinnéithe an Gael-Mheiriceánach le fuip san éadan agus gur fhág sé drochghortú air. Buaileadh Antoine Mhaolra Seoighe san éadan le claíomh agus fágadh a shrón scriosta ar fad. Cúisíodh cuid de lucht na troda ag cúirt an tseisiúin ar an bhFairche.

Idir an dá linn, bhí an bheirt bhrathadóirí, Tomás Ó Cathasaigh agus Antoine Mac Philibín, a thug fianaise in aghaidh an ochtar príosúnach, fós i mBaile Átha Cliath, iad á gcoinneáil i lárionad ar leith sa Bhaile Bocht, i dtuaisceart na cathrach, a bhíodh á úsáid ag na húdaráis mar dhídean d'fhinnéithe i gcásanna cúirte. Ní príosúnaigh a bhí iontu ach ní cosúil go raibh cead imeachta acu ach an oiread. Ní mó ná sásta a bhí siad ann agus gan tásc ná tuairisc acu ar aon chúiteamh airgid a thuig siad a bheadh le fáil acu ó na húdaráis.

Scríobh Tomás Ó Cathasaigh chuig Ard-Chigire na bpóilíní i Márta 1883 ag meabhrú go raibh idir £300 agus £500 geallta ag an dlíodóir George Bolton dó as a chuid fianaise. Bhí fonn air an tír a fhágáil ach bhí a chuid airgid uaidh ar dtús. Níor géilleadh dó.

Thacaigh Bolton le hiarratas eile go gcabhrófaí le hAntoine Mac Philibín an tír a fhágáil ach rinneadh neamhaird den achainí sin freisin. Ar an 26 Márta 1883, d'fhág nó d'éalaigh Mac Philibín ón lárionad sa Bhaile Bocht agus d'fhill sé abhaile ar an gCeapaigh Dhuibh. Bhí ar na húdaráis socruithe práinneacha a dhéanamh le fórsa póilíní a eagrú lena chosaint.

Faoi dheireadh na míosa dár gcionn bhí Tomás Ó Cathasaigh féin ar ais sa bhaile i nGleann Sál. Bhí ráite aige roimhe sin go raibh sé sásta dul ar imirce lena theaghlach go Ceanada ach bhí fonn ar na húdaráis go rachadh sé níos faide ó bhaile, go dtí an Astráil nó an Nua-Shéalainn. Tairgeadh £50 dó le dul ansin ach dhiúltaigh sé glacadh leis mar nach rachadh a bhean go dtí an taobh sin den domhan. Bhí cúiteamh de £1 in aghaidh na seachtaine á íoc leis nuair a d'fhill sé abhaile agus bhí fórsa láidir póilíní curtha ar fáil lena chosaint.

Faoin am seo bhí an cúigear fear ar cuireadh príosúin saoil orthu mar mhalairt ar an gcroch ag dul i gcleachtadh ar shaol an phríosúin, más go mall féin é. Bhí an saol deacair acu agus iad ar bheagán Béarla. Thug bairdéir príosúin amháin an tuairisc seo orthu:

> *He said none of them could speak English, and that they bewailed their fate in Gaelic, holding up their hands to try to make him understand. They numbered their children on their fingers, and by signs tried to show him their ages and heights.*

Bhí na litreacha a sheol siad abhaile brónach, truamhéalach. Seo litir a scríobh duine éigin a raibh Béarla aige ar son Sheáinín Bhig Uí Chathasaigh chuig a bhean, Máire:

Her Majesty's Convict Prison,
Mountjoy, Dublin, 15th June, 1883.

Dear Mary,

I received your welcome letter after I came to this prison. I was very happy to find you and children and friends were all right well. I am very well myself, thank God. I am going to school every day, and to chapel every day. We have Mass three times a week. I have nothing to complain of; everything is very cleane. I have flannels and a good bed and good cloths; write whin you get this, and let me know how my mother is, and my brother my sister and her family, your father and mother, and brothers, and did you here from your sister; also let me know how Michael Connboy and his family, and your old uncle Pat, or is he alive yet; also Napy Liden. Dear Mary, it is very hard to be here for a crime that I know nothing about. Thanks be to God I know nothing whatever about it. But I fret more for you and the children then I do for myself; for you know as well as I do myself that I had no hand in that act. You need not fret, for God is good, and we will all be happy yet with the help of God. Let me know when you write have you any pigs, how the crops are, and did you pay the rint yet, and I hope yon and I will be happy together yet, with the help of God

No more at present from your loving husband,

John Casey.

Agus bhí litir eile uaidh an bhliain dár gcionn:

My Dear Wife

It gave me great pleasure to learn from your last letter that you were all well. I am in very good health, thank God. I have every convenience.

When writing let me know how is my mother, and brother, my sister and family, and your own father and mother also, and brothers. Let me know did your sister send for Thomas. Let me know how is Michael Conboy and family. I wish to know do your uncle Patrick and wife live. Let me know how is Napy Lyden. I hope you and the priest will petition the Lord Lieutenant as quickly as possible. It is very hard for me to have been in prison and separated from my family, especially as I am innocent. Let me know are the crops promising this year. You wished to know in the last letter had I been working hard, and also used I get tobacco. I have not been working hard. As for getting tobacco that is contrary to the rules. I wish to know did Peter get married. I hope he and father will mind the children in my absence. I hope that will not be very long. Keep good courage and I will do the same. I hope everything will come to light hereafter. I don't expect to be always here.

No more at present, and remain, with fond love,

John Casey.

Mar seo a bhí litir ó Mháirtín, deartháir Mhaolra Sheáin Seoighe, chuig a bhean ón bpríosún i Muinseo:

My Dear Wife,

I am very happy to inform you that I am in the enjoyment of excellent health, thank God. I hope yourself and the children are enjoying the same blessing. When you write send me all the news of yourself and the children, and how you all are getting along, your mother in particular. I hope she is strong and in good health; Bridget Lyons and her children, also my brother Anthony and his family, and John Casey's family. I hope they are well. John is in good health himself here. Let me know also when you write how is John Duffy and his wife, Michael Casey and his wife and family. I hope they are all well. Give my blessing to Mrs. Casey.

I hope that God in his just mercy, who saved me from death, will yet show to the world my innocence of any participation in the crime for which I am the innocent sufferer. My dear wife, I also wish to let you know that my brother Pat has been removed to Maryborough prison about a week ago. He was sent there for his own good, through the kindness of the doctor, for he wasn't sick, only a little lonely for leaving us here behind him. It is about 50 miles from here, and a fine healthy place. Don't forget to mention when you write how the crops are, and how you are advanced with the harvest.

Write as soon as you can.

Your affectionate husband,

Martin Joyce.

Bhí bás Mhaolra Sheáin Seoighe ag déanamh imní do chuid d'Fheisirí parlaiminte na hÉireann in Westminster luath go maith tar éis a chrochta. Thagair duine amháin acu, an Feisire Matthew Kenny as Contae an Chláir, don chás le linn díospóireachta sa pharlaimint ar an 26 Feabhra 1882 agus ní raibh aon amhras faoina dhearcadh:

> *Of the three who were executed, Myles Joyce protested his innocence to the end, and the other two, while not denying their own guilt, united in declaring that Joyce was innocent, and was not on the scene of the murder at the time. Sooner than bring discredit on a Dublin jury, the Executive preferred that this man should be executed, in spite of the doubt thrown on the justice of his conviction.*

Tharraing beirt Fheisirí eile anuas ceisteanna faoin ábhar céanna le Príomh-Rúnaí na hÉireann, George Trevelyan ar an 26 Aibreán 1883 ach is beag sásamh a fuair siad. Seo mar atá taifead oifigiúil na parlaiminte:

> *MR. HARRINGTON: asked the Chief Secretary to the Lord Lieutenant of Ireland, whether two of the three men executed in Galway Gaol on Dec. 15th, viz. Patrick Joyce and Patrick Casey, had made declarations admitting their own guilt and asserting the innocence of the third man Myles Joyce; whether these declarations were made in presence of Mr. Brady the resident magistrate who first had charge of this case, and were deemed by him of such importance that he transmitted them by special messenger to the Lord Lieutenant with an expression of*

his own belief in the innocence of Myles Joyce, and caused the telegraph office in Galway to be kept open all night to receive the expected commutation of this man's sentence; if he will state whether he had been consulted and agreed to the reply transmitted at one o'clock on the morning of the execution that the Law should take its course; and, whether he will have any objection that Copies of these declarations should be laid upon the Table of the House?

MR. TREVELYAN: Sir, the statements referred to were sent up to Dublin by order of the Lord Lieutenant, by whose order, also, the telegraph station at Galway was kept open until he had time to consider them. The statements did not say that Myles Joyce had no complicity in the murder. That complicity was distinctly proved, both by independent witnesses and by the approvers, and was not denied by the two other men who were executed. Mr. Brady gave no such opinion as is referred to in the Question. I must decline to answer the third paragraph of the Question. The Advisers of the Crown in the consideration of capital cases are never named; it is the Lord Lieutenant solely who is responsible. The Government cannot consent to lay on the Table of the House Papers relating to the consideration by the Crown of a capital sentence…

MR. HARRINGTON: Will the right Honorable Gentleman say whether the man Myles Joyce did not, on the day he was executed, declare his innocence as he left the cell, and whether he was not actually declaring his innocence at the very moment when the executioner drew the bolt, and launched him into eternity?

Mr. O'BRIEN: Will the right Honorable Gentleman say whether he considers the character of 12 special jurors in Dublin of more importance than the life of one Connaught peasant?

No reply was given to these Questions.

Dúradh i dtuairisc in *The Bristol Mercury* an lá dár gcionn:

Mr Trevelyan underwent the usual amount of badgering by the Parnellites, in reply to whom he declined to produce the statements made by the Maamtrasna murderers before their execution.

Lean Harrington, Feisire parlaiminte do Chontae na hIarmhí, ag tarraingt na ceiste anuas ar bhonn rialta, fiú leis an bPríomh-Aire Gladstone féin ar an 19 Bealtaine 1883. Cheistigh sé:

Whether his attention has been called to the facts connected with the execution of Myles Joyce, in Galway Gaol, on the 15th December; whether he has read the declaration made, in reference to this man, by Patrick Joyce and Patrick Casey, who were executed on the same day; whether there is any foundation for the belief that the man was unjustly executed; and, if so, whether he will cause a provision to be made for this man's wife and family?

MR. GLADSTONE: In reply to this Question, my attention has been called to the incident mentioned in the first part of it. But with regard to the question whether there is any foundation for

> *the belief that the man Myles Joyce was unjustly executed, I must say that I distinctly decline to enter, in an answer to any Question, into the discussion of any matter relating to the execution of the capital sentence. It is for the Honorable Member to consider whether he will make any charge against the Government in that respect. I do not part, however, from the subject without stating what is only due, I think, to my noble Friend the Viceroy of Ireland—that, in common with all my Colleagues, I repose the most entire confidence in the judgment, the care, and the humanity with which he endeavours to exercise one of the most delicate and important duties of his high Office.*

Tharraing an Feisire céanna an t-ábhar anuas arís faoi dhó i mí Lúnasa agus ar ócáid amháin acu sin dhírigh sé ar thriail Mhaolra Sheáin Seoighe:

> *He was conveyed more than 200 miles from his home, and put upon his trial in Dublin. Not a single word of English was he able to speak; not a single word of his own language were the jury who tried him able to comprehend. The Judge, who tried him, was to him as much a foreigner as if he were a Turk trying the case in Constantinople. The very crier of the Court, and the counsel who represented him, were foreigners to him; and the whole trial, as far as he was concerned, was an empty show and a farce. As if to make the farce still more ludicrous, the very interpreter employed by the Crown to interpret the language of the Court to this unfortunate man was a policeman… If this unfortunate man had had a foreign name, if he had been called Arabi, or Suleiman, his case would have drawn*

> *attention to it over and over again in the House of Commons. But, unfortunately, he had not lived in a climate sufficiently foreign to excite the philanthropic sympathy of honorable gentlemen on the opposite side of the House.*

Dúirt sé freisin:

> *…the people of Ireland fully believed – the people in the locality in which the murder was committed fully believed, and he (Mr. Harrington), and many intelligent men with him, and many of the priesthood of Ireland also fully believed – that the man Joyce was foully done to death, and that perfect knowledge of his innocence was in the hands of the Lord Lieutenant.*

Dúirt Feisire Éireannach eile, O'Shea, sa díospóireacht an lá céanna go raibh sé féin i láthair ag ceann de thrialacha na bhfear a bhí cúisithe i ndúnmharuithe Mhám Trasna agus gur thuig sé go maith an deacracht teanga a bhí gceist:

> *…that unfortunate man was a perfect stranger in the midst of a Court where no one understood him, and where he understood nobody, and where the interpreter employed was a policeman. He appealed to English Members whether it was right that a policeman should have occupied that capacity in such a case? He did not for a moment suppose that the arrangement was due to anything worse than want of reflection; but half the cruelty of the world was the outcome of want of reflection. It must have been a terrible thing for a man like Joyce to see that one whom he regarded as his natural enemy was the only person he could speak to.*

Bhí ocht mí caite ag an tráth seo ón uair a crochadh Maolra Sheáin Seoighe ach bhí a ainm fós i mbéal an phobail agus os comhair na n-údarás agus sa pharlaimint. Ní raibh aon éalú acu uaidh.

Sa tréimhse chéanna agus sna míonna a lean bhí ualach á iompar ag an mbrathadóir Tomás Ó Cathasaigh agus é ar ais i nGleann Sál. Níor fhéad sé dul in aon áit, ar Aifreann ná ar aonach, gan beirt chonstáblaí de chuid na bpóilíní a bheith á thionlacan ar fhaitíos go n-ionsófaí é. Mar bharr ar an donas, bhí sé féin agus a bhean chéile, Máire, i mbun achrainn agus aighnis le chéile gan stad. Bhí olc uirthise leis gur ainmnigh sé a deartháir, an brathadóir eile Antoine Mac Philibín, mar dhuine de na dúnmharfóirí nuair a bhí a fhios go cinnte nach raibh baint ná páirt aige leis an sléacht; níor fhéad sí é sin a mhaitheamh dá fear céile.

Bhí olc ar an gCathasach féin nach bhfuair sé riamh an cúiteamh airgid a mheas sé a bhí ag dul dó agus bhí ráitis á ndéanamh aige leis na póilíní ó am go chéile agus é ag bagairt tuilleadh eolais a scaoileadh amach.

Ar ócáid amháin, i mí Iúil 1883, dúirt sé i ráiteas a thug sé do na póilíní go raibh Seán Mór Ó Cathasaigh agus a mhac, Seán Óg, as Bun an Chnoic i measc bhaill na buíne oíche an uafáis agus nach raibh Antoine Mac Philibín ann ar chor ar bith. Dúirt sé go raibh Maolra Sheáin Seoighe ann an oíche sin ach shéan sé an uair seo go ndeachaigh sé isteach i gcábán Sheáin Mháirtín Antoine Seoighe i mbun an tsléachta.

Mhéadaigh an t-olc agus an cantal a bhí air in imeacht ama ach ba bhuille mór breise dó gur chinn na húdaráis in Aibreán 1884 stop a chur le híoc an chúitimh de £1 in aghaidh na seachtaine leis; níor míníodh cúis an chinnidh sin riamh dó ach bhí tuairimíocht ann gur de bharr mí-iompar éigin a tharla sé.

Faoi lár an tsamhraidh shochraigh sé ina intinn féin go ndéanfadh sé an rud ceart: bhí an brathadóir Tomás Ó Cathasaigh chun an fhírinne, iomlán na fírinne agus an fhírinne amháin a insint.

Sna blianta sin ba pheaca nach gceadófaí do shagart a mhaitheamh san fhaoistin é bréag a insint faoi mhóid sa chúirt – is é sin, mionn éithigh a thabhairt. Faoi easpag amháin a bhí sé maithiúnas a thabhairt sa pheaca sin.

Déardaoin, 7 Lúnasa 1884, tháinig Ard-Easpag Thuama, an Dr Mac an Mhílidh chuig séipéal Thuar Mhic Éadaigh le haghaidh shacraimint an chóineartaithe – bhí ógánaigh an cheantair le cur faoina lámh.

Ag deireadh an tsearmanais a tharla an eachtra dhrámatúil, gan choinne. Shiúil Tomás Ó Cathasaigh chuig ráille na haltóra – bhí coinneal lasta ar iompar aige de réir tuairiscí áirithe – agus d'fhógair sé go raibh sé ag lorg maithiúnais as na bréaga a bhí inste faoi mhionn aige sa chúirt.

Bhí póilíní i láthair sa séipéal agus thagair an tArd-Easpag dóibh:

> *There are police here. I wish the Queen or his Excellency the Lord Lieutenant was here to hear what he has to say.*

Dúirt an tArd-Easpag gur ar mhaithe lena bheatha féin a shábháil a thug Ó Cathasaigh an mionn éithigh sa chúirt agus gur dhúirt sé nach nglacfaí leis mar bhrathadóir mura raibh tacaíocht ina chuid fianaise don mhéid a bhí a rá ag na finnéithe eile. Bhí an mhéar á díriú aige ar George Bolton, dlíodóir na corónach sa chás, a mheall Tomás Ó Cathasaigh le bheith ina bhrathadóir.

Mar a tharla, bhí Bolton faoi amhras cheana féin maidir le gnéithe dá shaol pearsanta agus faoi chúrsaí maoine. Creideadh gur phós Bolton baintreach shaibhir a raibh airgead mór aici agus go raibh sé curtha amú go fánach aige agus go raibh lucht bailithe fiach ag teannadh air. Bheadh air seasamh siar ó chúraimí oifigiúla oibre a luaithe agus a d'fhógrófaí gur fhéimheach é agus nárbh acmhainn dó a chuid fiach a íoc.

Chuir na póilíní éagsúla a bhí sa séipéal tuairiscí ar aghaidh chuig a saoistí agus ba é seo éirim an scéil a bhí acu ar fad:

> *Casey was at the foot of the altar during the Archbishop's remarks and admitted before the congregation that he had sworn falsely in the case, and that he was willing to suffer for it.*

Dúradh i dtuairisc amháin ó phóilín as Baile an Róba a bhí i láthair:

> *Casey now says he swore falsely against Myles Joyce who was executed, and that there was four he swore falsely against.*

Ní raibh mórán de ghnáthphobal na tíre nár chreid go raibh Maolra Sheáin Seoighe neamhchiontach nuair a chuala siad faoi athrú intinne an bhrathadóra agus faoin mbealach drámatúil ar tháinig an t-eolas chun solais i láthair an phobail agus an Ardeaspaig sa séipéal.

Ba dhócha gur mhór go deo an chúis imní a bhí ag na húdaráis –

sa deireadh thiar thall, bhí an chuma ar chúrsaí anois go raibh a n-insint féin ar scéal na ndúnmharuithe i Mám Trasna ag titim ó chéile ar fad.

A luaithe agus a thosódh an fhírinne ag teacht chun solais, cá bhfios cá stopfadh cúrsaí?

15 Fiosrúchán nár tharla

Níorbh fhada go raibh tuairiscí faoin bhfaoistin dhrámatúil sna nuachtáin ach bhí scúp iriseoireachta ag foilseachán náisiúnach amháin, *The Freeman's Journal*, an Luan dár gcionn, 11 Lúnasa 1884; ní hamháin go raibh agallamh acu leis an mbrathadóir Tomás Ó Cathasaigh inar dheimhnigh sé cruinneas an eolais a thug sé i láthair an phobail i séipéal Thuar Mhic Éadaigh ach bhí agallamh eisiach eile acu leis an dara brathadóir, Antoine Mac Philibín.

D'admhaigh seisean nach raibh fírinne ar bith san fhianaise a thug sé féin faoi mhionn sa chúirt ach an oiread leis an gCathasach – cumadóireacht a bhí ar siúl aige lena bheatha féin a shábháil ón gcrochadóir agus é faoi bhrú ag dlíodóir na corónach, George Bolton. Ba é lomchlár na fírinne nach raibh sé ina bhall den bhuíon a chuaigh ar aistear an uafáis an oíche chinniúnach sin ar chor ar bith, agus dá bhrí sin, ní fhéadfadh faisnéis chruinn de chineál ar bith a bheith aige faoinar tharla.

Bhí sagart an cheantair, an tAthair Corbett, i dteannta an iriseora nuair a rinne sé na hagallaimh leis an mbeirt bhrathadóirí ina dtithe féin i nGleann Sál agus sa Cheapaigh Dhuibh.

Thug Tomás Ó Cathasaigh mionchuntas san agallamh ar an mbealach ar mheall Bolton é le bheith ina bhrathadóir. Dhearbhaigh sé gur dúradh leis ag tráth go raibh imní an bháis air féin nach nglacfaí leis mar bhrathadóir go dtí go raibh a chuid fianaise ag teacht go hiomlán leis an méid a bhí á rá ag an mbrathadóir eile, Antoine Mac Philibín. Bhí a fhios aige go maith nach raibh san eolas sin ach bréaga ar fad ó tharla nach raibh Mac Philibín ar an láthair. Ar deireadh, níor tugadh dó ach fiche nóiméad le cinneadh a dhéanamh faoi bheith ina bhrathadóir agus dúirt Bolton leis dá ndiúltódh sé don tairiscint go gciontófaí agus go gcrochfaí é:

> *I gave the same evidence as Philbin to save myself. It was false that Philbin was there at the murder.*

D'fhiafraigh an t-iriseoir de an raibh Maolra Sheáin Seoighe ina bhall den bhuíon an oíche sin:

> *I am sure he was not. Myles Joyce was not there nor Philbin, nor the four men that are in penal servitude.*

D'inis sé faoin mbrú a cuireadh air féin agus faoi na bagairtí a rinneadh air féin agus a thug air a bheith páirteach sa bhuíon. Mhaígh sé freisin go ndearna sé achainí ar fhear ceannais na buíne cibé rud a dhéanfaí le Seán Mháirtín Antoine Seoighe nár cheart drannadh lena bhean ná a chlann:

> *One of the men said 'If he is only the size of a topcoat button let him be killed'. That man is walking on the green grass still. He paid money for it, and assisted in the act. He got it done.*

Dheimhnigh Antoine Mac Philibín ina agallamh féin go raibh a fhianaise ar fad bunaithe ar an méid a chuala sé ó na príomhfhinnéithe agus thug sé tuilleadh léargais ar an modh oibre a bhí ag Bolton:

> *Whatever I knew I learned from the evidence of Anthony Joyce. Bolton came to me about seven days before the trial. I told him I was not there at all. I denied it. He said, 'but Joyce says you were there' and then I made up a statement out of Joyce's evidence…whatever I picked up, I picked up from the Joyces.*

D'fhiafraigh an t-iriseoir an raibh Maolra Sheáin Seoighe ann oíche an áir ach dúirt sé nach raibh a fhios aige mar nach raibh sé féin ann.

Tráthnóna an lae ar foilsíodh na hagallaimh seo d'éirigh le baicle Feisirí Éireannacha an t-ábhar a tharraingt anuas i bParlaimint Westminster agus d'éirigh le duine acu, William O'Brien MP (Contae Chorcaí), cuid mhaith de théacs na n-agallamh a léamh isteach i dtaifead na parlaiminte.

Fiosrúchán a bhí á lorg ag na Feisirí maidir le riar an dlí agus an chirt in Éirinn agus go háirithe i gcás Mhaolra Sheáin Seoighe. D'éiligh an Feisire Tim Harrington (Contae na hIarmhí), go leagfaí na ráitis a thug an bheirt a crochadh in éineacht le Maolra Sheáin Seoighe os comhair na parlaiminte:

> *He challenged the Government to take that course. If they did, then it would be seen that, either with guilty knowledge, or through neglect, the life of the man Myles Joyce was sacrificed, either designedly, or as the result of a bad system of officialism in*

Dublin Castle. Earl Spencer, who took the responsibility, neglected his duty, and did not read the depositions when laid before him, allowed the law to take its course, and this unfortunate innocent man to be launched into eternity with the brand of infamy on his name.

Ba dhíol suntais don Fheisire Matthew Kenny (Contae an Chláir) go raibh duine de na brathadóirí á rá anois go raibh an té a bheartaigh agus a d'eagraigh na dúnmharuithe fós saor, gan a bheith ciontaithe:

That the person who concocted this murder, and paid for its being committed, was still alive – perhaps enjoying the protection of the Government; and probably this gombeen man was enjoying a portion of the money that was distributed among the witnesses.

Thug Kenny le fios freisin gur thuig sé gur íocadh cúiteamh £4,000 leis an mbeirt ógánach a tháinig slán ón uafás i Mám Trasna, Patsy agus Máirtín Seoighe. Bhí clann Mhaolra Sheáin Seoighe i dteideal cúitimh freisin as a bhás gan chúis, dar leis:

...they knew that the Lord Lieutenant had ordered the payment of £4,000 as compensation to the two sons of the Joyce family – one who was 20 miles away at the time, and the other who escaped when the murders were committed. He did not grudge the compensation to these two unfortunate boys; but there were now two statements made by persons who ought to know something of the manner in which the evidence was got up, and he would like to know what would be thought in England, if it could be made clear upon investigation that one,

at any rate, of the men who were strangled in Galway Gaol was innocent of the crime of which he was convicted, and that, though hanged by judicial process, he was as really and truly murdered as any man ever was? It was to be hoped that the Lord Lieutenant or Her Majesty's Government would be as just to the relatives of that man as they were to the survivors of the murdered family.

Is cosúil, áfach, go raibh áibhéil sa tsuim de £4,000 a bhí luaite ag an bhFeisire mar chúiteamh do na hógánaigh mar gur £500 a luaitear sna taifid oifigiúla. D'fhógrófaí lá ní b'fhaide anonn gur chinn an tIarla Spencer go mbeadh an tsuim sin le bailiú i gcáin speisialta thar thréimhse trí bliana ó na pobail a bhí ina gcónaí sna paróistí áitiúla, ar an teorainn idir Gaillimh agus Maigh Eo.

Ba cheart go mbeadh cúiteamh de chineál éigin ar fáil do chlann Mhaolra Sheáin Seoighe freisin agus theastaigh fiosrúchán poiblí le go dtiocfaí ar fhírinne an scéil, a dúirt an Feisire T.P. O'Connor (Gaillimh).

Labhair deichniúr Feisirí de chuid na parlaiminte ar fad sa díospóireacht agus ba é Spencer Compton Cavendish, a raibh an teideal Marquess of Hartington aige, a thug freagra thar ceann an Rialtais. Eisean a bhí ina Stát-Rúnaí do Chúrsaí Cogaidh agus ba dhearthháir é leis an Tiarna Frederick Cavendish a dúnmharaíodh i bPáirc an Fhionnuisce dhá bhliain roimhe sin.

Thug sé le tuiscint nach mbeadh intinn an Rialtais dúnta ar an bhfiosrúchán a bhí á éileamh ag na Feisirí Éireannacha dá mbeadh bunús leis an eolas nua a bhí curtha i láthair an Ardeaspaig:

> *If these statements are primâ facie of a bonâ fide character, and are vouched for by the dignitary of the Roman Catholic Church before whom they were brought, and are brought formally under the notice of Her Majesty's Government, they will receive consideration, and if there appears to be a case for further inquiry, that inquiry will be granted.*

Ba chosúil gur faoin Ardeaspag Mac an Mhílidh a bhí an chéad chéim eile.

Tráthúil go maith, an tráthnóna céanna sin, bhí seisean i mbun shacraimint an chóineartaithe ar an bhFairche, Contae na Gaillimhe. Ina aitheasc ansin, thagair sé dóibh siúd a thug fianaise bhréige faoi mhionn os comhair cúirte agus dúirt gur cheart do na húdaráis na fir sin a raibh príosún saoil gearrtha go héagórach orthu a scaoileadh saor láithreach. Ba cheart cúiteamh a íoc leo freisin agus le clann Mhaolra Sheáin Seoighe, a dúirt sé.

Chuaigh an tArdeaspag i mbun pinn go luath ina dhiaidh sin agus ar an 13 Lúnasa sheol sé litir chuig an Iarla Spencer, Fear Ionaid na Banríona agus Tiarna Leifteanant na hÉireann. Thug sé cuntas iomlán ar an méid a tharla i Séipéal Thuar Mhic Éadaigh nuair a d'iarr an brathadóir Tomás Ó Cathasaigh maithiúnas as na mionna éithigh a thug sé sa chúirt. Chreid sé féin go raibh an fhírinne á hinsint anois ag Ó Cathasaigh:

> *...my own conviction is that this later statement of the wretched man is truthful and sincere...*

Dúirt sé gur thuig sé go n-admhódh an brathadóir eile, Antoine

Mac Philibín an fhírinne anois freisin faoin bhfianaise bhréige a bhí tugtha aige féin agus d'iarr sé ar an Iarla Spencer fiosrúchán faoi mhionn a ordú sa chás:

> *…I would ask your Excellency, in order to allay public feeling so much excited in this neighborhood, to direct a sworn inquiry into the case.*

Fad is a bhí na díospóireachtaí parlaiminte agus idirghabháil an Ardeaspaig ar bun, bhí an dlíodóir, George Bolton á chosaint féin ar cheisteanna ó iriseoirí agus ag séanadh go láidir go ndearna sé aon rud as bealach sa láimhseáil a rinne sé ar na brathadóirí.

Ag an am céanna scríobh iriseoir a thug cuairt ar an bhFairche agus Conga tuairisc do *The Freeman's Journal* inar dhúirt sé gur léir dó féin go raibh naonúr as gach deichniúr de phobal na háite lánchinnte go raibh Maolra Sheáin Seoighe agus ceathrar de na fir a raibh príosún saoil gearrtha orthu iomlán neamhchiontach sna coireanna.

Nuair a fuair an tIarla Spencer litir an Ardeaspaig scríobh sé láithreach chuig a chara, an Rúnaí Gnóthaí Baile, an Tiarna Harcourt, a bhí ag seoltóireacht ar a luamh amach ó chósta na hAlban. Dúirt sé leis gur chreid sé féin go gcaithfí diúltú don fhiosrúchán a bhí luaite sa pharlaimint ag an Marquess of Hartington agus nár cheart ach an oiread na ráitis a thug an bheirt phríosúnach a crochadh in éineacht le Maolra Sheáin Seoighe a fhoilsiú. Dá ngéillfí sa chás seo, chaithfí géilleadh i gcásanna eile:

> *The very foundation on which the administration of the law rests will be undermined.*

Bréaga ar fad a bhí san insint is deireanaí ó Thomás Ó Cathasaigh, dar leis an Iarla Spencer, agus bhí míniú aige ó thuairiscí ó chonstáblaí de chuid na bpóilíní sa cheantar ar an gcúis a bhí leis an athrú intinne:

> *...the man has been perpetually attacked by his wife since he gave evidence. She will not sleep with him since he gave evidence. She wants him to recant and exonerate her brother...*

Is léir gur bhraith an tIarla Spencer faoi bhrú; scríobh sé litir eile an lá dár gcionn chuig an Tiarna Harcourt arís. Bhí riar an dlí agus an chirt faoi ionsaí ag Páirtí Parlaiminteach na hÉireann le ceisteanna agus díospóireachtaí faoi Mhaolra Sheáin Seoighe in Westminster, dar leis:

> *They may believe in his innocence but I cannot help thinking that their real motive is to try and upset the conviction and throw discredit on the administration of the law.*

Bhí gliceas polaitiúil sa fhreagra a scríobh an Tiarna Harcourt ar an 21 Lúnasa chuig an Iarla Spencer. Seachas diúltú d'fhiosrúchán ba cheart a rá go raibh fiosrúchán críochnaithe aige an oiread agus a bhí sin indéanta. Dúirt sé gur thuig sé gur chreid an tIarla Spencer ó na fiosrúcháin a bhí déanta aige nach raibh aon bhunús leis an leagan nua den scéal a bhí á insint ag na brathadóirí. Ní bheadh toradh ná tairbhe ó fhiosrúchán breise mar nach bhféadfaí an fhírinne a aimsiú:

> *It is the contradictory oath of the same men with relation to the same facts and no conceivable inquiry could, as far as they*

are concerned, elicit whether their lying is in their present or in their former statement.

Dúirt an Tiarna Harcourt gur thacaigh an méid a dúirt an triúr príomhfhinnéithe leis an gcéad leagan den scéal a bhí tugtha ag na brathadóirí. Ba cheart a rá go raibh an fiosrúchán a bhí déanta ag an Iarla Spencer ag teacht leis na nósanna fiosraithe i Sasana agus in Éirinn agus nár ghá aon rud breise a dhéanamh:

...that upon such full investigation no sufficient ground has been shown to raise a reasonable doubt as to the righteousness of the verdict and the sentence.

Mhol sé freisin go dtabharfaí tuairisc iomlán don Ardeaspag faoin gcás agus gurbh é an tIarla Spencer féin a shíneodh an litir chuige. Ghlac Fear Ionaid na Banríona leis an gcomhairle ach amháin gur státseirbhíseach sinsearach a shínigh an litir thar a cheann. Ní raibh dhá lá imithe go dtí go raibh an litir sin seolta, ar an 23 Lúnasa, agus tuairisc fhada, os cionn 3,000 focal ina teannta, ina ndearnadh athinsint iomlán ar an gcás.

Dúradh sa litir féin go raibh dóthain san fhianaise ón triúr príomhfhinnéithe leis na fir a chiontú gan an fhaisnéis ó na brathadóirí a chur san áireamh ar chor ar bith. Dúradh freisin nach raibh bunús ar bith le tuairimíocht a bhí ag cuid den phobal gurbh iad na fir a scaoil urchair nó a bhuail buillí marfacha amháin a bhí ciontach i ndúnmharú – ba leor a bheith mar chuid de bhuíon a thug tacaíocht i ngníomhartha den chineál sin le go mbeadh duine freagrach go morálta agus go dlíthiúil i ndúnmharú.

I ndeireadh na dála, ba é croí an scéil gur dúradh nach raibh aon amhras ar an Iarla Spencer faoi bhreithiúnas na cúirte:

> *His Excellency feels as strongly as Your Grace, the calamity which would be involved if innocent men were punished for an offence which they had not committed, but after the fullest inquiry of which the case admits, he has arrived at a clear conclusion that the verdict and the sentence were right and just.*

Foilsíodh litir an Iarla Spencer sna nuachtáin agus ní bréag ar bith é a rá gur beag glacadh a bhí léi in Éirinn cé go bhfuair sí tacaíocht ó nuachtáin i Sasana. Dúradh in eagarfhocal in *The Freeman's Journal*:

> *The disappointment, the disgust, will be as deep as the indignation occasioned by the terrible story of the informers... but who will believe that a full exhaustive and searching enquiry was held?*

Má bhí fiosrúchán ann, ar éisteadh leis an dá thaobh den scéal agus, má éisteadh, cé a chuir taobh chlann Mhaolra Sheáin Seoighe chun cinn, a fiafraíodh. Ní chreidfeadh an pobal i gcoitinne go mbeadh aon bhunús fírinneach le fiosrúchán a dhéanfadh údaráis Chaisleán Bhaile Átha Cliath faoi rún. Dúradh gur chuir na húdaráis an-bhéim ar fhianaise Thomáis Uí Chathasaigh nuair a d'fheil sé dóibh agus é sa chúirt ach anois go raibh neamhaird á déanamh de chaint an fhir chéanna nuair nach raibh sé sin chun sástachta na bunaíochta. Dúradh freisin:

> *...the public will refuse to believe that the inquiry alluded to was either real or searching or can command any confidence.*

Thug Tomás Ó Cathasaigh ráiteas eile uaidh don sagart, an tAthair Corbett, a luaithe agus a léadh litir agus tuairisc an Iarla Spencer dó. Foilsíodh an ráiteas sin, a bhréagnaigh cuid de na pointí a bhí déanta ag an Iarla Spencer, i nuachtáin ar an 27 Lúnasa. Dhearbhaigh sé athuair an brú a chuir an dlíodóir, George Bolton, air le linn cruinnithe príobháideacha idir an bheirt acu – rud a bhí séanta ag an dlíodóir. Dúirt sé gur gealladh £300 dó agus gur crochadh a bheadh i ndán dó mura ndéanfadh sé comhoibriú. Mhínigh sé freisin an chúis a raibh an fhírinne á hinsint aige anois:

> *It is stated that my wife compelled me to make the statement I made before the Archbishop, but I can honestly say that the only motive influencing me was a desire to ease my conscience of a terrible burden at any sacrifice.*

Rinne an tArdeaspag Mac an Mhílidh iarracht amháin eile agus scríobh sé chuig an Iarla Spencer arís, ar an 28 Lúnasa. Thug sé le fios arís gur chreid sé féin go raibh an fhírinne á hinsint anois ag an mbrathadóir Tomás Ó Cathasaigh, agus gurbh í an tuairim choitianta i measc an phobail go raibh Maolra Sheáin Seoighe neamhchiontach. Thagair sé do ráiteas na bhfear a crochadh an lá céanna leis agus mhaígh gur dheacair a chreidiúint go rachaidís beirt chun na síoraíochta agus bréaga ar bharr a ngoib acu. Tharraing sé amhras áirithe ar fhianaise na bpríomhfhinnéithe agus dúirt go bhféadfadh mionscrúdú cuimsitheach léargas nua a thabhairt ar a n-iompar trí fhíricí agus faisnéis nua a thabhairt chun solais. Theastaigh fiosrúchán poiblí, dar leis:

> *The exceptional nature of the case, as it now stands, with all its*

circumstance, would seem to call for exceptional consideration, on the part of the Government by instating a public inquiry.

Státseirbhíseach sóisearach a d'fhreagair an uair seo é thar ceann an Iarla Spencer le casadh an phoist agus dheimhnigh sé nach raibh i gceist ag Fear Ionaid na Banríona a intinn a athrú; ní raibh faoi an cás a athoscailt, a dúirt sé.

Má bhí tacaíocht á tabhairt ag nuachtáin na hÉireann d'iarrachtaí an Ardeaspaig, a mhalairt glan a bhí á déanamh ag nuachtáin Shasana. Dúradh in eagarfhocal amháin faoi in *The Manchester Courier*:

A little exercise of common sense would have shown him, in addition, that this trumped-up story was part of a determined plot to discredit the administration of justice throughout Ireland.

Ach is cosúil go raibh tromlach phobal náisiúnach na hÉireann aontaithe anois faoin drochmheas a bhí acu ar an Iarla Spencer agus go mbíodh maslaí á gcaitheamh leis aon uair a mbíodh sé i measc an phobail; bhí *'murderer'* agus *'Who killed Myles Joyce?'* ar na nathanna a bhíodh á mbéiceach leis go rialta.

Lean baill Éireannacha de theach na parlaiminte lena n-ionsaithe ar an Iarla Spencer ina gcuid óráidí poiblí agus sna nuachtáin. Dúirt duine acu, an Feisire Joseph Biggar (Contae an Chabháin), go raibh a fhios ag Fear Ionaid na Banríona go raibh Maolra Sheáin Seoighe neamhchiontach sular crochadh é, go raibh an bheirt bhrathadóirí tar éis a gcuid mionnaí éithigh a admháil agus go raibh fiosrúchán geallta in Westminster ag an Marquess of Hartington:

> *But what occurred? The person appealed to was Earl Spencer, who himself should be in the criminal dock on the charge of murder.*

Go luath ina dhiaidh sin, i dtús Mheán Fómhair, tuairiscíodh go ndearna an nuachtán *The Freeman's Journal* agallamh eile leis an mbrathadóir Tomás Ó Cathasaigh agus, tar éis dó a dhearbhú athuair go raibh Maolra Sheáin Seoighe agus ceathrar de na fir a bhí i bpríosún neamhchiontach, chuaigh sé ní b'fhaide fós leis an scéal; mhínigh sé an chúis ar beartaíodh Seán Mháirtín Antoine Seoighe a mharú agus liostaigh sé baill na buíne ar fad a bhí freagrach as na dúnmharuithe – é féin, Pádraig Seoighe agus Pádraig Shéamuis Ó Cathasaigh a crochadh, Micheál Ó Cathasaigh a bhí i bpríosún agus beirt eile, athair agus mac, nár cúisíodh agus nár ciontaíodh riamh:

> *One of the latter was the author of the massacre, who alleged that Joyce, the murdered man, attempted his life three times previously, and that he then determined to kill him. All the murderers were blood relations, they having been thus selected for the sake of safety.*

Bhí cruinniú de lárchraobh Chonradh na Talún i mBaile Átha Cliath ar an 3 Meán Fómhair agus glacadh ansin d'aonghuth le rún a mhaígh gur séanadh dualgais phoiblí agus cirt a bhí ann nuair a dhiúltaigh na húdaráis fiosrúchán a cheadú faoi chás Mhaolra Sheáin Seoighe.

Bhí an Feisire Parlaiminte Tim Healy (Contae Mhuineacháin) sa chathaoir don chruinniú agus ba é an Feisire Tim Harrington (Contae na hIarmhí) a mhol an rún. Dúradh go mbeadh an pharlaimint ag filleadh i mbun oibre ar an 23 Deireadh Fómhair agus go raibh i gceist acu cás Mhaolra Sheáin Seoighe a tharraingt anuas arís.

Le linn na míosa thug an Feisire Harrington cuairt ar cheantar Mhám Trasna é féin agus scríobh sé tuairiscí faoin gcás a foilsíodh mar litreacha sa nuachtán *The Freeman's Journal*; d'fhoilsigh sé an cuntas mar phaimfléad freisin. Ba é cinneadh an Iarla Spencer fiosrúchán oifigiúil poiblí a dhiúltú a thug ar an bhFeisire a fhiosrúchán féin a dhéanamh.

Ar fhilleadh dó óna chamchuairt ar an gceantar dúirt sé in agallamh ar an 22 Meán Fómhair, leis an *New York Times*;

> *I've got enough to put Spencer in the dock for conspiracy to murder.*

San agallamh céanna d'ainmnigh sé go poiblí an té a bhí freagrach as na dúnmharuithe a bheartú agus a eagrú – Seán Mór Ó Cathasaigh, as Bun an Chnoic – fear a bhí ar dhuine de na chéad daoine a gabhadh dhá lá tar éis na ndúnmharuithe lena cheistiú ach a scaoileadh saor láithreach, gan a bheith cúisithe. Dúirt sé freisin go mbeadh na polaiteoirí Éireannacha sa pharlaimint – lucht tacaíochta Charles Stewart Parnell – sásta an brú a choinneáil ar an Rialtas Liobrálach a bhí i gcumhacht agus:

> *...will act with the Conservatives until the innocent men are released, and Mr. Bolton and the other officials have been punished.*

Ba léir nach mbeadh na polaiteoirí Éireannacha sásta géilleadh agus an scéal a fhágáil ar leataobh ná baol air.

Ach níorbh fhéidir go mbeadh a gcuid iarrachtaí ina gcuid den chúis go dtitfeadh Rialtas na Breataine agus na hÉireann. Nó arbh fhéidir?

16 Feisire Parlaiminte ina iriseoir

Bhí togha na dtréithe san Fheisire Tim Harrington le dul i mbun bleachtaireachta faoi chás Mhám Trasna. B'iriseoir é a bhí oilte freisin mar abhcóide. B'úinéir dhá nuachtán é, *United Ireland* agus an *Kerry Sentinel.* Bhí sé ina rúnaí ar Chonradh na Talún, ina Fheisire Parlaiminte náisiúnach do Chontae na hIarmhí agus ar dhuine de lucht tacaíochta Charles Stewart Parnell.

Thug sé faoin bhfiosrúchán le faisnéis bhreise a bhailiú dóibh siúd a bhí ag lorg an chirt agus chothrom na Féinne faoin dlí. Rinne sé mionstaidéar ar an gcás ar fad, shiúil sé na bóithríní i Mám Trasna agus labhair sé le gaolta na bpríosúnach. Chuir sé agallamh ar na príomhfhinnéithe agus ar a dteaghlaigh agus ar an mbeirt bhrathadóirí. Léigh sé arís agus arís eile taifead na cúirte agus bhailigh sé eolas ó phóilíní agus ó fhoinsí eile. Níor stop sé go raibh sé sásta go raibh an oiread eolais aige go bhféadfadh sé léargas iomlán cruinn a thabhairt ar an gcás ar fad; bhí sé chomh cinnte de na fíricí go raibh sé in ann agus sásta na dúnmharfóirí a ainmniú ina chuntas nuachtáin, gan lá faitís air go gcuirfí an dlí air faoi chlúmhilleadh.

Timothy Harrington, le linn dó a bheith ina Ard-Mhéara ar Bhaile Átha Cliath, 1901–4

Ba é bun agus barr an scéil, dar leis an bhFeisire Harrington, gur go héagórach a ciontaíodh cúigear díobh siúd a cúisíodh sa chás – Maolra Sheáin Seoighe, a dheartháireacha Máirtín agus Páidín agus a nia Tomás chomh maith le Seáinín Beag Ó Cathasaigh. Thuig sé go raibh aontú iomlán faoin méid sin i measc an phobail sa cheantar agus i measc fhormhór na bpóilíní ann. Ní raibh oiread agus duine amháin san áit, na póilíní féin fiú, a chreid oiread agus siolla amháin de scéal na bpríomhfhinnéithe. Mhaígh sé go raibh fianaise ag na húdaráis le linn na dtrialacha a chruthaigh gur bréagadóireacht a bhí ar siúl ag na príomhfhinnéithe ach gur coinníodh an fhianaise sin faoi cheilt lena chinntiú go gciontófaí na príosúnaigh.

Níorbh é iargúltacht an cheantair an t-aon deacracht a bhí le sárú ag an bhFeisire Harrington agus é i mbun a chuid taighde i gceantar Mhám Trasna:

> *...the fact that English is almost completely unknown among them, and any attempt at seeking information except through the medium of their mother tongue must end in failure.*

Bhí tuiscint maith go leor aige ar an nGaeilge ach ní raibh líofacht aige inti. Chuaigh triúr de shagairt na háite in éineacht leis agus é i mbun a chuid oibre, rud a thug seasamh ar leith dó i measc an phobail agus cúnamh tábhachtach leis an ateangaireacht freisin.

Bhailigh an Feisire Harrington fianaise le linn a chuairte a léirigh an naimhdeas síoraí a bhí idir na príomhfhinnéithe agus a gcol ceathracha a d'ainmnigh siad i measc na ndúnmharfóirí, Máirtín, Páidín agus Maolra Sheáin Seoighe.

Shiúil sé an bóithrín agus na cosáin ar ar mhaígh na príomhfhinnéithe gur lean siad an bhuíon oíche an áir agus tháinig sé ar an tuiscint go mbeadh sé iomlán dodhéanta acu an tóraíocht a dhéanamh, gan trácht ar dhaoine a aithint ansin oíche dhorcha:

> *Even to a person who has never seen the locality this extraordinary story presents difficulties amounting to incredulity, and*

> *everyone who remembers the time when the Joyces first made their tale public knows that it was laughed at as absurd until the corroboration of the informers; but it is only upon a minute examination of the route described and the other circumstances detailed in the evidence that the audacity of its concoction can be properly appreciated.*

Sheas sé ag doras Antoine Mhaolra Seoighe go bhfeicfeadh sé a laghad léargais a bhí ar an mbóithrín ó dhoras an tí, ochtó nó céad slat uaidh; bhí sé ráite ag Antoine Mhaolra Seoighe gur ón áit sin a chonaic sé baill na buíne den chéad uair sa dorchadas an oíche chinniúnach sin.

Chuaigh sé chuig teach dheartháir Antoine, Seáinín Mhaolra Seoighe ansin:

> *I tried the experiment on one of the brightest days we have enjoyed this year, by asking one of the police who stood watching my movements as I sketched John Joyce's house whether he could tell me which of the constables was standing on the road facing us. After considerable hesitation, he said 'he thought it was Constable Murphy, for he was the stoutest of the four men in the hut.'*

Tar éis dó tuilleadh tástálacha agus taighde a dhéanamh ar ghnéithe éagsúla de scéal na tóraíochta bhí sé lánsásta a rá nach bhféadfadh a bheith ann acu cumadóireacht chasta.

Ba bheag fonn a bhí ar Antoine Mhaolra Seoighe ceisteanna a fhreagairt don Fheisire ná do na sagairt a bhí leis agus ba dhoicheallach a labhair sé leo. Dúirt sé leo gur iarracht a bhí ar bun acu le naomh a dhéanamh de Thomás Ó Cathasaigh a d'admhaigh faoi mhionn go raibh sé ar láthair na ndúnmharuithe.

Bhí a bhean chéile chomh seachantach céanna le hAntoine Mhaolra Seoighe féin ach ba léir don Fheisire Harrington nach raibh fúithi bréag a insint don sagart nuair a cheistigh seisean í:

> *Indeed, I don't know anything about it. Ask him. He says he knows it all.*

Bhí bean chéile Sheáinín Mhaolra Seoighe chomh cúramach céanna lena freagraí. Seo an tuairisc i mBéarla a thug an Feisire ar an gcomhrá a bhí aici leis an sagart nuair a cheistigh sé í faoi Antoine Mhaolra Seoighe a theacht chun an tí acu an oíche sin:

> Freagra: *Indeed I don't know anything about the case. Ask himself.*
>
> Ceist: *Were you not sleeping with your husband? You should hear him if he came to the house and called your husband?*
>
> Freagra: *I was sleeping with him. Why not I hear the voice?*
>
> Ceist: *Did you hear it?*
>
> Freagra: *Why not I hear it?*
>
> Ceist: *Did any of your children hear it?*
>
> Freagra: *I don't know, indeed. There is always heavy sleep on young people.*

Dhírigh an Feisire Harrington a aird ansin ar na brathadóirí. Tar éis dó scagadh dlí-eolaíoch a dhéanamh ar fhianaise Antoine Mhic

Philibín tháinig sé ar an tuairim mheáite nach bhféadfadh go raibh sé ar láthair an uafáis ar chor ar bith. Lena bheatha a shábháil a chuaigh sé i mbun na cumadóireachta. Ba léir dó, áfach, go raibh Tomás Ó Cathasaigh mar bhall den bhuíon ach gur chuir sé an fíorscéal as a riocht le go mbeadh sé ag teacht leis an leagan a theastaigh ó na húdaráis.

Tháinig sé ar an tuairim freisin go raibh cineál éigin de chumann rúnda ag feidhmiú sa cheantar agus gurbh é Pádraig Seoighe, a crochadh, a bhí ina cheann feadhna air. Bhí Seán Mháirtín Antoine Seoighe ina bhall den eagraíocht seo chomh maith le seisear, ar a laghad, den bhuíon seachtair a rinne na dúnmharuithe.

Thug Tomás Ó Cathasaigh cuntas cuimsitheach don Fheisire ar gach ar tharla an oíche sin agus dheimhnigh sé gurbh é Seán Mór Ó Cathasaigh as Bun an Chnoic a bheartaigh agus a d'eagraigh an slad. Ag a theach siúd a bhailigh baill na buíne le chéile. Liostaigh sé gach duine a bhí i láthair – Seán Mór Ó Cathasaigh agus a mhac Seán Óg, Pádraig Seoighe, Pádraig Shéamuis Ó Cathasaigh, Micheál Ó Cathasaigh, Pádraig Ó Loideáin agus é féin, Tomás Ó Cathasaigh. D'ól siad ar fad, ach amháin é féin, deoch mhaith ag an teach sular thug siad aghaidh ar chábán Sheáin Mháirtín Antoine Seoighe i Mám Trasna.

Mhínigh sé an chúis ar luaigh sé sa chúirt go raibh beirt eile sa bhuíon – Ó Ceallaigh agus Ó Nia. B'ainmneacha bréige iad sin a roghnaíodh an oíche sin le cur ar bheirt de na fir a rachadh isteach sa chábán ar eagla go mbeadh orthu labhairt le chéile agus go n-aithneofaí iad faoina n-ainmneacha cearta.

Seán Mór Ó Cathasaigh a roghnaigh na daoine a dhéanfadh na dúnmharuithe.

Dheimhnigh sé go raibh dúchan déanta ar aghaidh na bhfear ar fad agus gurbh é Seán Óg Ó Cathasaigh a rinne é sin:

> *They were all strangers, for they had blackened faces. I had no disguise only a soft hat tied down over my face, for I had a longer distance to go home than any of the others. But they were all blackened. It was young John Casey blackened them with polish (blacking) in his father's house. Some of them had bawneens (white jackets) on them going to the house of the murder. Pat Joyce had his hat tied down over both his cheeks to cover his beard and his face was black also.*

Dúirt sé gurbh é an chúis a bhí le dúnmharú Sheáin Mháirtín Antoine ná gur díoltas a bhí ann mar go raibh trí iarracht déanta aigesean Seán Mór Ó Cathasaigh a mharú roimhe sin.

Bhí míniú aige freisin ar an gceist nach raibh súil léi faoi Antoine Mac Philbín a chuir Pádraig Seoighe ar dhuine de na póilíní nuair a gabhadh é féin: an raibh Antoine Mac Philibín as an gCeapaigh Dhuibh gafa ag na póilíní fós? Ag an am, dúirt an constábla mar fhreagra air nach raibh a fhios aige agus dúirt an Seoigheach gur dhócha má gabhadh é, gur go beairic Bhaile an Róba a thug póilíní na Ceapaí Duibhe é. Tugadh an-suntas don cheist seo sa chúirt mar léiriú go raibh eolas ag Pádraig Seoighe ar bhaill na buíne. Ach bhí míniú simplí ag an mbrathadóir Tomás Ó Cathasaigh ar an gcúis go raibh an t-eolas faoi Mhac Philibín ag an Seoigheach:

Philbin was arrested in the middle of the night. He is my brother-in-law; and in the morning at daybreak, Mrs. Quinn, his mother-in-law, came to my house telling me that Philbin was arrested, and asking me to go into town and do something for him, or go bail for him. She was in my house when the police came in and arrested myself. Pat Joyce and I were conveyed together to Finny and I told him this on the way. I told him that they must not have much information when they arrested Anthony Philbin. Well, you see this Joyce was a smart talkative fellow, and he thought it would be a good thing to put them astray by asking a question about Philbin, as he knew nothing about it.

Labhair an Feisire Harrington le Mrs Quinn agus dhearbhaigh sí cruinneas an scéil sin dó. Mhínigh Tomás Ó Cathasaigh freisin faoi íocaíochtaí airgid a thug Seán Mór Ó Cathasaigh dó féin agus do bhaill eile na buíne:

I got £3 from his son before the murder and £4 since I came out of jail. My wife also got £6 from them while I was in jail. He gave it for my defence.

Níor thug sé aon airgead le híoc as cosaint na bhfear sin nach raibh aon bhaint acu leis na dúnmharuithe:

He gave money to defend all those who had any hand in the murder, but he gave nothing to the families of the people that were innocent.

Cheistigh an Feisire Harrington é go mion fúthu siúd a bhí ciontach agus faoi na fir a bhí neamhchiontach:

Ceist: *Out of the ten men sworn against by Anthony Joyce and his brother, only four, you say, had any knowledge of the murder?*

Freagra: *Only four, Pat Joyce, of Shanvallycahill, who was executed; Pat Casey, who was also executed; Michael Casey, who is now in penal servitude, and myself.*

Ceist: *Now, I want you to name the men accused who were innocent?*

Freagra: *Myles Joyce, the man who was executed; his two brothers, Pat and Martin, who are in penal servitude; Tom Joyce, Pat's son, who is in penal servitude; and little John Casey, of Cappanacreha, who is also in penal servitude.*

Ceist: *That is the man who had a cough for years?*

Freagra: *Yes.*

Ceist: *Of the seven men who did know of the murder, and took part in it, three are still at large besides yourself?*

Freagra: *Yes. One is in England, and the other two are here in the country.*

Ceist: *Then there are four innocent men in jail and one guilty?*

Freagra: *Yes, sir.*

Ceist: *And of the three who were hanged one man was hanged in the wrong?*

Freagra: *Yes sir. Myles Joyce knew no more of that murder than you did, but sure you may say they were all hanged in the wrong, for the evidence against the guilty as well as the innocent was all a lie.*

Chreid an Feisire Harrington go raibh tacaíocht le fáil do leagan Thomáis Uí Chathasaigh den scéal ón méid a bhí ráite ag na fir a crochadh i dteannta Mhaolra Sheáin Seoighe, ó insint na bhfear neamhchiontach a bhí sa phríosún agus fiú ó Mhicheál Ó Cathasaigh, an príosúnach a bhí ciontach. Ba chosúil go raibh iarrachtaí á ndéanamh aigesean cead a fháil ráiteas a thabhairt don Iarla Spencer ag dearbhú neamhchiontacht na bpríosúnach eile.

D'aimsigh an Feisire tuilleadh fianaise ó phóilín de chuid na háite faoi dhúchan a bheith déanta ar aghaidh na bhfear a bhí sa bhuíon. Mhínigh seisean dó go raibh an t-eolas seo deimhnithe sna ráitis a thug an t-ógánach Micheál Seoighe ar leaba a bháis agus a dheartháir óg Patsy don Chonstábla Johnston. Chuaigh an Feisire Harrington ar thóir an aon duine amháin a d'fhéadfadh an méid seo a dhearbhú go cinnte dó – Patsy Seoighe é féin:

> *Patrick Joyce, the younger of the two boys, recovered from his wounds. I visited this young lad at Artane Industrial School, where, under the kind care of the Christian Brothers, he is being trained and educated, and in clear, intelligible language he fully corroborates this portion of Casey's confession.*

Bhí líomhaintí níos tromchúisí fós le déanamh ag an bhFeisire faoin eolas faoi dhúchan a bheith déanta ag baill na buíne ar a n-aghaidh. Ba léir dó go raibh an t-eolas sin ag dlíodóirí na corónach sular thosaigh na trialacha ach gur choinnigh siad siar é ó fhoireann dlí na bpríosúnach mar go scriosfadh sé fianaise na bpríomhfhinnéithe. Mhaígh siadsan gur aithin siad gach duine de na fir a bhí sa bhuíon, rud a bheadh dodhéanta ar fad i ndorchadas na hoíche má bhí dúchan déanta ar a n-aghaidh.

Tháinig an Feisire Harrington ar an eolas tábhachtach seo mar gur éirigh leis seilbh a fháil ar cháipéis dlí – mionteagasc a bhí ullmhaithe do dhlíodóir na corónach, George Bolton. Bhí cóip de mhionteagasc eile a ullmhaíodh do dhuine eile d'fhoireann dlí na corónach, an t-abhcóide Peter O'Brien, tugtha ar láimh tamall roimhe sin do chomhghleacaí leis an bhFeisire Harrington, Tim Healy MP.

Trí thaisme a tháinig abhcóide a bhí báúil leis na polaiteoirí náisiúnacha ar an mionteagasc i seomra i bhfoirgneamh na cúirte i mBaile Átha Cliath. Ba léir ó na nótaí a bhí breactha air go raibh tréaniarracht déanta a chinntiú gur Phrotastúnaigh seachas Caitlicigh a roghnófaí do na giúiréithe. Bhí an cheannlitir 'C' nó an focal '*Sturdy*' nótáilte le taobh ainmneacha na ndaoine a bhí ar an bpainéal as a roghnófaí baill na ngiúiréithe. Rinne an t-abhcóide O'Brien beag is fiú den eolas seo nuair a tháinig sé chun solais.

Bhí tábhacht níos mó fós leis an eolas a bhí sa mhionteagasc nua a bhí aimsithe ag an bhFeisire Harrington:

> *A copy has come into my hands of the brief made out for the prosecuting counsel in this case and bearing the name 'George Bolton, Crown Solicitor' on the back, as well as the words 'Brief on behalf of the Crown.' No less than four depositions in that brief state that the actual assassins had blackened faces; but though other depositions were given to counsel for the prisoners they got no copy of these, and not a suggestion or hint was allowed to be thrown out during the trial as to the disguises and*

> *the blackened faces.*

Thug an Feisire cuntas freisin ar agallamh a rinne sé le póilín de chuid an cheantair a mhínigh dó an chúis nár tugadh Seán Mór Ó Cathasaigh i láthair na cúirte:

> Ceist: *You are aware, I presume, constable, who it is that Casey says planned and paid for the murder?*
>
> Freagra: *Indeed I am, sir. It is no secret. I know it for a long time.*
>
> Ceist: *Do you think this man had any connection with it?*
>
> Freagra: *I know well he was in it, sir, and so does Sergeant Johnston. He was the first man he arrested, but he was forced to let him go after the Joyces' evidence was received.*

Agus a chuid fianaise bailithe ag an bhFeisire Harrington óna fhiosrúchán féin bhí ceist amháin ar intinn anois aige – seachas a bheith ag caint ar fhiosrúchán oifigiúil, b'fhéidir go raibh sé in am a bheith ag smaoineamh ar chuid d'oifigigh na corónach a bhí gafa leis an gcás a thabhairt os comhair na cúirte iad féin agus cúiseanna a chur ina leith:

> *Let Earl Spencer refuse inquiry; let the judge who was entrapped into a wrongful sentence on a capital charge rest satisfied with what has taken place; let Mr. Bolton and Mr. Brady mutually acquit each other; the public are now in possession of the facts and officials who would acquit themselves of the blood of the innocent will need to vindicate themselves. Inquiry was refused. It rests with those who demanded it to say whether the*

cry for inquiry should not now give way to one for prosecution.

Ach níorbh é an Feisire Harrington an t-aon Fheisire ó Pháirtí Parlaiminteach na hÉireann a chuaigh i mbun taighde i gceantar Mhám Trasna an samhradh sin – rinne beirt eile dá chomhghleacaithe, an Feisire Tim Healy (Contae Mhuineacháin) agus an Feisire William O'Brien (Contae Chorcaí) an turas céanna. Ba léir nár theastaigh uathu eolas athláimhe a bheith acu ar scéal a bhí go mór i mbéal an phobail agus chun tosaigh i nuachtáin Bhéarla ar fud na cruinne le dhá bhliain roimhe sin. Bhailigh siad beirt a gcuid faisnéise féin agus labhair siad le finnéithe éagsúla, an bheirt bhrathadóirí san áireamh. Tríd agus tríd chruinnigh siad an t-eolas céanna athuair agus cé nach raibh aon rud nua ná suntasach le tuairisciú acu, ba chabhair mhór é a gcuid iarrachtaí le tacú leis an saothar a bhí déanta ag an bhFeisire Tim Harrington.

Cuireadh píosa breise faisnéise ar fáil faoi dhiscréid don Fheisire Harrington ar an 23 Deireadh Fómhair 1884; sheol séiplíneach as Príosún Maryborough – Port Laoise anois – litir chuige le cóip de ráiteas a bhí déanta faoi rún an tseachtain roimhe sin ag duine de na príosúnaigh, Micheál Ó Cathasaigh. Níor tugadh cead don Fheisire an t-eolas a fhoilsiú go poiblí ach cuireadh ar fáil dó é le cur lena thuiscint ar an méid a tharla an oíche chinniúnach sin i Mám Trasna. Cuntas iomlán a bhí ann ar imeachtaí na hoíche.

Dúirt Micheál Ó Cathasaigh sa ráiteas gur tháinig Seán Óg Ó Cathasaigh as Bun an Chnoic agus Tomás Ó Cathasaigh (an brathadóir) chomh fada leis an oíche sin agus gunnaí acu beirt; thug siad air, gan bhuíochas dó, dul leo go teach Sheáin Mhóir

Uí Chathasaigh i mBun an Chnoic. Bhí Pádraig Ó Loideáin agus Pádraig Shéamuis Ó Cathasaigh ann rompu chomh maith le fear an tí, Seán Mór Ó Cathasaigh é féin. Dúirt Seán Mór Ó Cathasaigh go raibh fúthu Seán Mháirtín Antoine Seoighe a mharú an oíche sin mar go raibh ceithre bliana caite aige ag goid caorach uaidh agus nach raibh aon bhealach eile ann lena stopadh.

Dúirt sé gur dhúirt Seán Mór Ó Cathasaigh leis go raibh £5 íoctha aige le Tomás Ó Cathasaigh leis an marú a dhéanamh agus nach mbeadh le déanamh aige féin ach a bheith ina gcuideachta.

Ar shroicheadh an chábáin dóibh, dúirt Micheál Ó Cathasaigh sa ráiteas gurbh iad Seán Óg Ó Cathasaigh agus Pádraig Ó Loideáin a bhris an doras isteach agus gur tharraing siad Seán Mháirtín Antoine Seoighe óna leaba go lár an urláir. Chuaigh Seán Mór Ó Cathasaigh agus Tomás Ó Cathasaigh isteach le chéile agus shín Seán Mór Ó Cathasaigh gunna chuig a mhac Seán Óg; eisean a scaoil trí cinn de philéir leis an Seoigheach.

Dúirt Micheál Ó Cathasaigh sa ráiteas nach raibh baint ná páirt leis an gcás ag na daoine eile a ciontaíodh. Cé nach raibh a fhios ag an am é, rinne sé leasú amháin ar an liosta bliain níos deireanaí (Deireadh Fómhair 1885) trí ainm Phádraig Seoighe (a crochadh) a lua mar bhall den bhuíon freisin.

Bhí fíric spéisiúil eile le nochtadh ag Micheál Ó Cathasaigh sa ráiteas a sheol an séiplíneach chuig an bhFeisire Harrington; dúirt sé gur thug sé an t-eolas iomlán seo mar ráiteas roimhe sin do ghiúistís síochána sa phríosún i nGaillimh an tráthnóna sular fógraíodh nach gcrochfaí é ach gur príosún saoil a bhí i ndán dó. Ní raibh ainm an ghiúistís aige ach d'aithneodh sé arís é; duine de bhairdéirí an phríosúin a bhí tráth ina phóilín a bhí mar ateangaire nuair a rinne sé an ráiteas sin, a dúirt sé.

Cé gur mhór an cúnamh a bhí san eolas breise seo don Fheisire Harrington, bhí srian ar an mbealach a bhféadfadh sé leas a bhaint as.

Ar an 23 Deireadh Fómhair 1884 cheistigh na póilíní Seán Óg Ó Cathasaigh faoi na líomhaintí ar fad a bhí déanta ina aghaidh féin agus in aghaidh a athar, Seán Mór Ó Cathasaigh. Shéan sé go tréan gach líomhain a bhí déanta agus dúirt nach raibh bunús ar bith leo. Ní raibh baint ná páirt aige féin ná ag a athair leis an scéal agus ní raibh eolas dá laghad acu faoi.

Ní dheachaigh na póilíní níos faide ná sin leis an bhfiosrú agus níor ceistíodh Seán Mór Ó Cathasaigh féin ar chor ar bith.

Ba ar an lá céanna a ceistíodh Seán Óg Ó Cathasaigh faoi na líomhaintí, an 23 Deireadh Fómhair 1884, a d'fhill baill na parlaiminte ar Westminster le dul i mbun oibre tar éis shaoire an tsamhraidh.

Cibé rud eile a tharlódh bhí fianaise úrnua faighte ag an triúr Feisirí a thug cuairt ar Mhám Trasna le linn an tsamhraidh. Bhí armlón níos fearr ná riamh acu anois le fogha agus dúshlán eile a thabhairt faoin Rialtas.

17 Vótaí cinniúnacha

Le hóráid na Banríona a cuireadh tús leis an seisiún nua den pharlaimint Déardaoin, 23 Deireadh Fómhair 1884. Ní raibh an Bhanríon Victoria féin i láthair don ócáid agus ba é an Seansailéir, an Tiarna Selborne, a léigh an óráid ghairid thar a ceann.

Rinneadh tagairt san aitheasc don tosaíocht a thabharfaí do leasú na reachtaíochta faoi chearta vótála i dtoghcháin agus do pholasaí gnóthaí eachtracha na Ríochta. Tagraíodh don tSúdáin, don Éigipt agus do Transvaal na hAfraice Theas; níor luadh Éire beag ná mór.

Bheadh buntáiste le baint ag Páirtí Parlaiminteach na hÉireann as na leasuithe ar chearta vótála mar go gcuirfí go mór le líon na ndaoine in Éirinn a mbeadh deis acu vóta a chaitheamh sa chéad olltoghchán eile; chuirfí freisin le líon na bhFeisirí Éireannacha sa pharlaimint nuair a dhéanfaí athchóiriú ar na toghcheantair.

Cuireadh tús le díospóireacht ar rún faoi óráid na banríona a luaithe agus a bhí aitheasc an tseansailéara críochnaithe ach thapaigh an Feisire Tim Harrington an deis le leasú a mholadh ar an rún sin; bhain an leasú go ginearálta le riar an dlí agus an chirt in Éirinn agus go speisialta le cás Mhám Trasna, le Maolra Sheáin Seoighe agus na príosúnaigh a mhaígh go raibh siad neamhchiontach:

> *To insert in the ninth paragraph, after the word 'us,' the words 'and humbly to assure Her Majesty that it is the opinion of a vast number of the Irish people that the present method of administering the Law in Ireland, more especially under the Crimes Act has worked manifold injustice, and, in the case of the prisoners tried for the Maamtrasma murder, has led to the execution of an innocent man and to the conviction of four other persons equally innocent, and this House humbly assures Her Majesty that it would ensure much greater confidence in the administration of the Law in Ireland if a full and public inquiry were granted into the execution of Myles Joyce and the continued incarceration of Patrick Joyce, Thomas Joyce, Martin Joyce, and John Casey.'*

Lean an díospóireacht faoin leasú ar feadh ceithre oíche sa pharlaimint agus ghlac cuid de na polaiteoirí ab iomráití agus ba chumasaí ag an am páirt inti. Labhair ocht bhFeisire is tríocha den pharlaimint ar fad, agus ina measc bhí an Príomh-Aire Gladstone, Charles Stewart Parnell, an Tiarna Randolph Churchill, Sir William Harcourt, Sir George Trevelyan, John Redmond, Tim Healy, Mitchell Henry, agus T.P. O'Connor chomh maith leis an Ard-Aighne, Sir Henry James agus Ard-Aturnae na hÉireann, Samuel Walker.

Ba thráth é a mbíodh ardmheas ar chainteoirí maithe agus ar óráidí móra. Bhí binsí na parlaiminte líonta le Feisirí agus iad ag éisteacht go haireach leis an díospóireacht ach ba mhaith a thuig na hionadaithe Éireannacha an dúshlán a bhí rompu; bhí móramh glan ag an Rialtas Liobrálach sa pharlaimint agus ní bheadh dóthain vótaí ag Páirtí Parlaiminteach na hÉireann leis an mbua a bhreith leo fiú dá bhfaighidís tacaíocht iomlán ó phríomhpháirtí an fhreasúra, na Tóraithe. Bhí sé ionann agus dodhéanta móramh a fháil do rún parlaiminte de chuid an fhreasúra nuair a bhí córas láidir fuipeanna i bhfeidhm in Westminster le tacaíocht a chinntiú i gcónaí do mhianta an Rialtais.

Ach, ar a laghad, bhí aird agus aire cuid de na daoine ba chumhachtaí agus ba shinsearaí i mbunaíocht na Breataine agus na hÉireann dírithe anois ar Mhaolra Sheáin Seoighe, an fear ar thagair a abhcóide féin sa chúirt dó mar dhuine neamhliteartha:

> *…this wretched Irish-speaking creature, who has never had the advantage of education…*

Tá beagnach 95,000 focal sa tuairisc i dtaifead oifigiúil na parlaiminte ar an díospóireacht féin, a lean mall san oíche ar gach ócáid. Tríd is tríd is beag eolas úrnua a tháinig chun solais agus ba chosúil é leis an ngnáthphatrún a bhíonn i gceist idir fórsaí an fhreasúra agus lucht tacaíochta rialtais i bparlaimintí daonlathacha ar fud an domhain. Bhí argóintí á ndéanamh ar son agus in aghaidh an leasaithe a bhí molta, mar a bheifí ag bualadh na liathróide anonn is anall i gcluiche leadóige.

Ón uair a thosaigh an díospóireacht le hóráid ón bhFeisire Tim Harrington thug na hÉireannaigh agus na baill a thacaigh leo mionchuntas ar gach cor agus casadh i scéal anróiteach Mhám Trasna. Cuireadh béim ar athrú scéil na mbrathadóirí, ar na ráitis faoi neamhchiontacht Mhaolra Sheáin Seoighe a thug na príosúnaigh a bhí le crochadh in éineacht leis agus ar an tacaíocht a thug na fir a bhí fós i bpríosún don seasamh sin.

Tagraíodh don leagan a thug na príomhfhinnéithe den tóraíocht a dúirt siad a rinne siad an oíche sin agus easpa inchreidteachta an scéil sin. Tugadh suntas don fhianaise faoi dhúchan a bheith déanta ar aghaidh na ndúnmharfóirí agus ar an mbealach ar coinníodh an t-eolas seo ina rún ó fhoireann cosanta na bhfear a bhí cúisithe.

Rinneadh tagairtí do na hiarrachtaí le teorannú a dhéanamh ar líon na gCaitliceach ar na giúiréithe agus d'easpa tuisceana na cúirte ar theanga dhúchais na bhfear. Luadh an bealach ar fheidhmigh dlíodóir na corónach, George Bolton, leis na brathadóirí a earcú agus don ghealltanas a tugadh sa pharlaimint roimhe sin go mbeadh fiosrú ann dá ndéanfadh Ardeaspag Thuama cás ar a shon.

Ní raibh aon ghéilleadh ag lucht tacaíochta an Rialtais do na hargóintí sin agus sheas siad go láidir leis an dearcadh go mbainfeadh fiosrúchán oifigiúil an bonn d'obair na gcúirteanna agus de riar an dlí agus an chirt. Tagraíodh d'ionracas agus do mhacántacht na bhfinnéithe agus do chothromaíocht na dtrialacha.

Ní raibh iomrall ceartais i gceist anseo, a dúradh, agus ní fhéadfadh go gcruthódh aon fhiosrúchán oifigiúil a mhalairt. Tugadh tacaíocht láidir do sheasamh an Iarla Spencer agus moladh é as a dhúthracht agus as a dhíograis sa chás; tagraíodh don mheá chúramach a rinne sé ar na hiarratais a cuireadh faoina bhráid ag lorg trócaire agus moladh a thiomantas do riar an dlí agus an chirt. Dúradh freisin nárbh aon chúirt achomhairc a bhí sa pharlaimint le déileáil le cásanna coiriúla agus dá ngéillfí sa chás seo, nach mbeadh stop go deo le hiarratais eile den chineál céanna.

An dara hoíche den díospóireacht rinne an Tiarna Randolph Churchill, duine a raibh seasamh ar leith aige mar bhall de phríomhphháirtí an fhreasúra, na Tóraithe, tagairt do phíosa eolais a raibh luaidreáin ina leith cloiste ag cuid de na hiriseoirí sa pharlaimint – go raibh fonn ar an bPríomh-Aire Gladstone go gceadófaí fiosrúchán oifigiúil faoi chás Mhám Trasna ach go n-éireodh an tIarla Spencer as a phost mar agóid dá dtarlódh sin. Thuig an Tiarna Randolph Churchill cruachás an Phríomh-Aire, a dúirt sé. Chaithfeadh sé a bheith cinnte go mbeadh tacaíocht an mhóraimh aige sa pharlaimint do na leasuithe a bhí beartaithe ar chearta vótála:

> *… the Prime Minister had also to take into account that if, in order to maintain that numerical majority, he was to make this concession to the Irish Members, he would be met by the prompt resignation of Earl Spencer… It was clear, therefore, that whatever might be the immediate gain to the Government through making such a concession, it would be lost by them in another way.*

Bhí an Feisire Henry Labouchere, ball de pháirtí an Rialtais, na Liobrálaigh, do cheantar Northampton, i measc na gcainteoirí an tríú hoíche den díospóireacht. Dúirt sé go dtacódh sé féin leis an leasú ach gur dhóigh leis go mbeadh tuilleadh tacaíochta ag iarrachtaí an Fheisire Harrington dá bhfágfadh sé ar lár an chuid sin den rún a bhain le míshásamh ginearálta le riar an dlí agus an chirt in Éirinn agus dá ndíreofaí ar fhiosrúchán faoi chás Mhám Trasna amháin.

Ghlac an Feisire Harrington leis an gcomhairle sin agus mhol sé foclaíocht nua don leasú a d'éiligh fiosrúchán iomlán agus poiblí faoi chrochadh Mhaolra Sheáin Seoighe agus faoi chás na bpríosúnach a mhaígh go raibh siad neamhchiontach.

An oíche dheireanach den díospóireacht labhair an Príomh-Aire Gladstone. Bhí beagán cur agus cúiteamh idir é féin agus an Feisire Harrington faoi fhinnéithe a d'fhéadfadh a chruthú an raibh nó nach raibh na fir a cúisíodh sa chás ciontach:

> *Mr. GLADSTONE: Is it possible to conceive, if those 10 men had not been the guilty persons, it should not have been practicable for some of them to show that they were at home in bed at the time when the murder was charged to have been committed; or, if not in bed, that they were, at least, in some other place than this?*
>
> *Mr. HARRINGTON: Wives are not admissible witnesses.*
>
> *Mr. GLADSTONE: But if their wives are not able to give evidence, there are not so many houses in Ireland where there are not children. I understand that there were actually two witnesses paid for by the Crown for Myles Joyce who were not called; and I am not aware that there could be any difficulty in proving that point.*

Bhí an Príomh-Aire den tuairim láidir nach raibh aon dul amú ar na príomhfhinnéithe a thug fianaise faoi bhaill na buíne sa chás:

> *…we are not dealing with an error of judgment on the part of*

those three identifying witnesses. They do not say – 'I think it was so and so; to the best of my belief it was so and so.' They did not give an opinion; they swore to a fact; they bound themselves as absolutely as men could do to the fact of the identity.

Tar éis ceithre oíche de dhíospóireacht a chríochnaigh ar an 28 Deireadh Fómhair, 1884, cuireadh ar vóta an leasú a bhí molta ag an bhFeisire Harrington ag éileamh fiosrúchán poiblí; ag leathuair tar éis an mheán oíche a fógraíodh toradh na vótála sin sa pharlaimint.

Theip ar an leasú; ní raibh ach 48 Feisire ar a shon agus 219 ina aghaidh – bhí móramh de 171 ag an Rialtas. Feisirí Éireannacha is mó a thacaigh leis an leasú, mar a bheifí ag súil leis, ach bhí tacaíocht aige ó roinnt bheag Feisirí radacacha ón bPáirtí Liobrálach agus ó sheachtar Feisirí de chuid na dTóraithe.

Ba é bun agus barr an scéil, áfach, nach mbeadh aon fhiosrúchán oifigiúil ann faoi chás Mhám Trasna.

Bhí an tIarla Spencer chomh sásta leis an toradh gur sheol sé teileagram láithreach chuig an bPríomh-Aire ag tréaslú leis agus ag cur a bhuíochais in iúl dó. Ach bhí tuairimíocht ann, go háirithe in Éirinn, go raibh tuilleadh dochair déanta ag an díospóireacht do sheasamh agus do chlú Fhear Ionaid na Banríona in Éirinn.

Thug tuairisceoir ó *The Freeman's Journal* le fios gur in aghaidh a dtola a vótáil cuid de na Feisirí Liobrálacha, páirtí an Rialtais, ar an ócáid:

The bodies of a good many Liberals were in one lobby while their consciences were in another.

Agus dúirt sé nach raibh an cath caillte fós:

> *I may state that the Government are far from having heard the last of the case. Mr. Harrington, I know, contemplates further steps of which I can say nothing at the present moment, and the changes will be rung again and again upon the subject until the Government are sick both of it and Lord Spencer.*

Ní raibh deireadh na seachtaine ann fiú sula raibh ceist faoi chrochadh Mhaolra Sheáin Seoighe ar ais os comhair an Phríomh-Aire agus na parlaiminte. An Feisire Tim Healy a tharraing an cheist anuas an uair seo agus é ag fiafraí den Phríomh-Aire Gladstone faoin eolas a bhí aige ar na ráitis a thug an bheirt phríosúnach a crochadh an lá céanna sin agus faoi aon chéimeanna a bhí beartaithe le cinntiú nach gcaillfí nó nach ligfí amú na ráitis sin. Dhiúltaigh an Príomh-Aire mórán faisnéise a thabhairt faoina chuid eolais féin ar na ráitis ach bhí sé lánchinnte nach rachaidís amú:

> *I think I can assure the honorable member that there is no reason to apprehend their being lost from any want of due care. Certainly, they are Papers for the safety of which it is the duty of the Irish Government to have peculiar regard.*

Bhí toradh amháin ar an díospóireacht ar fad faoi chás Mhám Trasna i nDeireadh Fómhair 1884: bhunaigh sé ceangal agus caidreamh áirithe idir baill de Pháirtí Parlaiminteach na hÉireann agus roinnt de bhaill Pháirtí na dTóraithe. Sna míonna a lean, d'fhorbair an ceangal sin idir ceannaire na nÉireannach, Charles Stewart Parnell agus an Tiarna Randolph Churchill ó na Tóraithe.

Cé nach raibh ach naoi suíochán is tríocha ag a pháirtí ag an am, bhí dóchas ag Parnell go mbeadh méadú suntasach ar an líon sin – a dhá oiread, b'fhéidir – tar éis na leasuithe ar chearta vótála agus athchóiriú na dtoghcheantar don chéad olltoghchán eile. D'fhéadfadh gur ag na hÉireannaigh ansin a bheadh cothromaíocht na cumhachta idir na Liobrálaigh agus na Tóraithe.

Ní raibh i gcás Mhám Trasna ach ceann amháin de na cúiseanna a bhí ag brú Parnell agus Páirtí Parlaiminteach na hÉireann i dtreo na dTóraithe – bhí súil acu go bhfaighidís éisteacht níos báúla uathu ná mar a gheobhaidís ó na Liobrálaigh ar réimse leathan ceisteanna a bhain le cás na hÉireann. D'éirigh le Parnell gealltanas béil a fháil ó na Tóraithe go dtionólfaidís fiosrúchán oifigiúil faoi chás Mhaolra Sheáin Seoighe agus faoi dhúnmharuithe Mhám Trasna dá mbeidís i mbun Rialtais.

I dtrátha an ama chéanna, bhí scoilt ag méadú idir dhá eite den pháirtí Liobrálach – bhí grúpa Feisirí radacacha i mbun coimhlinte leo siúd a bhí níos traidisiúnta ina ndearcadh. Dá thoradh sin, ba mhinic i dtús na bliana 1885 go mbíodh cuid de na Feisirí Liobrálacha ar iarraidh ón bparlaimint gan chead, fiú nuair a bhíodh vótaí le caitheamh. Ní raibh dóthain vótaí ag na Tóraithe agus ag Páirtí Parlaiminteach na hÉireann le chéile leis an lámh in uachtar a fháil ar an Rialtas Liobrálach nuair a bhí tromlach na bhFeisirí sin i láthair. Ach dá dtarlódh go mbeadh cuid de na Liobrálaigh as láthair gan chead, ba scéal eile ar fad a bheadh ann.

Fuair siad an deis a bhí uathu ar an Luan, 8 Meitheamh 1885 le linn díospóireachta faoin mbuiséad. Bhí líon mór Liobrálach as láthair ón bparlaimint agus gan aon socrú déanta acu leis na fuipeanna chun é seo a cheadú. Bhí gach Feisire de chuid na dTóraithe chomh maith leis an naoi bhFeisire is tríocha de Pháirtí Parlaiminteach na hÉireann i láthair in Westminster.

Tuairiscíodh in *The Wrexham Advertiser*:

> *When the division bells were set ringing, the House, already well filled with members eager for the application of the final test, was reinforced by a crowd of hastily-summoned stragglers from the library, the smoking-room, and the lobbies.*

Vóta faoi dhleacht ar alcól a bhí i gceist agus sheas na Tóraithe agus lucht tacaíochta Charles Stewart Parnell le chéile; ag ceathrú chun a dó ar maidin fuair siad an ceann is fearr ar Rialtas Gladstone le 264 vóta i gcoinne 252. Ó tharla gur vóta ar cheist buiséid a bhí ann b'ionann é agus vóta mímhuiníne sa Rialtas; ní raibh de rogha ag an Rialtas ach éirí as oifig.

> *Lord Randolph Churchill stood up in his seat and cheered lustily, waving his hat the while with great vigour. Several other Conservatives near him did the same, whilst the Parnellites on the benches behind did their best to rival the performance of the noble lord.*

Dúradh i nuachtán eile, *The Sheffield Independent*:

> *When comparative silence was restored, and the numbers were at length announced, there was a fresh and prolonged outburst of cheering on the part of the Opposition, coupled*

with renewed cries of 'Coercion' and 'Myles Joyce' from some of the more exuberant of Mr. Parnell's followers.

Bhí ainm Mhaolra Sheáin Seoighe as Ceapaigh na Creiche á bhéiceach leis an bPríomh-Aire Gladstone ag tráth go raibh an Rialtas ar a raibh sé i gceannas le cúig bliana roimhe sin á dhíbirt as oifig.

Ní bheadh sé cruinn a thabhairt le tuiscint gur de bharr chás Mhám Trasna amháin a thit Rialtas na Breataine – bhí an scéal níos casta ná sin. Ach is beag amhras atá ann go raibh tionchar ag cás Mhám Trasna ar fhorbairt an chaidrimh idir Páirtí Parlaiminteach na hÉireann agus na Tóraithe; bhí sé ar cheann amháin de shraith cúiseanna ar sheas an dá pháirtí sin le chéile leis na Liobrálaigh a chur as cumhacht.

Ba é Sir William Harcourt, Rúnaí Gnóthaí Baile na Breataine – fear a chuir comhairle go minic ar a chara, an tIarla Spencer – a bhaist ainm, go leathmhagúil, ar an gcomhghuaillíocht idir na Tóraithe agus Páirtí Parlaiminteach na hÉireann. '*The Maamtrasna Alliance*' a thug sé go searbhasach orthu agus é díbeartha anois as a phost aireachta.

Ní raibh olltoghchán ann ar an bpointe le titim Rialtas Gladstone ach chuaigh na Tóraithe i mbun Rialtais agus tacaíocht acu ó pháirtí Parnell. Robert Gascoyne-Cecil, a raibh an teideal Marquess of Salisbury aige, a ceapadh mar Phríomh-Aire.

Bhí toradh amháin ar an athrú Rialtais a raibh an-fháilte roimhe in Éirinn – bhí a phost mar Thiarna Leifteanant agus mar Fhear

Ionaid na Banríona caillte ag an Iarla Spencer; ceapadh an Tiarna Carnarvon ina áit.

Cé gur tháinig cuid den bhunaíocht agus d'uasalaicme na cathrach amach ar na sráideanna le slán a fhágáil leis an Iarla Spencer, ar an Satharn, an 27 Meitheamh, bhí neart ann freisin le maslaí agus bagairtí a chaitheamh leis agus é a thionlacan faoi ghradam míleata go dtí an stáisiún traenach i Rae an Iarthair le go rachadh sé as sin go calafort Kingstown, Dún Laoghaire an lae inniu. Tuairiscíodh in *The Freeman's Journal*:

> *A large crowd was waiting at Parliament Street which immediately ranged up as close to the carraige as the line of soldiers would permit, and commenced a startling chorus of "Foxy Jack" and "Myles Joyce", interspersed with groans, boos and hisses.*

Cuireadh fáilte roimh an Iarla Spencer agus a bhean chéile ag an stáisiún traenach ach ní fada a mhair sin:

> *The moment this cheer died away it was followed by a storm of hisses and this demonstration seemed terribly to annoy those who accompanied their Excellencies. Those inside the station could clearly hear here the people outside signing "God Save Ireland" and cries of "Myles Joyce" and "French". The hisses and boos filled the air…*

Tuairiscíodh go raibh tinte lasta ar Shléibhte Chill Mhantáin mar cheiliúradh ar imeacht an Iarla ar bord loinge trasna Mhuir Éireann, abhaile chun na Breataine.

Ach má bhí dóchas ag na Feisirí Éireannacha – Parnell, Harrington agus a gcomhghleacaithe eile – in Westminster nárbh fhada go mbeadh an fiosrúchán oifigiúil a theastaigh uathu faoi chás Mhaolra Sheáin Seoighe agus dúnmharuithe Mhám Trasna faoi lán seoil, bhí dul amú orthu.

Is cosúil gur chinn Rialtas nua na dTóraithe luath go maith tar éis dóibh teacht i gcumhacht nach ngéillfidís don iarratas sin; bhí athrú intinne orthu cheana féin.

Ní raibh Caisleán Bhaile Átha Cliath ach bainte amach ag an Tiarna Leifteanant, an Tiarna Carnarvon, Fear Ionaid nua na Banríona in Éirinn, nuair a chinn sé gur drochphlean a bheadh ann an cás a fhiosrú go poiblí. Ba mhó dochar ná maitheas a dhéanfadh sé do riar an dlí agus an chirt agus d'fhéadfadh sé an bonn a bhaint d'obair na mbreithiúna agus na gcúirteanna. Mar mhalairt ar fhiosrúchán, bheadh fonn air iniúchadh grinn a dhéanamh ar aon achainí nó ar aon mheabhrachán a chuirfí ina láthair faoin ábhar.

Is léir nár thaitin an t-athrú polasaí seo leis na Feisirí Éireannacha. Tuairiscíodh gur thug Charles Stewart Parnell óráid ar an 5 Iúil, 1885 inar dhírigh sé a mhéar ar bhaill Rialtas Gladstone a bhí ar bhinsí an fhreasúra anois:

> *I say some of the guilt of the judicial murders of Myles Joyce and four innocent men rests with the present occupants of the opposition bench.*

Bheartaigh Parnell rún foirmiúil eile a chur i láthair na parlaiminte, ag lorg fiosrúcháin faoi chás Mhám Trasna agus faoi chásanna eile inar ceapadh nach bhfuair daoine a bhí cúisithe cothrom na Féinne faoin dlí – cásanna inar creideadh go raibh iomrall ceartais i gceist. Pléadh an rún sin ar an 17 Iúil 1885, gan mí iomlán imithe ó tháinig an Rialtas nua i gcumhacht:

> *That, in the opinion of this House, it is the duty of the Government to institute strict inquiry into the evidence and convictions in the Maamtrasna, Barbavilla, Crossmaglen, and Castleisland cases, the case of the brothers Delahunty, and, generally, all cases in which witnesses examined in the trials now declare that they committed perjury, or in which proof of the innocence of the accused is tendered by credible persons, and that such inquiries, with a view to the full discovery of truth and the relief of innocent persons, should be held in the manner most favourable to the reception of all available evidence.*

Labhair sé chainteoir déag ar an rún i seisiún díospóireachta a mhair uaireanta fada an chloig. Tá os cionn 34,000 focal sa tuairisc i dtaifead oifigiúil na parlaiminte ar an gcaint a rinneadh agus cé go raibh tagairtí sa rún do chásanna eile a bhain le Contaetha na hIarmhí, Ard Mhacha agus Chiarraí, bhí an díospóireacht ar fad dírithe ar chás Mhám Trasna.

Chuathas siar arís agus arís eile ar na bunargóintí ach bhí an talamh chéanna treafa go mion minic cheana i ndíospóireacht na bliana roimhe sin agus i gceisteanna parlaiminte in imeacht na mblianta.

Rinneadh cáineadh láidir agus leanúnach ar an Iarla Spencer arís ach ní raibh aon fhaisnéis nua le cur os comhair na parlaiminte.

Bhí an chaint a thug an Tiarna Randolph Churchill, a bhí anois ina Aire Rialtais agus freagracht air as cúrsaí na hIndia, ar an argóint ba shuntasaí agus ba mhó éifeacht. Dúirt sé gur vótáil sé ar son fiosrúcháin ar chás Mhám Trasna an bhliain roimhe sin ach go mbeadh a mhalairt á dhéanamh aige anois:

> *I voted in 1884 with the honorable member for the City of Cork (Parnell) because I had no confidence in the administration of Lord Spencer. I shall vote against the honorable member for the City of Cork tonight, in case he should take a division, because I have full confidence in the administration of Lord Carnarvon.*

Mhol sé cumas agus macántacht an Tiarna Carnarvon le déileáil leis an gceist:

> *. . . But with my knowledge of the character of Lord Carnarvon, of his high sense of justice and honour, of his cultured intellect, and of the determination which he has formed, so far as in him lies, to do justice in the administration of Ireland, I feel convinced that if by any chance there has been a miscarriage of justice in this case – and on that I will pronounce no opinion whatever – I say I feel convinced that that miscarriage will be brought to light, and that justice, so far as may be, will be done.*

Rinne sé achainí ar Charles Stewart Parnell an rún a tharraingt siar agus ghéill Parnell don iarratas sin ar an mbunús gur cheart deis a thabhairt don Tiarna Leifteanant nua déileáil ar dtús báire le hachainíocha nó meabhracháin a chuirfí ina láthair faoin gcás.

Dúirt Parnell:

> *I have every confidence that Lord Carnarvon, the present very able administrator and Lord Lieutenant of Ireland, will hold a fair and impartial inquiry into the matter, and that the result will be that justice will be done.*

Cuireadh meabhracháin chuig an Tiarna Carnarvon in imeacht ama ag lorg cinnidh gur iomrall ceartais a bhí i gceist i gcás dhúnmharuithe Mhám Trasna agus gur cheart dó cothrom na Féinne a chinntiú do na fir agus dá dteaghlaigh.

Dhiúltaigh an Tiarna Carnarvon do gach achainí nó meabhrachán a cuireadh os a chomhair.

Ba é an díospóireacht sin ar an rún a mhol Charles Stewart Parnell ar an 17 Iúil 1885 an uair dheireanach ar pléadh cás Mhaolra Sheáin Seoighe agus dúnmharuithe Mhám Trasna i bParlaimint Westminster. Tarraingíodh ceisteanna aonair agus rúin faoin ábhar anuas ó am go chéile sa pharlaimint in imeacht na mblianta ina dhiaidh sin ach níor pléadh an cás riamh arís mar dhíospóireacht iomlán pharlaiminteach.

Níos deireanaí an bhliain sin, i nDeireadh Fómhair, tionóladh olltoghchán sa Bhreatain agus in Éirinn; bhí méadú suntasach ar líon na suíochán a cuireadh ar fáil d'Fheisirí Éireannacha – 103 ar fad.

D'éirigh le Páirtí Parlaiminteach na hÉireann faoi cheannas Charles Stewart Parnell 86 cinn de na suíocháin sin a thabhairt leo. Fuair na Tóraithe 249 suíochán sa pharlaimint nua agus toghadh 335 d'Fheisirí Liobrálacha.

Cé go raibh méadú suntasach ar lucht tacaíochta Parnell, níor éirigh leis cothromaíocht na cumhachta a bhaint amach. Ba iad na Liobrálaigh a tháinig ar ais i mbun Rialtais arís; bhí deireadh go deo le haon seans réalaíoch ar fhiosrúchán poiblí faoi chás Mhám Trasna.

18 Scór bliain faoi ghlas

In imeacht na mblianta fad is a bhí cás Mhám Trasna á phlé i bParlaimint Westminster, i measc an phobail agus i nuachtáin Bhéarla an domhain mhóir, bhí an cúigear fear a raibh cleachtadh acu ar shaoirse na tuaithe faoi scáth Chnoc Mhám Trasna ag streachailt leis an saol i gcillíní beaga i bpríosúin éagsúla ar fud na tíre.

Saol crua, uaigneach a bhí acu agus iad ag maireachtáil le dóchas go ngéillfí luath nó mall dá n-achainíocha agus go ligfí ar ais abhaile iad. Bhí obair phríosúin le déanamh acu – obair gan tairbhe, ag briseadh cloch – fad is a bhí obair cheart ag fanacht sa bhaile leo ag tabhairt aire dá ngabháltais bheaga idir sleasa an chnoic agus bruach an locha.

Mar bharr ar an donas, bhí ceathrar den chúigear acu a raibh glacadh coitianta leis go raibh siad neamhchiontach. D'admhaigh an cúigiú duine, Micheál Ó Cathasaigh, go raibh sé ar an láthair nuair a tharla na dúnmharuithe cé gur mhaígh sé riamh gur in aghaidh a thola a bhí sé ann agus nár mharaigh sé féin aon duine.

Ba eisean an duine ba shine de na príosúnaigh; bhí sé 60 bliain d'aois nuair a ciontaíodh é sa bhliain 1882. Ní raibh an tsláinte go maith aige ó buaileadh tinn le niúmóine é i bPríosún Mhuinseo in Aibreán 1884. I Lúnasa na bliana sin socraíodh é a aistriú go Príosún Maryborough – Port Laoise an lae inniu. Bhí broincíteas, galar duáin agus gor scamhóige ag cur as dó. Tháinig feabhas áirithe air i dtús na bliana dár gcionn agus socraíodh é a fhágáil sa phríosún sin i lár tíre.

Bhí amhras faoi shláinte duine eile de na príosúnaigh, Seáinín Beag Ó Cathasaigh, i dtrátha an ama chéanna. Bhíodh droch-chasachtach air ón uair a bhí sé tinn agus é ina ghasúr agus ba léir nár chabhraigh na tréimhsí leis a bhí caite aige i bPríosún Mhuinseo ná i bPríosún Dhún Pádraig, Contae an Dúin.

Ba le linn dó a bheith i Muinseo sa bhliain 1886 a bhuail an eitinn é; nuair a tháinig feabhas beag air bogadh go Príosún Maryborough é roimh Nollaig na bliana sin. Chun donais a chuaigh sé ansin agus ceapadh é a bheith i mbaol báis. Cuireadh meabhrachán chuig Fear Ionaid na Banríona, an Tiarna Carnarvon, ar an 29 Nollaig 1886 ag iarraidh go saorfaí é ach ba é an diúltú céanna a tugadh dó agus a thug an tIarla Spencer d'achainí eile a seoladh chuigesean ó Phríosún Dhún Pádraig dhá bhliain roimhe sin. Níor bogadh as Príosún Maryborough arís é go ceann blianta fada.

Rinne an Feisire McCartan (Deisceart an Dúin) iarracht i Márta 1887 aird a tharraingt arís sa pharlaimint ar na príosúnaigh. Cheistigh sé Príomh-Rúnaí na hÉireann, Arthur Balfour, faoi thuairisc nuachtáin i nGaillimh a bhain le duine de na príomhfhinnéithe i gcás Mhám Trasna, Páidín Seoighe, mac le Seáinín Mhaolra agus nia le hAntoine Mhaolra Seoighe.

Bhí Páidín Seoighe i láthair i gcúirt an tseisiúin ar an bhFairche os comhair beirt ghiúistísí áitiúla, Lynch agus Jackson. Bhí an dlí á chur aige ar fhear a dúirt sé a d'ionsaigh é. Chinn an bheirt ghiúistísí gur bréaga ar fad a d'inis Páidín Seoighe faoi mhionn agus go raibh marcanna agus gortuithe ar a aghaidh sa chúirt nach raibh ann ar chor ar bith tráth a ndearna sé an gearán ar dtús faoin ionsaí.

Dúirt na giúistísí:

> *Mr. Lynch – During my whole experience as a magistrate I have never heard or seen such a glaring case of perjury. I certainly would be for sending the blackguard to jail with hard labour.*
>
> *Mr. Jackson – I must certainly agree with you that he deserves the severest punishment we can inflict.*

Theastaigh ón bhFeisire McCartan fáil amach an raibh an tuairisc seo cruinn agus, má bhí, ar chiallaigh an fhaisnéis nua seo gur cheart fiosrúchán oifigiúil a dhéanamh faoi chás dhúnmharuithe Mhám Trasna. Sa fhreagra a thug Balfour thar ceann an Rialtais dheimhnigh sé cruinneas an scéil ach dhiúltaigh arís d'fhiosrúchán:

> *I am informed that the facts are substantially as stated… I am advised, that there is nothing in these circumstances to call for any reopening of the Maamtrasna case, the result of which depended in no way on the evidence of any single witness.*

Bhí fear amháin eile a thug faoi iarracht bhreise le saoirse na bpríosúnach a fháil nuair a bhí téarma dhá bhliain déag curtha isteach acu, sa bhliain 1894. Ba é sin an tAthair Micheál Mac Aoidh, an sagart a chomhairligh dóibh i dteach na cúirte i mBaile Átha Cliath gurbh fhearr dóibh pléadáil ciontach leis an gcrochadóir a sheachaint; dúirt sé ag an am dá mbeidís neamhchiontach go dtiocfadh fianaise chun cinn, luath nó mall, a chabhródh leo saoirse a bhaint amach ach nach raibh téarnamh ón gcroch.

Ina shagart pobail i gCarna, Conamara a bhí an tAthair Mac Aoidh faoin tráth seo agus ba chosúil gur casadh Fear Ionaid na Banríona air le linn dósan a bheith ar cuairt ar an gCaiseal, Conamara. Níor tharraing an sagart cás na bpríosúnach anuas leis an Tiarna Leifteanant nuair a bhuail siad le chéile mar gur thuig sé gur ar saoire a bhí an cuairteoir ach scríobh sé chuige le hachainí a dhéanamh go saorfaí na fir:

> *Your Excellency will understand the interest I take in the case when I say that I was curate in the district at the time of the murder, and was instrumental in inducing the men now undergoing penal servitude to plead guilty.*

An chluas bhodhar a tugadh arís eile don iarratas. Rinne sagart eile, an tAthair Martin Mellet ón bhFairche iarracht chliste eile ar thrócaire a fháil do na príosúnaigh i Meitheamh 1897 nuair a rinne seisean achainí freisin ar Fhear Ionaid na Banríona in Éirinn:

> *...request your Excellency to extend the clemency of the Crown to them. Their liberation would be a most charitable act on the happy occasion of the celebration of the Diamond jubilee of her Most Gracious Majesty the Queen.*

Ach arís, b'iarracht gan toradh a bhí ann.

Dhá mhí ina dhiaidh sin, ar an 20 Lúnasa 1895, bhuail taom den titimeas Micheál Ó Cathasaigh i bPríosún Maryborough agus cuireadh an ola dhéanach air. Bhí sé 73 bliana d'aois ag an am agus téarma trí bliana déag caite faoi ghlas aige, é ina othar a raibh drochthinneas air cuid mhaith den am sin.

Bhásaigh sé dhá lá ina dhiaidh sin, ar an 22 Lúnasa 1895. Níor tugadh aon aird riamh ar na hachainíocha a rinne sé go tréan agus go láidir thar tréimhse fhada blianta ag agairt agus ag impí ar na húdaráis go raibh an ceathrar fear eile ar gearradh príosún saoil orthu ina theannta féin iomlán neamhchiontach sna dúnmharuithe; ní raibh fágtha i bpríosún anois ach an ceathrar fear sin.

Aistríodh duine acu, Seáinín Beag Ó Cathasaigh, ar ais ó Phríosún Maryborough go Muinseo sa bhliain 1898 agus cé gur cuireadh in ospidéal an phríosúin sin ar dtús é tháinig sé chuige féin arís.

Go tobann, áfach, i ndeireadh na bliana 1899 tholg sé tinneas a bháis – niúmóine broinceach. Bhí fonn air go ligfí abhaile é go bhfeicfeadh sé a bhean, Máire, agus a chlann don uair dheireanach agus d'iarr sé cead chuige sin. Thairg dochtúir an phríosúin go n-aistreofaí é chuig ospidéal de chuid na cathrach ach chinn sé fanacht san áit a raibh sé.

Fad is a bhí na húdaráis ag breithniú an iarratais uaidh go ligfí ar ais chuig a cheantar dúchais faoi scáth Chnoc Mhám Trasna é, ar chuairt teaghlaigh, bhásaigh Seáinín Beag Ó Cathasaigh ar an 27 Feabhra 1900. Bhí sé 54 bliana d'aois agus bhí ocht gcinn déag de na blianta sin caite i bpríosúin éagsúla de chuid na tíre aige agus é ciontaithe i gcoireanna a mhaígh sé nach raibh baint ná páirt riamh aige leo.

Thug príomhdhochtúir an phríosúin, an Dr Patrick O'Keefe, fianaise faoina bhás ag an gcoiste cróinéara ar an lá deireanach de mhí Feabhra 1900:

> *In order to recommend the release of a prisoner under similar circumstances witness should be able to say that he considered his condition would improve outside by reason of increased home comforts or the like. In the case of this poor man there was no such prospect open to him. There was no regulation under which a prisoner was released to die among his friends. The deceased was kindly treated in the prison hospital, and had been receiving brandy and champagne.*

Thug gobharnóir an phríosúin fianaise freisin ach ghearr an cróinéir do chathair Bhaile Átha Cliath, an Dr Kenny, isteach ar a chuid cainte lena thráchtaireacht féin nuair a chuala sé gur ciontaíodh Seáinín Beag Ó Cathasaigh de bharr dhúnmharuithe Mhám Trasna:

> *For which a perfectly innocent man, Myles Joyce, was hanged.*

Dúirt gobharnóir an phríosúin gur ghnáthrud é go saortaí daoine ar gearradh príosún saoil orthu nuair a bhí fiche bliain déanta acu fad is a bhí dea-iompar fúthu le linn an ama sin. B'in mar a bhí ag Seáinín Beag Ó Cathasaigh – ach bhásaigh sé dhá bhliain roimh an sprioc sin.

Seáinín Beag Ó Cathasaigh sa phríosún; bhásaigh sé ann in 1900

Dúirt an cróinéir gur caitheadh go cineálta le Seáinín Beag Ó Cathasaigh le linn dó a bheith sa phríosún agus bhí moladh aige gur cheart príosúnaigh a bhí i mbaol báis a shaoradh:

> *He expressed a strong opinion that prisoners whose death from disease was inevitable should be released in order that they might die at home, and that citizens of Dublin should not be taxed with the expense of holding an inquest after their death in prison – a formality, and a very necessary one under the existing regulations.*

Ní raibh fágtha sa phríosún anois ach beirt deartháireacha Mhaolra Sheáin Seoighe, Páidín agus Máirtín, agus a nia, Tomás.

Rinne an triúr acu iarratais rialta go saorfaí iad trí mheabhracháin a chur chuig na húdaráis ar chúig ócáid is tríocha ar a laghad ach níor tugadh aon aird orthu. Rinne an príosúnach ab óige, Tomás, achainí speisialta ag tráth amháin:

> *...petitioner is now over thirteen years in prison and therefore humbly begs and appeals to your Excellency hoping that your Excellency in your wisdom and humane consideration may have mercy on the petitioner and grant him release in order that petitioner may have an opportunity of accompanying a sister of his to America who is emigrating there in the month of April.*

Ach ar nós gach iarratais roimhe agus ina dhiaidh bhí an diúltú céanna i ndán dó.

Is beag cuairteoir a tháinig chucu in imeacht na mblianta fada príosúin, rud a bhí intuigthe nuair a chuimhnítear ar bhochtaineacht na dteaghlach agus ar fhad an aistir anróitigh a bheadh le déanamh, go háirithe nuair a bhí cuid acu chomh fada ó bhaile le Príosún Dhún Pádraig, Contae an Dúin. Léiríonn na taifid oifigiúla gur thug an Feisire Tim Harrington cúpla cuairt orthu agus an tAthair Martin Mellet, sagart paróiste na Fairche, ar ócáid amháin. Ní cosúil go raibh de chuairteoirí eile acu in imeacht na mblianta ar fad ach beirt bhan a bhí gaolta leo, Sinéad agus Brighid Seoighe a tháinig chomh fada leo aon uair amháin, sa bhliain 1893. Ní raibh de theagmháil acu leis an mbaile ach litreacha faoi dhó sa bhliain, ar an meán; cheadaítí litir bhreise dóibh in amanna mar chúiteamh ar an easpa cuairteoirí.

Faoi thús Dheireadh Fómhair 1902 bhí socruithe á ndéanamh leis an triúr fear a shaoradh; bheadh an téarma oifigiúil iomlán fiche bliain curtha isteach acu go luath, roimh dheireadh na míosa sin. Ghlac an Rialtas cinneadh foirmiúil atá nótáilte sna miontuairiscí oifigiúla ar an 13 Deireadh Fómhair go scaoilfí amach iad ar ceadúnas ar an 24ú lá den mhí sin.

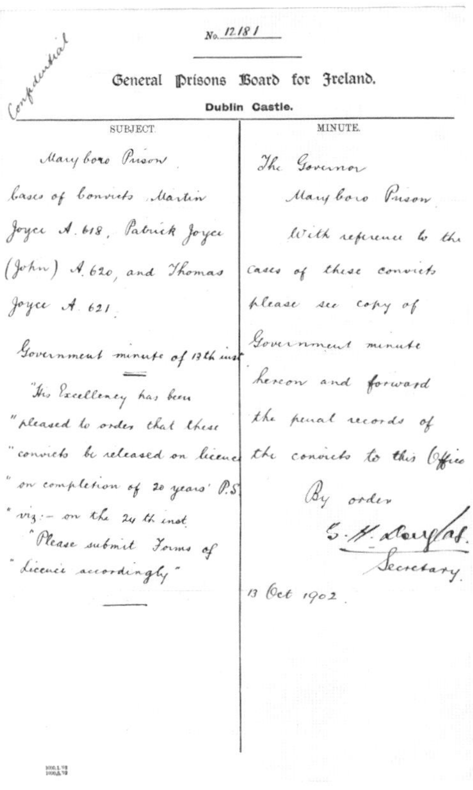

Confidential

No. 12181

General Prisons Board for Ireland.

Dublin Castle.

SUBJECT.

Maryboro Prison

Cases of Convicts Martin Joyce A. 618, Patrick Joyce (John) A. 620, and Thomas Joyce A. 621.

Government minute of 13th inst.

"His Excellency has been "pleased to order that these "convicts be released on licence "on completion of 20 years' P.S. "viz:- on the 24th inst.

"Please submit Forms of "licence accordingly"

MINUTE.

The Governor

Maryboro Prison

With reference to the cases of these convicts please see copy of Government minute hereon and forward the penal records of the convicts to this Office

By order

S. H. Douglas.

Secretary.

13 Oct 1902.

Taifead ar chinneadh an rialtais na príosúnaigh a shaoradh,
13 Deireadh Fómhair 1902

No. in Convict Book 5
Co. Galway

Copy sent 20/10

Licence A.

Order of Licence to a Convict.

Made under the Penal Servitude Acts, 1853 to 1891.

Dublin Castle,
15th day of October 1902

His MAJESTY is graciously pleased to grant to Thomas Joyce (Pat) A 621 who was convicted of the Murder of John Joyce at the Commission held at Dublin for the County of Galway on the 21st day of November, 1882 and was then and there sentenced to Death which was afterwards commuted to Penal Servitude for Life and is now confined in the Maryboro Convict Prison, His Royal Licence to be at large from the day of his liberation under this Order, during the remaining Portion of his said term of Penal Servitude, unless the said Thomas Joyce (Pat) shall before the Expiration of the said term be convicted on indictment of some Offence within the United Kingdom, in which Case such Licence will be immediately forfeited by Law, or unless it shall please His Majesty sooner to revoke or alter such Licence.

This Licence is given subject to the Conditions endorsed upon the same, upon the Breach of any of which it will be liable to be revoked, whether such Breach is followed by a Conviction or not.

And His Majesty hereby orders that the said Thomas Joyce (Pat) be set at liberty within Thirty Days from the Date of this Order.

Given under my Hand and Seal,

George Wyndham

Chief Secretary to the Lord Lieutenant of Ireland.

This man's sentence is reckoned from 25th Oct 1882.

An t-ordú oifigiúil le Tomás Seoighe a shaoradh, Deireadh Fómhair 1902

Faoin am seo, bhí bás faighte ag an mBanríon Victoria – bean ar mhian léi, dá mbeadh cead a cinn aici, go gcrochfaí gach duine den ochtar fear a ciontaíodh i ndúnmharuithe Mhám Trasna. Cailleadh ise sa bhliain 1901 agus tháinig a mac, Edward VII mar chomharba uirthi, mar Rí.

Bhí ceapachán nua déanta freisin mar Fhear Ionaid an Rí in Éirinn, an Tiarna Dudley, agus bhí cuairt ar iarthar na hÉireann i measc na gcéad ghníomhartha aigesean i nDeireadh Fómhair 1902.

Is cosúil go ndeachaigh bean chéile duine de phríosúnaigh Mhám Trasna ar a glúine os comhair an Tiarna Dudley agus an Bhantiarna a bhí ina chomhluadar le linn dóibh a bheith i gConamara ag impí go saorfaí na príosúnaigh. D'fhéadfadh gur le linn cuairt a thug siad ar scoil oiliúna a bhí á riar ag Bord na gCeantar Cúng i bPáirc an Doire faoi scáth Chnoc Mhám Trasna a rinneadh an achainí speisialta sin – thug na huaisle cuairt ar an áit sin Dé Máirt, 21 Deireadh Fómhair 1902.

Cé nár tuigeadh ag an am é níor theastaigh achainí na mná ar a glúine ar chor ar bith mar go raibh an cinneadh déanta cheana ar chúis eile ar fad: bhí a dtéarma iomlán príosúin curtha isteach ag na fir. Maidin Dé hAoine, 24 Deireadh Fómhair, 1902 tugadh Páidín, Máirtín, agus Tomás Seoighe ó Phríosún Maryborough go Baile Átha Cliath agus cuireadh siar abhaile iad ar thraein go Baile an Róba, Contae Mhaigh Eo.

Don Tiarna Dudley a tugadh an t-aitheantas agus an buíochas as saoradh na bhfear, mar a tuairiscíodh i nuachtáin éagsúla, *The Western Times* san áireamh:

> *...the liberation of the men is believed to be the result of a personal appeal which some of their female relatives addressed to Earl Dudley, the new Lord-Lieutenant, during his recent visit to County Galway. One of the men's wives knelt down on the road before Lady Dudley, kissed and clasped her hand,*

and moaningly told how lonely she had been all the time her husband was away.

Bhí glacadh coitianta leis go raibh na fir neamhchiontach, fiú i dtuairiscí áirithe i nuachtáin sa Bhreatain, mar shampla in *The Evening Telegraph*:

> *Eight men were sentenced in connection with the murder… Three of the eight men charged were guilty. The remaining five were innocent – Myles Joyce who was executed; Patrick Casey, who died in prison eighteen years after his sentence, and Patrick Joyce, Martin Joyce and Thomas Joyce, who were kept in prison for twenty years after their sentence and eighteen years after their innocence was established.*

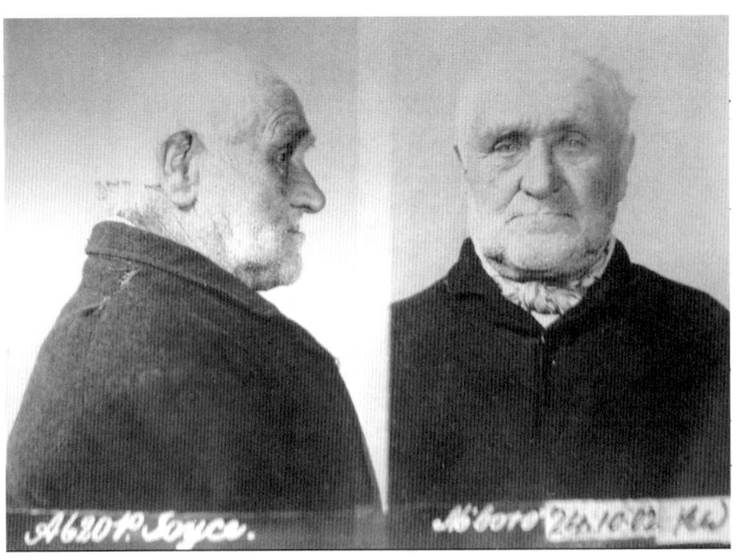

Páidín Sheáin Seoighe, portráid phríosúin, 1902

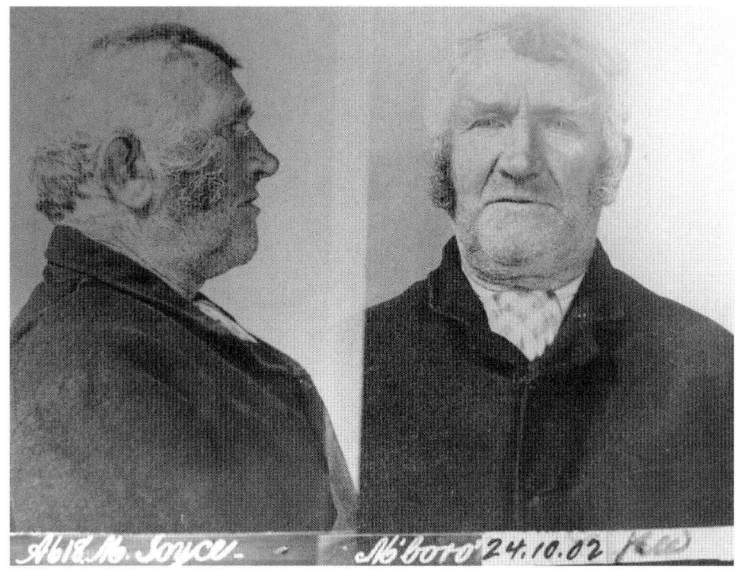

Máirtín Sheáin Seoighe, portráid phríosúin, 1902

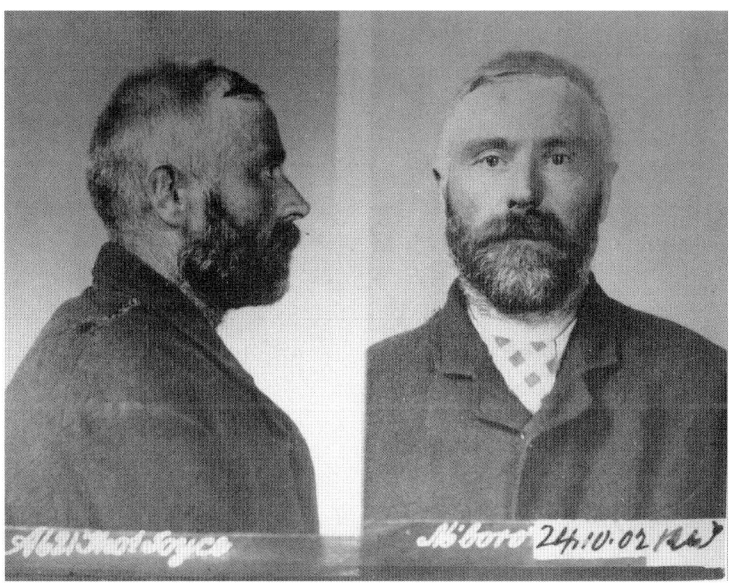

Tomás Seoighe, portráid phríosúin, 1902

Ó Bhaile an Róba thug siad a n-aghaidh siar abhaile; shiúil siad na hocht míle dhéag dheireanacha i ndorchadas na hoíche agus sa bháisteach, ar ais chuig a n-áit dhúchais faoi scáth Chnoc Mhám Trasna.

Tá taifid líonmhara i nuachtáin na hÉireann agus an domhain mhóir ar gach cor agus casadh i scéal dhúnmharuithe Mhám Trasna agus na pearsana éagsúla ar fad a bhí gafa leis go dtí an tráth sin ar scaoileadh saor na fir as príosún. B'fhánach iad na tagairtí don chás sa pharlaimint nó sna nuachtáin ina dhiaidh sin ach luadh é anonn is anall. Foilsíodh alt fiú in Iodáilis faoi Mhaolra Sheáin Seoighe a scríobh an t-údar cáiliúil James Joyce, faoin teideal 'L'Irlanda alla Sbarra' sa bhliain 1907 don nuachtán áitiúil *Il Piccolo della Sera* in Trieste, mar a raibh cónaí air.

Ach is beag atá sna taifid oifigiúla in aon áit ón uair a saoradh na príosúnaigh mar nach sa réimse sin feasta ach i gciúnas príobháideach an tsaoil mhóir a mhair na daoine sin a bhí gafa leis an gcás le scór bliain roimhe sin.

Maireann taifid iomlána na gcúirteanna agus na bpríosún chomh maith leis na tuairiscí iomadúla ar dhíospóireachtaí parlaiminte ach is beag a cuireadh leis an mbailiúchán sin ón uair a tháinig deireadh le cúram na n-údarás sa chás nuair a saoradh na príosúnaigh sin in 1902.

Ba é fírinne an scéil, áfach, gur chosúil nach go maith a chuaigh na blianta faoi ghlas don triúr príosúnach sin agus ba dheacair dóibh dul i gcleachtadh arís ar an saol lasmuigh den phríosún.

Chuaigh Máirtín Sheáin Seoighe i mbun oibre ar a ghabháltas talún arís ach buaileadh tinn leis an eitinn é agus bhásaigh sé in 1906; ní raibh ceithre bliana caite fiú ón uair a saoradh ó phríosún é – bhí sé 64 bliana d'aois ag an am.

Níor éirigh le Páidín Sheáin Seoighe socrú síos ar chor ar bith tar éis na mblianta faoi ghlas – d'fhág sé a theach agus a theaghlach féin agus chuaigh sé a chónaí ina aonar i dteach tréigthe, beo bocht agus uaigneach. Meastar gur bhásaigh sé sa bhliain 1911 agus é 75 bliana d'aois.

Bád bán na himirce go Meiriceá a thug an tríú príosúnach, an té ab óige acu, Tomás Seoighe air féin agus níl tásc ná tuairisc ar fáil ar a shaol nua thar sáile.

Bhí an turas céanna go Meiriceá déanta seal blianta roimhe sin ag duine de na brathadóirí, Tomás Ó Cathasaigh, a thug fianaise in aghaidh na bpríosúnach sa chás. Dhiúltaigh a bhean chéile dul in éineacht leis agus ba chosúil nár mhaith sí dó riamh é gur ainmnigh sé a deartháir, Antoine Mac Philibín, ar dhuine de na dúnmharfóirí ina fhianaise os comhair na cúirte. Deirtear gur de thoradh ar eachtra foréigin a bhásaigh an Cathasach féin i Meiriceá ach níl fáil ar aon chruthúnas oifigiúil ar thaifead poiblí chun é sin a dheimhniú.

Sa bhaile sa Cheapaigh Dhuibh a mhair an brathadóir eile, Antoine Mac Philibín, an chuid eile dá shaol. Bhíodh sé ag rá ar feadh na mblianta go dtiocfadh sé féin i láthair an Ardeaspaig le faoistin a dhéanamh faoin bhfianaise bhréige a thug sé in aghaidh na bhfear a cúisíodh in éineacht leis ach níor tharla sin. Go deimhin, deirtear go raibh i gceist aige an gníomh sin a dhéanamh ar an 26 Aibreán

1906 ach go bhfuair sé taom croí an lá sin agus gur cailleadh é. Bhí sé thart ar 64 bliana d'aois.

Ar a bhfód dúchais a d'fhan an triúr príomhfhinnéithe – Antoine Mhaolra Seoighe, a dheartháir Seáinín agus a nia Páidín – ón uair a bhailigh siad an tsuim ollmhór airgid a d'íoc na húdaráis leo mar chúiteamh as a bhfianaise.

Gortaíodh Antoine Mhaolra Seoighe in ionsaí i dteach tábhairne áitiúil i bPáirc an Teampaill go luath sa bhliain 1883 tar éis dóibh an t-airgead cúitimh a fháil; fágadh a shrón scriosta san eachtra sin nuair a buaileadh san éadan le claíomh é. Ach bhí gortú níos measa i ndán dó deich mbliana níos deireanaí agus é ag obair le dinimít, timpiste a d'fhág a rian air go dtí lá a bháis; mhair sé, áfach, go dtí 1910, tráth a raibh sé 80 bliain d'aois.

Mhair a dheartháir Seáinín Mhaolra Seoighe go raibh sé 90 bliain d'aois ach ba ar a leaba a chaith seisean na ceithre bliana déag deiridh dá shaol de bharr timpiste inar thit sé de dhroim capaill. Sa bhliain 1908 a bhásaigh seisean.

Bhí triúr eile nár cúisíodh ná nár ciontaíodh riamh as dúnmharuithe Mhám Trasna ach gur ainmníodh go minic iad as páirt lárnach a bheith acu sna coireanna brúidiúla: Seán Mór Ó Cathasaigh as Bun an Chnoic, a mhac Seán Óg agus Pádraig Ó Loideáin. Ba é tuairim na coitiantachta gurbh é Seán Mór Ó Cathasaigh a bheartaigh, a d'eagraigh agus a stiúir na dúnmharuithe agus gurbh iad an bheirt eile chomh maith leis an mbrathadóir Tomás Ó Cathasaigh ba ghníomhaí i mbun na drochoibre an oíche sin.

Ba mhinic iad ainmnithe i dtuairiscí nuachtáin agus i ndíospóireachtaí parlaiminte ach ní dheachaigh na líomhaintí níos faide ná sin riamh. Ní fhéadfadh na húdaráis aon duine den triúr acu a thabhairt os comhair cúirte mar go mbainfeadh sin an bonn ar fad den fhianaise a úsáideadh leis na fir eile ar fad a chiontú. Bheadh téarma ar an gcruachás dlíthiúil seo lá níos faide anonn ag an Tiarna Denning, duine de na breithiúna ba cháiliúla riamh sa Bhreatain – *'an appalling vista'* a thug sé ar a leithéid de choimhlint nuair a dhiúltaigh sé sa bhliain 1979 d'achomharc a rinne seisear fear a ciontaíodh go héagórach as buamáil in Birmingham Shasana.

Mhair an bheirt Chathasach, athair agus mac, i mBun an Chnoic ar feadh a saoil cé go ndeirtear go raibh easaontas éigin eatarthu sna blianta deiridh a chiallaigh nach raibh siad rómhór le chéile. Chaith Pádraig Ó Loideáin roinnt ama sa Bhreatain; bhí caint ann go raibh fonn air dul go Meiriceá ach meastar nach ndeachaigh sé chomh fada sin as baile agus gur ar ais ar a fhód dúchais a d'fhill sé sa deireadh.

Is beag faisnéis atá ar fáil faoinar tharla do Bhrighid, baintreach Mhaolra Sheáin Seoighe ná a gclann. Deirtear gur go hóg a bhásaigh sí féin agus gur imigh formhór na clainne go Meiriceá. Is cinnte gur phós iníon dá gcuid, Máirín, fear ón dúiche chéanna, Seáinín Bán Ó Conabuí, file agus cumadóir amhrán, agus gur i dteach Bhrighid agus Mhaolra Sheáin Seoighe a chónaigh siad. Ní raibh aon chlann orthu agus tá teach saoire ar an láthair sin anois.

Chaith an bheirt ógánach de theaghlach Sheáin Mháirtín Antoine Seoighe a mhair tar éis oíche an uafáis i Mám Trasna – Patsy agus Máirtín Seoighe – blianta mar dhílleachtaí faoi chúram na mBráithre Críostaí sa Scoil Thionsclaíoch in Ard Aidhin, Baile Átha Cliath. Is cosúil go ndeachaigh siad go Learpholl Shasana ansin. Ní léir cá ndeachaigh Patsy Seoighe ina dhiaidh sin agus níor aimsíodh fós aon taifid oifigiúla a dheimhneodh céard a tharla dó.

Go Cleveland, Ohio i Meiriceá a chuaigh a dheartháir, Máirtín, ach d'fhill sé ar Bhaile Átha Cliath thart ar 1897 agus d'oibrigh sé mar bhúistéir i gceantar Ard Aidhin go dtí gur bhásaigh sé in 1933. Ba pheileadóirí maithe iad beirt dá chlann mhac – Christy agus Joe – ó Chumann Parnell CLG agus bhí siad ar fhoireann Bhaile Átha Cliath ar Dhomhnach na Fola, 1920 nuair a maraíodh ceithre dhuine dhéag de thoradh ruathair de chuid shaighdiúirí na Breataine ar Pháirc an Chrócaigh. Tháinig an bheirt acu, a bhí ar aghaidh na bpiléar ar an ócáid sin, slán mar a tháinig a n-athair rompu oíche an uafáis i Mám Trasna. Bhain garmhac le Máirtín, Johnny Joyce, cáil amach freisin mar pheileadóir sinsearach le foireann Bhaile Átha Cliath a bhuaigh craobh na hÉireann in 1958.

Lean Henry Concanon, dlíodóir na bhfear, i mbun chúraimí na ceirde sin agus é lonnaithe i dTuaim, Contae na Gaillimhe go dtí gur bhásaigh sé sa bhliain 1930, in aois 72 bhliain. Maireann an comhlacht dlíodóirí fós mar ghnó rathúil faoin ainm Concanon & Meagher agus an dlíodóir A.J. O'Doherty ina bhun.

Ba thiarna talún a bhí in abhcóide cosanta sinsearach na bpríosúnach, George Orme Malley agus is cosúil gur lean sé leis an dá chúram sin – an talamh agus an dlí. Bhí suim sa pholaitíocht aige agus sheas sé tráth mar iarrthóir do pháirtí na dTóraithe i ndeisceart Mhaigh

Eo, áit nach bhfuair sé ach glac an-bheag vótaí.

Bhí gabháltais mhóra talún freisin ag dlíodóir na corónach sa chás, George Bolton – na mílte acra i dTiobraid Árann chomh maith le talamh i Luimneach, i gCill Dara agus i gcontaetha eile. Ní raibh de rogha aige ach seasamh ar leataobh ó chúraimí oifigiúla fad is a bhí amhras faoina chuid fiach tar éis do cuid mhór airgid de chuid na baintrí lena raibh sé pósta a chur amú go fánach ach athcheapadh arís mar dhlíodóir de chuid na corónach é níos deireanaí. Chuir sé an dlí ar an nuachtán *United Ireland* faoi chlúmhilleadh agus cé go raibh an bua aige is cosúil nárbh fhiú an tairbhe an trioblóid mar nárbh acmhainn don nuachtán sin na costais chúirte a íoc.

D'éirigh le Peter O'Brien, a bhí ar dhuine d'fhoireann dlí na corónach sa chás, an post mar Phríomh-Bhreitheamh na hÉireann a bhaint amach. Baisteadh an leasainm 'Peter the Packer' air agus é ag obair mar abhcóide de bhrí go ndéanfadh sé giúiréithe a phacáil le daoine a bhí báúil lena chásanna agus lena chliaint. Ceapadh mar bhall de Theach na dTiarnaí é ní ba dheireanaí agus roghnaigh sé 'Lord O'Brien of Kilfenora' mar theideal dó féin.

Ardú céime trí cheapachán mar bhreitheamh a bhí i ndán freisin d'abhcóide sinsearach eile na corónach sa chás, James Murphy. Ba é a bhí mar abhcóide sinsearach freisin sa chás inar cúisíodh agus ar ciontaíodh The Invincibles. Chaith sé ocht mbliana déag ar an mbinse mar bhreitheamh agus maítear nach ndearna aon chúirt uachtarach riamh cinneadh dá chuid a leasú ná a chur ar ceal.

Tugadh suíochán ar bhinse na hArd-Chúirte freisin don Ard-Aighne, William Moore Johnson, a bhí i gceannas ar chás na corónach a chur i láthair na cúirte. Sa bhliain 1918 a bhásaigh sé, tráth a raibh sé 90 bliain d'aois.

Lean an Feisire Tim Harrington, a rinne an oiread sin oibre le cothrom na Féinne a fháil dóibh siúd a gabhadh tar éis dhúnmharuithe Mhám Trasna, mar Fheisire Parlaiminte go dtí gur bhásaigh sé sa bhliain 1910 agus é 59 mbliana d'aois. Chaith sé tréimhsí freisin mar Ard-Mhéara ar chathair Bhaile Átha Cliath.

Ba sa bhliain chéanna sin, 1910, a bhásaigh an tIarla Spencer ar a eastát mór, Althorp in Northamptonshire Shasana. Tháinig athrú intinne air faoi chás na hÉireann i mblianta deiridh a shaoil agus bhí sé ar an mbeagán den pháirtí Liobrálach ag an am a bhí ar son *Home Rule*. Ní raibh aon chlann air féin agus a bhean chéile agus ba chuig a leasdeartháir, Charles, a chuaigh an teideal nuair a bhásaigh sé. Ba é a gharmhac siúd, John, a bhí ina Thiarna Spencer idir 1975 agus 92, athair an Bhanphrionsa Diana Spencer – máthair na bprionsaí Harry agus William de chuid rítheaghlach na Breataine anois.

Bhí an crochadóir William Marwood ar ais i nGaillimh arís in Eanáir 1883, mí tar éis dó Maolra Sheáin Seoighe, Pádraig Seoighe agus Pádraig Shéamuis Ó Cathasaigh a chrochadh. Bhí triúr eile le crochadh aige ar an láthair chéanna in an aon lá amháin – triúr a bhí ciontaithe i ndúnmharú beirt de mhuintir Huddy, na báillí de chuid an Tiarna Ardilaun a dúnmharaíodh ar an gCloch Bhreac. Ach ní fada an saol bhí i ndán don chrochadóir féin – bhásaigh sé de niúmóine sa bhaile in Horncastle, Sasana i Meán Fómhair na bliana sin, 1883, agus é 65 bliana d'aois.

Chaith William Ewart Gladstone ceithre thréimhse ar fad ina Phríomh-Aire ar an mBreatain. Toghadh don chúram sin den uair dheireanach é nuair a bhí sé 82 bhliain d'aois, sa bhliain 1892. D'éirigh sé as Parlaimint Westminster sa bhliain 1895 agus bhásaigh sé trí bliana ina dhiaidh sin i gCaisleán Hawarden sa Bhreatain Bheag. In Westminster Abbey a cuireadh é.

Ní adhlacadh faoi ghradam i ngalántacht mhainistir cháiliúil Westminster a bhí sa chinniúint do Mhaolra Sheáin Seoighe ná don bheirt a chrochadh ina chuideachta ar an 15 Nollaig 1882, Pádraig Seoighe agus Pádraig Shéamuis Ó Cathasaigh. Cuireadh in uaigheanna gan mharcáil iad i gclós an phríosúin i nGaillimh mar a d'ordaigh an breitheamh a dhaor chun báis iad. Rinneadh iarratas amháin go n-aimseofaí agus go n-aistreofaí corp Mhaolra Sheáin Seoighe ón láthair sin le cur i measc a mhuintire faoi scáth Chnoc Mhám Trasna.

Seáinín Bán Ó Conabuí, an fear a bhí pósta le Máirín, iníon Bhrighid agus Mhaolra Sheáin Seoighe a chuir tús leis an iarracht i Lúnasa 1943 nuair a d'iarr sé ar ghníomhaí polaitiúil áitiúil an cheist a tharraingt anuas leis an Teachta Dála do Dheisceart Mhaigh Eo, Micheál Ó Móráin TD. Bhí láthair an tseanphríosúin i nGaillimh le cur ar fáil d'Easpag na Gaillimhe mar láthair d'Ardeaglais nua agus ceapadh gur mhaith an deis a bheadh ann a chorp a thabhairt ar ais abhaile. Dúradh leis an Aire:

> *Myles Joyce was an innocent man that never took part in the murders, but his life was sworn away on perjured evidence. The old jail has been taken over by the Bishop now for building*

a new cathedral on the spot and it seems that the bodies of all the executed must be transferred to some other place, for re-interment.

So the relatives of Myles Joyce would like if his remains was handed over to them to have him buried among their own at Churchfield, Tourmakeady.

Bhí fonn air go dtarraingeofaí an cheist anuas sa Dáil, a dúirt sé. Bhí Seáinín Bán Ó Conabuí tar éis labhairt leis an sagart i bhFionnaithe faoin ábhar agus dúirt seisean:

...that he did not see why should not an Irish Government hand over the remains of an innocent man to his own to be buried amongst his own... We can give more particulars about Myles Joyce's innocence, if required, we have his last words in the Irish language, he never spoke a word of English – it is a piteous declaration of innocence.

Ba léir gur fhiosraigh an Teachta Ó Móráin an cás agus sheol sé freagra chuige an mhí dár gcionn inar mhínigh sé go gcaithfí diúltú don iarratas:

...for the exhumation of the remains of Myles Joyce who was executed and buried in Galway Gaol in December, 1882. I beg to state that as the remains of all executed persons are buried in unmarked graves within the precinct of the gaols in which they were executed, it would be impossible, after the lapse of 61 years, to identify the remains of any executed person.

Nuair a leagadh an príosún leis an Ardeaglais nua a thógáil cuireadh cros ar an talamh san áit inar cuireadh na príosúnaigh ar fad in imeacht na mblianta, i gcuimhne ar an iliomad acu a bhásaigh nó a cuireadh chun báis ansin.

Is ansin fós, faoin gcarrchlós de chuid Chomhairle Cathrach na Gaillimhe atá ar an láthair sin anois, a luíonn corp Mhaolra Sheáin Seoighe agus an bheirt a crochadh ina chuideachta an lá cinniúnach sin, 15 Nollaig 1882.

Maidir le Seán Mháirtín Antoine Seoighe agus baill a theaghlaigh a dúnmharaíodh i Mám Trasna, ní raibh de chuimhneachán orthusan san áit ar cuireadh iad i Reilig Chnoc an Teampaill ach clocha cinn garbha go dtí 2002. An bhliain sin beannaíodh an áit agus cuireadh cloch chinn cheart de mharmar ansin agus ainmneacha na marbh uirthi – baill an teaghlaigh ar fad – greanta air 'i gcuimhne na ndaoine a maraíodh i dtragóid Mhám Trasna'.

Uaigh na Seoigheach

Iarfhocal

I nDeireadh Fómhair 2011 chuir beirt bhall de Theach na dTiarnaí sa Bhreatain, an Tiarna Alton agus an Tiarna Avebury, tús le hiarracht go n-aithneofaí gur go héagórach a crochadh Maolra Sheáin Seoighe. Tá suim acu beirt i gcearta an duine ar fud an domhain agus iad gníomhach i bhfeachtais in aghaidh phionós an bháis. Bhí eolas ar leith ag an Tiarna Alton – an tOllamh David Alton as Learpholl – faoi chás Mhám Trasna mar gur cainteoir dúchais Gaeilge as Tuar Mhic Éadaigh a bhí ina mháthair. Bhí neart scéalta cloiste aige faoinar tharla ann agus ba mhinic a chaith sé saoire sa taobh sin tíre le linn a óige.

Chas an bheirt pholaiteoirí leis an Aire Crispin Blunt MP, Aire um Cheartas Coiriúil na Breataine ar an 31 Deireadh Fómhair 2011, agus d'iarr siad air duine a cheapadh le hathbhreithniú a dhéanamh ar gach ar bhain le cás agus le crochadh Mhaolra Sheáin Seoighe. Mheas siad go mbeadh aon duine de bhaill Theach na dTiarnaí a raibh cúlra dlí aige, ach a bhí ar scor anois ón réimse oibre sin, feiliúnach don chúram. Ba é seo a ndearcadh féin ar an gcás:

> *...corrupt witness statements led to a perversion of justice and the wrongful execution of a wholly innocent man.*

Dúirt siad i ráiteas tar éis an chruinnithe:

During their meeting, held at Westminster, the Minister conceded that 'Joyce probably was an innocent man.' However, he added that unless there were compelling new reasons or sufficient public interest he would not seek a posthumous pardon.

An Tiarna Alton ag leagan bláthfhleasc san áit ar crochadh Maolra Sheáin Seoighe

Dúirt siad freisin i ráiteas:

> *The Peers said that it was likely that the only way in which the case would now be re-opened, and a posthumous pardon granted, is if Members of the Irish Dáil, or the new President, petitioned the Queen directly. They added that 'in the present climate where so much history is being healed, and in which Her Majesty has taken such a lead, this would help the process of reconciliation and strong relations between our peoples.'*

Tháinig an Tiarna Alton go Gaillimh le páirt a ghlacadh in ócáid chomórtha i gcuimhne ar Mhaolra Sheáin Seoighe agus na mairbh ar fad a bhí bainteach le huafás Mhám Trasna ar an 15 Nollaig 2012, cothrom an lae 130 bliain ón uair a crochadh an triúr fear i bPríosún na Gaillimhe. Bhí Aifreann den chéad uair riamh i gcuimhne na marbh san Ardeaglais atá tógtha anois ar láthair an phríosúin – ba é an tAthair Fiontán Ó Monacháin, rúnaí Ardeaspag Thuama a bhí i mbun an cheiliúrtha.

Leagadh bláthfhleasca ar an láthair inar cuireadh an triúr fear, Maolra Sheáin Seoighe, Pádraig Seoighe agus Pádraig Shéamuis Ó Cathasaigh.

Bhí Uachtarán na hÉireann, Micheál D. Ó hUigínn, i láthair ag an ócáid i dteannta Johnny Joyce, garmhac leis an ógánach Micheál – mac Sheáin Mháirtín Antoine Seoighe – a bhí as baile oíche an uafáis.

Labhair an Tiarna Alton, Johnny Joyce agus an staraí, an tOllamh Gearóid Ó Tuathaigh ag an ócáid a d'eagraigh Oifig an Choimisinéara

Teanga, Conradh na Gaeilge agus Músaem Cathrach na Gaillimhe.

Dúirt Johnny Joyce nach raibh aon amhras air féin ach go raibh Maolra Sheáin Seoighe neamhchiontach sna dúnmharuithe a d'fhág an oiread dá shinsir féin marbh; agus bhí sé lánchinnte den bhaint a bhí ag Seán Mór Ó Cathasaigh as Bun an Chnoic leis an gcás ar fad.

An Tiarna Alton, an tUachtarán Micheál D. Ó hUigínn agus a bhean chéile Saidhbhín, le Johnny Joyce de shliocht Mhám Trasna ag ócáid chomórtha i nGaillimh in 2012

Dúirt an tUachtarán Micheál D. Ó hUigínn:

> *Is maith an rud é go bhfuil aird dírithe ar an éagóir seo agus molaim an iarracht atá ar bun chun neamhchiontacht Mhaolra Seoighe a chruthú agus b'fhéidir a ainm a ghlanadh.*

Thrácht an Tiarna Alton ar a thábhachtaí agus a bhí sé déileáil le míriar an dlí nó le hiomraill cheartais den chineál a bhí i gceist anseo. Scríobh sé an méid seo níos deireanaí:

If we simply forget the lessons of history, or try to erase those experiences from our identity, we will be condemned to make the same errors all over again. Our greatest challenge is to understand what has occurred, how and why it happened, and then, in our own generation, to set about the healing of history.

Is deacair don té a leanfadh go mion an fhianaise ar fad sa chás seo gan teacht ar an tuairim mheáite nár tugadh cothrom na Féinne faoin dlí do chuid mhaith díobh siúd a gabhadh sa chás. Leagtar síos tairseach thraidisiúnta i riar an dlí i dtaca le ciontú daoine i gcúiseanna coiriúla – caithfear a bheith sásta go raibh siad ciontach 'thar amhras réasúnach'. Dá mba rud é gur leis an tslat tomhais sin a tomhaiseadh fíricí agus fianaise sa chás seo, ba bheag géilleadh a bheadh ann do na breithiúnais a tugadh in 1882.

Dhírigh duine de na brathadóirí, Tomás Ó Cathasaigh aird ar cheist thábhachtach a bhfuil toisí dlíthiúla agus morálta ag baint léi. Dúirt sé agus é á cheistiú ag an bhFeisire Tim Harrington tar éis dó maithiúnas a iarraidh i láthair an phobail agus an Ardeaspaig i Séipéal Thuar Mhic Éadaigh:

Myles Joyce knew no more of that murder than you did, but sure you may say they were all hanged in the wrong, for the evidence against the guilty as well as the innocent was all a lie.

An bhfuil ceart agus cothrom faoin dlí faighte ag daoine a bhí páirteach i gcoireanna más le fianaise bhréige amháin a ciontaíodh iad? Má bhí truailliú déanta ar riar an dlí agus an chirt ag fianaise bhréige os comhair cúirte arbh fhéidir go mbeadh breithiúnas cóir i gceist?

Crann anois ar láthair an uafáis; an suíomh ar a raibh an cábán inar dúnmharaíodh Seán Mháirtín Antoine Seoighe agus a theaghlach

Is measa ar fad an scéal, áfach, nuair a chiontaítear daoine le fianaise bhréige faoi mhionn i gcúirt agus gan baint ná páirt acu leis an gcoir a bhí i gceist. Níl mórán daoine nach n-aontódh leis an tuairim gur tharla an méid sin, ar a laghad, i gcás dhúnmharuithe Mhám Trasna.

Dúirt an Tiarna David Alton, a bhfuil suim leanúnach aige sa scéal:

> *The true healing of British-Irish relations requires that, wherever possible, ghosts should be laid peacefully to rest and wrongs righted; and I for one am glad to see a new generation becoming interested in the story of Maamtrasna and the*

> *wrongful conviction of Myles Joyce. It is not possible to give this innocent man back his life but it is possible to put right an old wrong and, in so doing, to heal another chapter of a book with too many chapters of unhealed and painful history.*

Is mar dhúnmharfóirí a aithnítear sna taifid oifigiúla gach duine den ochtar a ciontaíodh i ndúnmharuithe Mhám Trasna. Is féidir cás a dhéanamh gur cheart go dtabharfaí pardún anois don chuid is mó acu – nó dóibh ar fad, má ghlactar leis gur ar fhianaise bhréige a ciontaíodh gach duine acu, fiú iad siúd a raibh baint acu leis na dúnmharuithe brúidiúla oíche an uafáis sin.

Cheartódh pardún den chineál sin an smál atá fágtha sa stair ar dhaoine neamhchiontacha. Os a choinne sin, gaireadh neamhchiontach iad le hollghairdeas an phobail na blianta fada ó shin agus cé gurbh é an rud ceart, onórach agus uasal é an neamhchiontacht sin a aithint le pardún oifigiúil, ní féidir a rá gur riachtanas é.

Ní gá beannacht na n-uaisle ná na bunaíochta a fháil le go n-aithneoimis anois an neamhchiontacht sin. Ach níor cheart an fhaillí a rinneadh iontu a ligean i ndearmad; caithfear foghlaim i gcónaí ó cheacht na staire.

Sa deireadh thiar, áfach, níl ach focal ceart amháin ann le cur síos cruinn a dhéanamh ar an mbealach ar tugadh faoi riar an dlí agus an chirt i gcás dhúnmharuithe Mhám Trasna – éagóir.